쿡 찍어 먹는
중한단어 8000

쿡 찍어 먹는 중한단어 8000

엮은이	Plus & Plus 어학원

초판1쇄인쇄 2010년 6월 25일
초판1쇄발행 2010년 7월 5일

펴낸곳	Plus & Plus
발행인	전승윤
등록	제305-2009-10호
주소	부산시 서구 암남동 301-53호
전화	070-7617-4372(대표)
팩스	051-256-4371
이메일	lap21@korea.com
공급처	빛과향기
주소	서울시 동대문구 신설동 114-89 삼우빌딩 C동
전화	02-2233-2919(대표)

책값은 뒤표지에 있습니다.

· 본 저작물은 신저작권법에 의해 보호를 받는 저작물이므로 무단 전재 및 복제를 금합니다.
· 잘못 만들어진 책은 구입하신 서점에서 교환해 드립니다.

쿡 찍어 먹는
중한단어 8000

Plus & Plus 어학원 엮음

Plus & Plus

들어가는 글

　이 책의 구성은 일상생활에서 자주 쓰이는 실용 8000단어를 엄선하여 수록하였다.
　중국어는 단어만 알면 외국인처럼 유창하게 말할 수 있기 때문에 하나의 실용 중국어 단어에서 외국어 학습의 문이 무한대로 열리는 것이다.
　또한 학습의 시기에 가장 필요한 것이 외국어 사전이다. 그러나 대부분의 외국어사전은 한정된 지면에 방대한 정보를 수록하기 때문에 보기 편하고 쉽게 찾기에는 많은 문제를 안고 있다.
　그리고 자세한(어구, 해설, 문법) 등이 나열되어 있어 초보자는 오히려 단어의 뜻(의미) 그 자체가 이해하기 어려운 경우가 많다.
　이 실용 중국어 단어장은 중국어를 배우는 어린학생에서 실버세대까지 초보자의 시각과 입장에서 이 책을 구성해 누구나 간편하게 찾고 배울 수 있도록 했다.

중국어 문자와 발음

중국어는 한 글자가 하나의 음절을 갖고 있다. 어두의 자음을 '성모(声母)'라고 하며, 성모 뒤의 모음을 포함한 부분을 '운모(韵母)'라고 한다. 운모가 모음 하나 뿐인 것도 있으며, 음절이 2~3개의 모음으로 된(mao, miao), 모음 끝에 비음(鼻音)을 동반한 것(san, ling)도 있다. 한자의 발음을 로마자로 표기하는 것을 병음(拼音)이라고 하며, 각 음절에는 사성(四声)이라는 성조가 붙어 있다.

●●번체자와 간체자

우리가 사용하는 한자를 중국에서는 번체자(繁体字)라고 하고 이것을 단순화 한 것을 간체자(简体字)라고 한다. 우리는 어릴 때부터 한자를 많이 접하여 중국어가 그다지 낯설지는 않지만 간혹 익숙지 못한 글자를 접하기도 하는데, 이는 중국대륙에서 사용되는 간체자(简体字)와 한국, 대만, 홍콩 등지에서 사용되는 번체자(繁体字)의 차이 때문이다. 중국 대륙은 10여년에 걸친 작업 끝에 2,238개 한자의 표기법을 통합 정리하고 간략화 하였다. 따라서 근래 중국과의 수교 이후 우리는 간체자를 이용하여 중국어를 익히고 있다.

●●한어병음

우리말이나 영어는 영어는 표음문자만 보고도 정해진 발음을 할 수 있지만 한자는 표의문자로 글자를 보고 의미를 짐작할 수는 있어도 발음하기 힘들기 때문에 중국에서는 한자의 발음을 로마자로 표기하는 한어병음(汉语拼音)을 제정, 공포하여 좀 더 쉽고 정확하게 음을 익힐 수 있게 하였다. 한어병음방안에 따라 표음부호로서 공식 제정되어 표준말의 보급에 절대적인 공헌을 하고 있다. 흔히 한병(汉拼)으로 약칭하며, 알파벳 26자 중 'V'자를 제외한 25자와 특수모음 'ü'로 구성된다. 이는 처음에 중국어를 표의문자인 한자 대신에 표음문자인 로마자로 바꿔 쓰기 위한 수단으로 개발된 것으로, 수차례의 수정 보완을 거쳐 병음자모로서 공식적으로 제정되었다.

중국어 성모

중국어 성모(声母)에서 중요한 것은 무기음(无气音)과 유기음(有气音)의 구별이다. 구강에 모아둔 입김을 강하게 내뿜으며 발음하는 것을 유기음이라 하고 입김을 약하게 내뿜으며 발음하는 것을 무기음이라 한다.

유기음(有气音)	p t k q ch c
무기음(无气音)	b d g j zh z

성모표	
순음(脣音)	b 뻐 p 퍼 m 머 f 푸어
설음(舌音)	d 떠 t 터 n 너 l 러
설근음(舌根音)	g 꺼 k 커 h 허
설면음(舌面音)	j 지 q 치 x 시
권설음(卷舌音)	zh 즈 ch 츠 sh 스 r 르
설치음(舌齿音)	z 쯔 c 츠 s 쓰

중국어 성모

●●순음 ·· b p m f
두 입술 사이에서 내는 음으로서 입술을 닫은 상태에서 강한 음을 낸다. 'f'의 발음은 우리말의 'ㅎ'발음과 비슷하면서도 조금 다르다. 억양이 강해 영어의 'f'를 발음할 때처럼 윗니로 아랫입술을 약간 깨물 듯이 발음한다.

●●설음 ·· d t n l
혀끝에서 내는 음으로서 혀끝을 완전히 위 잇몸 뒤쪽에 붙였다가 떼면서 내는 음이다. 특히 'l'는 억양이 강해 영어의 l과 같이 혀끝을 위 잇몸 뒤쪽에 붙이고 발음한다.

●●설근음 ·· g k h
혀뿌리에서 발음하는 음으로서 특히 'h'는 목 안쪽에서부터 강한 숨을 내뿜으며 발음한다.

●●설면음 ·· j q x
혓바닥과 위쪽 턱으로 내는 음으로서 입술을 옆으로 벌리고 혀끝을 아래 잇몸의 뒤쪽에 가볍게 붙였다가 발음하면서 뗀다.

●●권설음 ·· zh ch sh r
혀를 구부리며 내는 음으로서 구부린 혀끝을 위 잇몸 뒤쪽에 닿을락 말락한 상태에서 발음하는데 혀끝이 강하게 떨린다. 특히 'r'이 그러하며, 'r'음은 권설음이므로 우리말의 'ㄹ'과 같이 발음해서는 안 된다.

●●치음 ·· z c s
혀끝에서 내는 음으로서 혀를 아랫니 치근(齒根)에 붙였다가 떼면서 발음한다.

중국어 운모

운모표

	i 이	u 우	ü 위
a 아	ia 야	ua 와	
o 오		uo 워	
e 어			
ê 에	ie 예		üe 위에
-i(zi ci si)의 i			
-i(zhi chi shi ri)의 i			
er 얼			
ai 아이		uai 와이	
ei 에이		uei 웨이	
ao 아오	iao 야오		
ou 어우	iou 요우		
an 안	ian 이엔	uan 완	üan 위엔
en 언	in 인	uen 원	ün 윈
ang 앙	iang 양	uang 왕	
eng 엉	ing 잉	ueng 웡	
ong 옹	iong 융		

●단운모 单韵母

운모 중 가장 기본이 되는 발음이며, 발음할 때 처음부터 끝까지 입 모양과 혀의 위치가 변하지 않는 것으로 다음과 같이 여섯 가지가 있다.

- **a** 입을 크게 벌리고 '아'하고 발음한다
- **o** 입 모양을 둥글게 하고 '오'와 '어'의 중간 발음을 한다.
- **e** 입을 반쯤 벌리고 '으-어'라고 발음한다.
- **i** 한글 발음의 '이'하고 발음할 때보다 좌우로 더 벌려 '이'라고 발음한다. 단, 단독으로 음절을 구성할 때는 'yi'라고 표기한다.
- **u** 입술을 둥글게 오므리면서 앞으로 내밀고 '우'라고 발음한다. 단, 단독으로 음절을 구성할 때는 'wu'라고 표기한다.
- **ü** '위'발음은 발음이 끝날 때까지 입 모양을 변하게 해서는 안 된다. 보통 한글 발음은 '위-이'로 발음하지만, 중국에서는 '위-위'라고 끝난다. 단, 단독으로 음절을 구성할 때는 'yu'라고 표기한다. 또한 'j, q, x'와 결합할 때는 위의 두 점은 생략한다.

중국어 운모

●● 복운모 复韵母

두 개의 단모음이 결합하여 이루어진 것으로 입 모양과 혀의 위치는 발음을 시작할 때와 끝날 때가 각각 다르며 아래 네 가지가 있다.

- ·· ai 'a'쪽에 강세를 두어 'i'를 가볍게 붙여 읽는다.
- ·· ei 'e'쪽에 강세를 두어 'i'를 가볍게 붙여 읽는다.
- ·· ao 'a'쪽에 강세를 두어 'o'를 가볍게 붙여 읽는다.
- ·· ou 'o'쪽에 강세를 두어 'u'를 가볍게 붙여 읽는다.

●● 부성운모 附声韵母

단모음에 비음운미(鼻音韵尾)인 'n, ng'가 결합하여 이루어진 것으로 아래와 같이 네 개가 있다. 입 모양과 혀의 위치는 시작할 때와 끝날 때가 각각 다르다.

- ·· an 먼저 'a' 발음을 내다가 우리말의 'ㄴ' 받침을 붙여 발음하며, 이때 'ㄴ'은 비음으로 나온다.
- ·· en 'e'를 발음하면서 우리말의 'ㄴ' 받침을 붙여 발음하며, 이때 'ㄴ'은 비음으로 나온다.
- ·· ang 'a'를 발음하면서 우리말의 'ㅇ' 받침을 붙여 발음하며, 이때 'ㅇ'은 비음으로 나온다.
- ·· eng 'e'를 발음하면서 우리말의 'ㅇ' 받침을 붙여 발음하며, 이때 'ㅇ'는 비음으로 나온다.

●● 권설운모 卷舌韵母

성모와 결합하지 않고 항상 단독으로 쓰이는데, 때로는 단어의 끝에 붙어서 발음 변화를 일으키기도 한다.

- ·· er 'e'를 발음하면서 혀끝을 말아서 'ㄹ'받침을 붙여 발음한다.

●● 결합운모 结合韵母

개구음인 'a, o, e'와 이들을 주요 운모로 하는 'i, u'가 결합하여 만들어진다.

❶ 'i'와 결합하는 것

- ·· ia 'a'쪽에 강세를 두어 '야'처럼 발음한다.
- ·· ie 우리나라 말의 '이에'와 비슷하나 '예'에 가깝게 들린다. 단독으로 쓰일 때는 'e' 위에 표시를 하지만, 결합운모로 될 때는 'e'로 표기한다. 결합운모로 되는 것은 'ie'와 'e' 두 가지가 있다.
- ·· iao 주모음은 'a'이므로 강하게 읽어 '야오' 같이 읽는다.

중국어 운모

- **iou** 주모음은 'o'이므로 이를 강하게 읽어 '여우'같이 읽는다. 'iou'는 앞에 성모가 오면 'o'가 없어지고, '-iu'로 표기되니 주의해야 한다.
- **ian** 표기대로 하면 '이안'이나 실제발음은 '이옌'과 같이 발음되므로 특히 주의해야 한다.
- **in** 'i' 발음에 우리말의 'ㄴ' 받침을 붙이는 것과 비슷하다.
- **iang** 주모음 'a'에 강세를 두어 '양'처럼 발음된다.
- **ing** 'i' 발음에 우리말의 'ㅇ' 받침을 붙인 것과 같다.
- **iong** 'i' 발음에 '옹' 발음을 더한 것과 같으며, 우리말의 '융'과 비슷하게 발음한다.

※ 'i'가 성모와 결합하여 그 뒤에 놓이는 경우엔 그대로 'i'로 표기하지만, 성모와 결합하지 않고 그 자체로 음절을 이루게 될 경우에는 'i'를 'y'로 고쳐 표기하게 된다. 예) ya

❷ 'u'와 결합하는 것

- **ua** 'u'와 'a'의 결합으로 'a'에 강세를 두어서 읽는다.
- **uo** 'u'와 'o'에 결합으로 'o'에 강세를 두어 읽는다.
- **uai** 주모음인 'a'에 강세를 두어 읽게 된다.
- **uei** 주모음인 'e'에 강세를 주어 발음한다. 그러나 자음과 결합하면 표기는 '-ui'으로 바뀌고 발음은 '우이'가 된다.
- **uan** 주모음인 'a'에 강세를 주어 우리말의 '완'처럼 발음한다.
- **uen** 주모음인 'e'에 강세를 주어 발음한다. 그러나 자음과 결합하면 표기는 '-un'으로 바뀌게 되고 발음은 '운'처럼 읽는다.
- **uang** 주모음인 'a'에 강세를 주어 읽는다.
- **ueng** 주모음인 'e'에 강세를 주어 읽는다. 그러나 자음과 결합하면 표기는 '-ong'으로 바뀌게 되고 발음은 '옹'처럼 읽는다.

※ 'u'가 성모와 결합하여 그 뒤에 놓이는 경우엔 그대로 'u'로 표기하지만, 성모와 결합하지 않고 그 자체로 음절을 이루게 될 경우에는 'u'를 'w'러 고쳐 표기하게 된다. 예) wa

❸ 'ü'와 결합하는 것

- **üe** 'ü'와 'e'의 결합으로 'e'쪽에 강세를 주어 읽는다.
- **üan** 표기대로 읽으면 '위안'이 되지만, 실제로는 발음이 변하여 '위엔'처럼 발음되므로 주의해야 한다.
- **ün** 'ü'발음에 우리말의 'ㄴ'을 붙인 것과 같다.

※ 'ü'는 성모 'j, q, x'와 결합할 때 'u'로 표기되고 'n, l' 뒤에 놓이는 경우에는 'ü'로 표기한다. 성모와 결합하지 않고 그 자체로 음절을 이루게 될 경우에는 'ü'의 두 점을 생략하고 동시에 그 앞에 'y'를 첨가하여 'yu'로 고쳐 표기한다. 예) xue, lüe, yue

중국어 성조

성조(声调)에는 4종류의 고저(高低) 변화가 있는데 이것을 사성(四声)이라고 한다. 'ma(마)'음으로 발음해보자.

제1성	제2성	제3성	제4성
→	↗	↘↗	↘
mā (妈) 엄마	má (麻) 삼	mǎ (马) 말	mà (骂) 욕하다

●● 성조의 발음

제1성: 고음에서 시작하여 계속 같은 높이로 평탄하게 발음한다.
제2성: 중음에서 시작하여 고음으로 상승하며 발음한다.
제3성: 중저음에서 시작하여 저음으로 내려갔다가 다시 올라가는 음으로 발음한다.
제4성: 고음에서 시작하여 급격히 가장 저음으로 내려가면서 발음한다.

●● 성조의 표기

성조는 1성을 「ˉ」, 2성을 「ˊ」, 3성을 「ˇ」, 4성을 「ˋ」로 표시하며 일반적으로 운모 위에 표기한다.

妈 mā   您 nín   你 nǐ   上 shàng

그러나 한 단어에 두 개 이상의 운모가 있을 경우 주요한 운모인 'a, e, o' 위에 표기한다.

包 bāo   谢 xiè   做 zuò

중국어 성조

만약 'a, e, o'없이 'i, u, ü'만으로 된 음절일 경우에는 마지막 주요 모음 뒤에 표기한다.

久 jiǔ   对 duì

'i'와 'u'가 이어진 때는 'u' 뒤의 음에 표기하고 'i'가 단독일 때는 위의 점을 떼어내고 표기한다.

修 xiū   吹 chuī

●●성조변화

연속적으로 발음하는 과정에서 어떤 음절의 성조는 주변음절의 영향을 받아 변화하며 이러한 현상을 변조(变调)라고 한다.

❶ 제3성이 중첩될 경우 앞 음절의 3성은 2성으로 발음하게 된다. 그러나 성조 표기는 3성 그대로이다.

你好(nǐhǎo) 안녕하세요

❷ 중첩형식으로 구성된 단어의 2음절 또는 '-들'이라고 하는 '们(men)'이 붙으면 원래 성조를 무시하고 짧고 가볍게 발음하는데 이것을 경성(轻声)이라고 한다.

爷爷(yéye) 할아버지   你们(nǐmen) 너희들

❸ '一'와 '不'의 성조변화
 '一'는 원래 1성이지만 1, 2, 3성 앞에서는 4성으로 발음하고 4성 앞에서는 2성으로 발음한다.
 '不'는 원래 4성이지만, 4성의 음절 앞에서는 2성으로 발음한다.

차 례

쿡 찍어 먹는 중한단어 8000

- A ·············· 16
- B ·············· 19
- C ·············· 38
- D ·············· 58
- E ·············· 78
- F ·············· 80
- G ·············· 94
- H ·············· 113
- J ·············· 128
- K ·············· 155
- L ·············· 164
- M ·············· 180
- N ·············· 193
- O ·············· 199
- P ·············· 200
- Q ·············· 208
- R ·············· 221
- S ·············· 227
- T ·············· 255
- W ·············· 272
- X ·············· 284
- Y ·············· 305
- Z ·············· 330

쿡 찍어 먹는
중한단어 8000

A

癌	[ái] 아이	암
艾	[ài] 아이	쑥
矮	[ǎi] 아이	작다, 낮다
爱	[ài] 아이	사랑하다
挨打	[áidǎ] 아이다	맞다, 구타당하다
爱戴	[àidài] 아이따이	추대하다, 지지하다
哀悼	[āidào] 아이따오	애도하다
爱抚	[àifǔ] 아이푸	애무
爱国	[àiguó] 아이구어	애국(하다)
爱好	[àihào] 아이하오	애호하다, 취미
爱慕	[àimù] 아이무	연모
爱情	[àiqíng] 아이칭	애정
哀求	[āiqiú] 아이치우	애걸하다, 애원하다
爱妻者	[àiqīzhě] 아이치저	애처가
爱人	[àirén] 아이런	애인
碍事	[àishì] 아이스	거치적거리다
爱玩	[àiwán] 아이완	애완

爱惜	[àixī] 아이시	아끼다
爱惜	[àixī] 아이시	애석함
爱用	[àiyòng] 아이용	애용
爱着	[àizhuó] 아이주어	애착
艾滋病	[àizībìng] 아이즈삥	에이즈
暗暗	[àn'àn] 안안	몰래
岸	[àn] 안	강기슭
案	[àn] 안	공문
安	[ān] 안	안정하다
暗暗	[ànàn] 안안	슬며시
暗淡	[àndàn] 안딴	암담하다
安定	[āndìng] 안띵	안정시키다
安否	[ānfǒu] 안퍼우	안부
肮脏	[āngzāng] 앙짱	불결하다
暗号儿	[ànhàor] 안하올	사인
暗记	[ànjì] 안지	암기
案件	[ànjiàn] 안지엔	안건
按键	[ànjiàn] 안지엔	버튼
按摩	[ànmó] 안모	안마, 마사지
安排	[ānpái] 안파이	배정, 안배하다
安全	[ānquán] 안취엔	안전하다
安全保障	[ānquánbǎozhàng] 안취엔바오장	보호하다
暗杀	[ànshā] 안샤	암살하다
暗示	[ànshì] 안스	암시(하다)
安心	[ānxīn] 안신	안심하다

A

安置	[ānzhì] 안즈	안치하다
暗中	[ànzhōng] 안중	암암리
凹	[āo] 아오	오목하다
袄	[ǎo] 아오	저고리
傲慢	[àomàn] 아오만	거만
傲气	[àoqì] 아오치	오기
奥区	[àoqū] 아오취	오지
奥运会	[Àoyùnhuì] 아오윈훼이	올림픽
澳洲	[Àozhōu] 아오저우	호주
阿司匹林	[āsīpǐlín] 아스피린	아스피린
埃及	[āijí] 아이지	이집트
安慰	[ānwèi] 안웨이	위안(하다), 마음이 편안하다
暗名儿	[ànmíngr] 안밀	익명
按月	[ànyuè] 안위에	월부, 월별

B

拔	[bá] 바	빼다, 뽑다
扒	[bā] 빠	헤집다
八	[bā] 빠	팔8
爸爸	[bàba] 빠바	아빠
把柄	[bǎbǐng] 바빙	손잡이
拔萃	[bácuì] 바췌이	발췌하다
罢工	[bàgōng] 빠꽁	파업하다
白	[bái] 바이	하얗다, 헛되이, 희다
败	[bài] 빠이	지다, 패하다
败北	[bàiběi] 빠이베이	패배하다
白菜	[báicài] 바이차이	배추
白痴	[báichī] 바이츠 백	치
摆动	[bǎidòng] 바이똥	흔들거리다
白发	[báifà] 바이파	백발, 흰머리
拜访	[bàifǎng] 빠이팡	예방(하다)
百分	[bǎifēn] 바이펀	퍼센트
百分比	[bǎifēnbǐ] 바이펑비	백분율

B

百合	[bǎihé] 바이허	백합
败坏	[bàihuài] 빠이화이	손상시키다
拜会	[bàihuì] 빠이훼이	뵙다
百货	[bǎihuò] 바이후어	백화, 잡화
百货公司	[bǎihuògōngsī] 바이후어꽁쓰	백화점
白酒	[báijiǔ] 바이지우	백주, 소주(술)
白鹭	[báilù] 바이루	백로
白马	[báimǎ] 바이마	백마
白米	[báimǐ] 바이미	백미
白跑	[báipǎo] 바이파오	헛걸음
拜扫	[bàisǎo] 바이싸오	성묘
白手	[báishǒu] 바이셔우	빈손
柏树	[bǎishù] 바이수	측백나무
白天	[báitiān] 바이티엔	백주, 대낮, 주간(낮)
摆脱	[bǎituō] 바이투어	벗어나다
败亡	[bàiwáng] 빠이왕	패망(하다)
百叶窗	[bǎiyèchuāng] 바이예추앙	블라인드
白纸	[báizhǐ] 바이즈	백지
芭蕾舞	[bālěiwǔ] 빠레이우	발레
拌	[bàn] 빤	버무리다
斑	[bān] 빤	얼룩
搬	[bān] 빤	옮기다
半	[bàn] 빤	절반
颁布	[bānbù] 빤뿌	세상에 알리다
绊创膏	[bànchuānggāo] 빤추앙까오	반창고

半导体	[bàndǎotǐ] 빤다오티	반도체
半岛	[bàndǎo] 빤다오	반도
斑点	[bāndiǎn] 빤디엔	반점
棒	[bàng] 빵	곤봉
绑	[bǎng] 방	결박(하다)
绑架	[bǎngjià] 방지아	납치(하다)
办公室	[bàngōngshì] 빤꽁스	사무실
帮腔	[bāngqiāng] 빵치앙	맞장구
棒球	[bàngqiú] 빵치우	야구
帮手	[bāngshǒu] 방셔우	거들다
榜样	[bǎngyàng] 방양	본보기
帮助	[bāngzhù] 빵주	돕다
帮助	[bāngzhù] 빵주	방조하다, 도와주다
棒子	[bàngzi] 빵즈	방망이
扳机	[bānjī] 빤지	방아쇠
班级	[bānjí] 빤지	학급
半径	[bànjìng] 빤찡	반경
半旧	[bànjiù] 반지우	중고
伴侣	[bànlǚ] 빤뤼	동반자
版面	[bǎnmiàn] 반미엔	레이아웃
办事	[bànshì] 빤스	처사
半数	[bànshù] 빤수	반수
伴随	[bànsuí] 빤쒜이	동반하다
伴随	[bànsuí] 빤쒜이	따라가다
半天	[bàntiān] 빤티엔	한나절

B

扮演	[bànyǎn] 빤이엔	출연(하다)
班长	[bānzhǎng] 빤장	반장
班指儿	[bànzhǐr] 빤즈얼	반지
板子	[bǎnzi] 반즈	널빤지
板子	[bǎnzi] 반즈	판자
伴奏	[bànzòu] 빤쩌우	반주하다
薄	[báo] 바오	얇다, 엷다, 야박하다
剥	[bāo] 빠오	벗기다
包	[bāo] 빠오	가방, 꾸러미, 봉지, 싸다(포장)
抱	[bào] 빠오	안다
豹	[bào] 빠오	표범
报	[bào] 빠오	신문
饱	[bǎo] 바오	배부르다
包办	[bāobàn] 빠오빤	도맡다
宝贝	[bǎobèi] 바오베이	보배
报仇	[bàochóu] 빠오처우	복수하다
报酬	[bàochou] 빠오처우	보수, 사례금
保存	[bǎocún] 바오춘	보존하다, 저장하다
报道	[bàodào] 빠오따오	보도하다
报到	[bàodào] 빠오따오	출두(하다)
暴动	[bàodòng] 빠오똥	폭동
爆发	[bàofā] 빠오파	폭발하다
包袱	[bāofu] 빠오푸	보따리, 보자기
抱负	[bàofù] 빠오푸	포부
报复	[bàofù] 바오푸	보복하다

报告	[bàogào] 빠오까오	리포트, 보고하다
保管	[bǎoguǎn] 바오관	보관하다
包含	[bāohán] 빠오한	포함하다
保护	[bǎohù] 바오후	지키다, 보호(하다)
保健	[bǎojiàn] 바오지엔	건강을 지키다
宝剑	[bǎojiàn] 바오지엔	보검
报警	[bàojǐng] 빠오징	사이렌
宝库	[bǎokù] 바오쿠	보고
包括	[bāokuò] 빠오쿠어	포괄(하다), 포함하다
堡垒	[bǎolěi] 바오레이	보루
暴力	[bàolì] 빠오리	폭력
暴利	[bàolì] 빠오리	폭리
保龄球	[bǎolíngqiú] 바오링치우	볼링
保留	[bǎoliú] 바오리우	보류하다
暴露	[bàolù] 빠오루	폭로하다
暴落	[bàoluò] 빠오루어	폭락하다
饱满	[bǎomǎn] 바오만	포만하다
保母	[bǎomǔ] 바오무	보모
包皮	[bāopí] 빠오피	포경
爆破	[bàopò] 빠오퍼	폭파하다
抱歉	[bàoqiàn] 빠오치엔	미안하다
褒赏	[bāoshǎng] 빠오샹	포상, 표창하다
报社	[bàoshè] 빠오셔	신문사
宝石	[bǎoshí] 바오스	보석
保守	[bǎoshǒu] 바오셔우	지키다, 보수적이다

暴徒	[bàotú] 빠오투	폭도, 깡패
保卫	[bǎowèi] 바오웨이	보위(하다)
包围	[bāowéi] 빠오웨이	포위(하다)
保温	[bǎowēn] 바오원	보온(하다)
宝物	[bǎowù] 바오우	보물
保险	[bǎoxiǎn] 바오시엔	보험
保险套	[bǎoxiǎntào] 바오시안타오	콘돔
暴行	[bàoxíng] 빠오씽	폭행
暴饮	[bàoyǐn] 빠오인	폭음
暴雨	[bàoyǔ] 빠오위	폭우
爆炸	[bàozhà] 빠오자	작렬하다
保障	[bǎozhàng] 바오장	보장하다, 안전장치
保证	[bǎozhèng] 바오정	보증하다, 담보물
报纸	[bàozhǐ] 빠오즈	신문지
保重	[bǎozhòng] 바오종	몸조심하다
爆竹	[bàozhú] 빠오주	폭죽
包装	[bāozhuāng] 빠오주앙	포장(하다)
雹子	[báozi] 바오즈	우박
刨子	[bàozi] 빠오즈	대패
霸权	[bàquán] 빠취엔	패권
把手	[bǎshou] 바셔우	손잡이
把握	[bǎwò] 바워	잡다, 쥐다, 파악(하다)
把戏	[bǎxì] 바씨	속임수, 수작
悲哀	[bēi'āi] 뻬이아이	비애, 슬프다
背	[bèi] 뻬이	업다, 등, 지다(짊어지다)

杯	[bēi] 뻬이	잔, 컵(작은 잔)
北	[běi] 베이	북(쪽)
碑	[bēi] 뻬이	비석
悲哀	[bēiāi] 뻬이아이	슬프다, 애통하다
背包	[bèibāo] 뻬이빠오	배낭
卑鄙	[bēibǐ] 뻬이비	비열하다
北部	[běibù] 베이뿌	북부
悲惨	[bēicǎn] 뻬이찬	비참하다, 참담하다
被动	[bèidòng] 뻬이똥	피동적이다
北方	[běifāng] 베이팡	북방
被告	[bèigào] 뻬이까오	피고
悲观	[bēiguān] 뻬이꽌	비관하다
被关	[bèiguān] 베이꽌	갇히다
被关上	[bèiguānshang] 뻬이꽌샹	닫히다
背锅	[bēiguō] 뻬이구어	꼽추
被害人	[bèihàirén] 뻬이하이런	피해자
背后	[bèihòu] 뻬이허우	배후
北极	[běijí] 베이지	북극
背景	[bèijǐng] 뻬이징	배경
悲剧	[bēijù] 뻬이쥐	비극
被开	[bèikāi] 뻬이카이	열리다
背靠	[bèikào] 뻬이카오	등지다
贝壳	[bèiké] 뻬이커	개껍질
背叛	[bèipàn] 뻬이판	배반하다, 배신하다
被迫	[bèipò] 뻬이퍼	강요당하다

B

倍数	[bèishù] 뻬이수	배수
背诵	[bèisòng] 뻬이쏭	암송(하다), 외우다
悲痛	[bēitòng] 뻬이통	비통하다
悲喜	[bēixǐ] 뻬이시	희비
背心	[bèixīn] 뻬이신	러닝셔츠
背信儿	[bèixīnr] 뻬이실	배신(하다)
杯子	[bēizi] 뻬이즈	컵(큰 잔)
被子	[bèizi] 뻬이즈	이불
本	[běn] 번	밑천
笨	[bèn] 뻔	서투르다
本部	[běnbù] 번뿌	본부
奔驰	[bēnchí] 뻔츠	내달리다
笨蛋	[bèndàn] 뻔딴	바보
泵	[bèng] 뻥	펌프
绷带	[bēngdài] 뻥따이	붕대
崩溃	[bēngkuì] 뻥퀘이	붕괴되다
本国	[běnguó] 번궈	본국, 자국
本来	[běnlái] 번라이	본래의
本领	[běnlǐng] 번링	본령
本论	[běnlùn] 번룬	본론
本能	[běnnéng] 번넝	본능
本钱	[běnqián] 번치엔	본전, 밑천
本人	[běnrén] 번런	본인
本土	[běntǔ] 번투	본토
本心	[běnxīn] 번신	본심

本性	[běnxìng] 번씽	본성
本质	[běnzhì] 번즈	본질
笨重	[bènzhòng] 뻔중	육중하다
笨拙	[bènzhuō] 뻔주어	서툴다
本子	[běnzi] 번즈	공책
壁	[bì] 삐	벽
臂	[bì] 삐	팔
避	[bì] 삐	피하다
变	[biàn] 삐엔	변하다
扁	[biǎn] 비엔	납작하다
遍	[biàn] 삐엔	꾸미다(계획), 두루, 엮다
便	[biàn] 삐엔	편리하다
编	[biān] 삐엔	땋다
边	[biān] 비엔	가장자리, 모서리
辨别	[biànbié] 삐엔비에	판별하다
变成	[biànchéng] 삐엔청	변화시키다
便当	[biàndang] 삐엔당	손쉽다
便道	[biàndào] 삐엔따오	지름길
遍地	[biàndì] 비엔띠	곳곳에
贬低	[biǎndī] 비엔띠	얕잡아보다
变动	[biàndòng] 삐엔똥	변동하다, 바꾸다
边防	[biānfáng] 삐엔팡	변방
蝙蝠	[biānfú] 삐엔푸	박쥐
变更	[biàngēng] 삐엔껑	변경하다, 고치다
变红	[biànhóng] 삐엔홍	붉어지다

辩护	[biànhù] 삐엔후	변호하다
变化	[biànhuà] 삐엔화	변화하다
变换	[biànhuàn] 삐엔환	변환(하다)
编辑	[biānjí] 삐엔지	편집하다
辩解	[biànjiě] 삐엔지에	변명하다, 설명하다
边界	[biānjiè] 삐엔지에	변계
边境	[biānjìng] 삐엔찡	변경
辩论	[biànlùn] 삐엔룬	변론하다, 논쟁하다
便秘	[biànmì] 삐엔미	변비
变迁	[biànqiān] 삐엔치엔	변천(하다)
编入	[biānrù] 삐엔루	편입(하다)
变身	[biànshēn] 삐엔션	변신(하다)
变态	[biàntài] 삐엔타이	변태
便桶	[biàntǒng] 삐엔통	변기
编写	[biānxiě] 삐엔시에	집필하다, 창작하다
变戏法儿	[biànxìfǎr] 삐엔시팔	요술(잔꾀를 부려 남을 속이다)
变心	[biànxīn] 삐엔신	변심(하다)
变形	[biànxíng] 삐엔씽	변형되다
变应性	[biànyìngxìng] 삐엔잉씽	알레르기
辩证	[biànzhèng] 삐엔정	변증(하다)
辩证法	[biànzhèngfǎ] 삐엔정파	변증법
变质	[biànzhì] 삐엔즈	변질하다
编制	[biānzhì] 삐엔즈	짜다, 편성(하다)
贬值	[biǎnzhí] 비엔즈	평가절하하다
便装	[biànzhuāng] 비엔주앙	캐주얼

鞭子	[biānzi] 삐엔즈	채찍, 회초리
边子	[biānzi] 비엔즈	언저리
编纂	[biānzuǎn] 삐엔주안	편찬
标	[biāo] 삐아오	표지
标本	[biāoběn] 삐아오번	표본
标的	[biāodi] 삐아오띠	표적
标点	[biāodiǎn] 비아오디엔	구두점
裱糊	[biǎohú] 비아오후	도배(하다)
表决	[biǎojué] 비아오쥐에	표결하다
表面	[biǎomiàn] 비아오미엔	표면
表明	[biǎomíng] 비아오밍	표명하다, 밝히다
表情	[biǎoqíng] 비아오칭	표정
表示	[biǎoshi] 비아오스	표시(하다), 표출
标题	[biāotí] 삐아오티	타이틀, 표제(제목)
表现	[biǎoxiàn] 비아오시엔	표현
表演	[biǎoyǎn] 비아오이엔	공연하다
标语	[biāoyǔ] 비아오위	표어, 슬로건
表彰	[biǎozhāng] 비아오장	표창하다
标志	[biāozhì] 삐아오즈	로고, 심벌, 상징하다, 명시하다
标准	[biāozhǔn] 삐아오준	표준
弊病	[bìbìng] 삐삥	폐해
弊端	[bìduān] 삐두안	폐단
别	[bié] 비에	구별하다
憋	[biē] 삐에	참다(용변)
鳖	[biē] 삐에	자라

别处	[biéchù] 비에추	다른 곳
别的	[biéde] 비에더	다른 것
别号儿	[biéhàor] 비에하올	별명
别扭	[bièniu] 삐에니우	괴팍하다, 어색하다, 토라지다
别脾气	[bièpíqi] 삐에피치	심술쟁이
别人	[biérén] 비에런	다른 사람
别有用心	[biéyǒuyòngxīn] 비에여우용신	엉큼하다
比分	[bǐfēn] 비펀	득점
壁挂	[bìguà] 삐꽈	벽걸이
闭会	[bìhuì] 삐훼이	폐회(하다)
笔迹	[bǐjì] 비지	필적
笔记	[bǐjì] 비찌	필기
比较	[bǐjiào] 비찌아오	비교하다
笔记本	[bǐjìběn] 비찌번	노트
毕竟	[bìjìng] 삐징	어차피
比基尼	[bǐjīní] 비지니	비키니
避开	[bìkāi] 삐카이	비키다
鼻孔	[bíkǒng] 비콩	콧구멍
比例	[bǐlì] 비리	비례
鼻梁	[bíliáng] 비리앙	콧대
避免	[bìmiǎn] 삐미엔	모면하다
笔名	[bǐmíng] 비밍	필명
闭幕	[bìmù] 삐무	폐막
闭幕式	[bìmùshì] 삐무스	폐막식
比目鱼	[bǐmùyú] 비무위	광어

避难	[bìnàn] 삐난	피난하다, 피하다
丙	[bǐng] 빙	셋째
柄	[bǐng] 빙	자루(손잡이)
病	[bìng] 삥	병(병명), 앓다
兵	[bīng] 삥	병사
冰	[bīng] 삥	얼음
饼	[bǐng] 빙	떡
病虫害	[bìngchónghài] 삥충하이	병충해
病床	[bìngchuáng] 삥추앙	병상
并存	[bìngcún] 삥춘	병존하다
冰点	[bīngdiǎn] 삥디엔	빙점
病毒	[bìngdú] 삥두	바이러스, 병독
病房	[bìngfáng] 삥팡	병실
饼干	[bǐnggān] 빙깐	비스킷
禀告	[bǐnggào] 빙까오	여쭙다
冰棍儿	[bīnggùnr] 삥꿀	아이스케이크
冰河	[bīnghé] 삥허	빙하
病菌	[bìngjūn] 삥쥔	병균
并列	[bìngliè] 삥리에	병렬하다
冰淇淋	[bīngqílín] 삥치린	아이스크림
病情	[bìngqíng] 삥칭	병세
冰山	[bīngshān] 삥산	빙산
冰箱	[bīngxiāng] 삥시앙	아이스박스
冰鞋	[bīngxié] 삥시에	스케이트
并行	[bìngxíng] 삥싱	병행(하다)

B

冰柱	[bīngzhù] 빙주	고드름
濒临	[bīnlín] 삔린	박두하다
逼迫	[bīpò] 삐퍼	핍박하다, 강요하다
必然	[bìrán] 삐란	필연적이다
彼萨饼	[bǐsàbǐng] 비싸빙	피자
比赛	[bǐsài] 비싸이	게임, 레이스(경주), 시합하다
闭塞	[bìsè] 삐써	막히다
笔试	[bǐshì] 비스	필기시험
避暑	[bìshǔ] 삐수	피서
闭锁	[bìsuǒ] 삐쑤어	폐쇄
鼻涕	[bítì] 비티	콧물
笔筒	[bǐtǒng] 비통	필통
必须	[bìxū] 삐쉬	필수
鼻血	[bíxuè] 비쉬에	코피
必需品	[bìxūpǐn] 삐쉬핀	필수품
闭眼	[bìyǎn] 삐이엔	감다(눈)
必要	[bìyào] 삐야오	필요하다
毕业	[bìyè] 삐예	졸업(하다)
比喻	[bǐyù] 비위	비유하다
避孕	[bìyùn] 삐윈	피임
笔直	[bǐzhí] 비즈	똑바르다
比重	[bǐzhòng] 비종	비중
鼻子	[bízi] 비즈	코
编号	[biānhào] 비엔하오	일련번호
标	[biāo] 비아오	입찰(하다)

标格	[biāogé] 비아오거	기품
表皮	[biǎopí] 비아오피	껍질
便道	[biàndào] 삐엔따오	인도
博爱	[bó'ài] 보아이	박애
跛	[bǒ] 보	절다(다리)
勃勃	[bóbó] 보보	발랄하다
伯伯	[bóbo] 보보	아저씨
菠菜	[bōcài] 뽀차이	시금치
剥夺	[bōduó] 보뚜어	박탈하다, 빼앗다
伯父	[bófù] 보푸	큰아버지
波及	[bōjí] 뽀지	파급
簸箕	[bòji] 뽀지	쓰레받기
跛脚人	[bǒjiǎorén] 보어지아오런	절름발이
波浪	[bōlàng] 뽀랑	물결, 파랑(너울)
博览会	[bólǎnhui] 보란훼이	박람회
玻璃	[bōlí] 뽀리	유리
玻璃杯	[bōlibēi] 뽀리뻬이	글라스
菠萝	[bōluó] 뽀루어	파인애플
伯母	[bómǔ] 보무	큰어머니
薄情	[bóqíng] 보칭	박정하다
脖儿梗	[bórgěng] 불겅	목덜미
薄弱	[bóruò] 보루어	박약하다
博士	[bóshì] 보스	박사
波斯菊	[bōsījú] 뽀쓰쥐	코스모스
波涛	[bōtāo] 뽀타오	파도

波纹	[bōwén] 뽀원	파문
博物馆	[bówùguǎn] 보우관	박물관
跛行	[bǒxíng] 보씽	파행(하다)
剥削	[bōxuē] 뽀쉬에	착취
播映	[bōyìng] 뽀잉	방영
播种	[bōzhòng] 뽀중	파종(하다), 씨를 뿌리다
不安	[bù'ān] 뿌안	불안하다
步	[bù] 뿌	걸음
捕	[bǔ] 부	붙잡다
布	[bù] 뿌	천, 헝겊
补	[bǔ] 부	깁다
不变	[búbiàn] 부비엔	불변
步兵	[bùbīng] 뿌삥	보병
补偿	[bǔcháng] 부창	보상(하다)
补充	[bǔchōng] 부총	보충(하다)
不错	[búcuò] 부추어	맞다(적합), 괜찮다
不当	[búdàng] 부땅	부당(하다)
不倒翁	[bùdǎowēng] 뿌다오웡	오뚝이
不得不	[bùdebù] 뿌더뿌	어찌할 수 없다
不得已	[bùdéyǐ] 뿌더이	부득이
不动产	[bùdòngchǎn] 뿌똥찬	부동산
不断	[búduàn] 부뚜안	부단히
不断地	[búduànde] 부뚜안더	꾸준히
不对	[búduì] 부뚜에이	그르다, 틀리다
部队	[bùduì] 뿌뚜에이	부대(군대)

步伐	[bùfá] 뿌파	보조, 걸음걸이
不法	[bùfǎ] 뿌파	불법적이다
部分	[bùfen] 뿌펀	부분
不付	[bùfù] 뿌푸	부도
布告	[bùgào] 뿌까오	포고
布告牌	[bùgàopái] 뿌까오파이	게시판
不管	[bùguǎn] 뿌관	내버려두다
不规则	[bùguīzé] 부꿰이저	변칙
布谷鸟	[bùgǔniǎo] 뿌구니아오	뻐꾸기
不好	[bùhǎo] 뿌하오	나쁘다
不好意思	[bùhǎoyìsi] 뿌하오이쓰	부끄러워하다
不和	[bùhé] 뿌허	불화
捕获	[bǔhuò] 부후어	포획(하다)
部件	[bùjiàn] 뿌지엔	부품(조립)
不景气	[bùjǐngqì] 뿌징치	불황
补救	[bǔjiù] 부지우	보완(하다), 만회하다
布局	[bùjú] 뿌쥐	배치
不可能	[bùkěnéng] 뿌커넝	불가능
不利	[búlì] 부리	불리하다
不良	[bùliáng] 뿌리앙	불량하다
不论	[búlùn] 부룬	불륜
不满	[bùmǎn] 뿌만	불만족하다
部门	[bùmén] 뿌먼	부문
不名誉	[bùmíngyù] 뿌밍위	불명예(스럽다)
不平	[bùpíng] 뿌핑	불공평하다

B

不是	[búshì] 부스	잘못
部署	[bùshǔ] 뿌수	배치(하다)
不熟练	[bùshúliàn] 부수리엔	미숙
不顺	[búshùn] 부순	불순하다
不顺调	[búshùndiào] 부순띠아오	슬럼프
补贴	[bǔtiē] 부티에	보조금
不同	[bùtóng] 뿌퉁	다르다
埠头	[bùtóu] 뿌터우	부두
部位	[bùwèi] 뿌웨이	부위
不惜	[bùxī] 뿌시	아끼지 않다
补习	[bǔxí] 부시	보습(하다)보충학습
部下	[bùxià] 뿌시아	부하
不相上下	[bùxiāngshàngxià] 부시앙샹시아	막상막하, 엇비슷하다
不孝	[búxiào] 부시아오	불효
不信	[búxìn] 부신	불신
步行	[bùxíng] 뿌싱	보행(하다)
不幸	[búxìng] 부씽	불행하다
不朽	[bùxiǔ] 뿌시우	불운하다
不愉快	[bùyúkuài] 부위콰이	불쾌
部长	[bùzhǎng] 뿌장	부장
不知	[bùzhī] 뿌즈	모르다
不治	[búzhì] 부즈	불치의
步骤	[bùzhòu] 뿌저우	절차
补助	[bǔzhù] 부주	보조(하다)
捕捉	[bǔzhuō] 부주어	포착(하다)

不足	[bùzú] 뿌주	부족하다
搬运	[bānyùn] 빤윈	운반(하다), 나르다
剥	[bāo] 빠오	까다
搬家	[bánjiā] 빤지아	이사(하다)
保留	[bǎiliú] 바오리우	유보

C

擦	[cā] 차	닦다, 문지르다
猜	[cāi] 차이	알아맞히다
裁	[cái] 차이	재단(하다)
菜	[cài] 차이	반찬, 요리
采	[cǎi] 차이	채취(하다), 캐내다
财	[cái] 차이	재물
菜板	[càibǎn] 차이반	도마
财产	[cáichǎn] 차이찬	재산
菜单	[càidān] 차이딴	메뉴
采访	[cǎifǎng] 차이팡	취재하다, 탐방하다
裁缝	[cáifeng] 차이펑	재봉(사)
财富	[cáifù] 차이푸	재부
才干	[cáigàn] 차이깐	재간
采购	[cǎigòu] 차이꺼우	사들이다
彩虹	[cǎihóng] 차이훙	무지개
采集	[cǎijí] 차이지	채집(하다)
裁决	[cáijué] 차이쥐에	판결, 결재하다

裁军	[cáijūn] 차이쥔	군축(하다)
财力	[cáilì] 차이리	재력
材料	[cáiliào] 차이리아오	재료
草绿	[cǎilǜ] 차오뤼	초록색
采纳	[cǎinà] 차이나	받아 들이다
才能	[cáinéng] 차이넝	재능
彩排	[cǎipái] 차이파이	리허설
裁判	[cáipàn] 차이판	재판(하다)
彩品	[cǎipǐn] 차이핀	경품
采取	[cǎiqǔ] 차이취	취하다(태도)
彩色	[cǎisè] 차이써	컬러
财务	[cáiwù] 차이우	재무
猜想	[cāixiǎng] 차이시앙	추량(하다)
采用	[cǎiyòng] 차이용	채용(하다)
财政	[cáizhèng] 차이정	재정
菜指	[cǎizhǐ] 차이즈	색종이
餐	[cān] 찬	요리
蚕	[cán] 찬	누에
参拜	[cānbài] 찬빠이	참배(하다)
残废	[cánfèi] 찬페이	병신
藏	[cáng] 창	감추다, 숨다
舱	[cāng] 창	선창
苍白	[cāngbái] 창바이	창백(하다)
餐馆	[cānguǎn] 찬관	레스토랑
参观	[cānguān] 찬관	견학하다, 참관하다

苍蝇	[cāngying] 창잉	파리
残疾	[cánjí] 찬지	불구자
参加	[cānjiā] 찬지아	참가(하다), 출마
惨叫	[cǎnjiào] 찬지아오	비명
餐巾	[cānjīn] 찬진	냅킨
餐具	[cānjù] 찬쥐	식기
惨剧	[cǎnjù] 찬쥐	참극
参考	[cānkǎo] 찬카오	참고(하다)
残酷	[cánkù] 찬쿠	잔혹하다, 참혹하다
惭愧	[cánkuì] 찬퀘이	죄송스럽다
灿烂	[cànlàn] 찬란	찬란하다
参谋	[cānmóu] 찬머우	참모, 조언하다
残忍	[cánrěn] 찬런	모질다, 잔인하다
残剩	[cánshèng] 찬성	남다
餐台	[cāntái] 찬타이	식탁
餐厅	[cāntīng] 찬팅	식당
参议院	[cānyìyuán] 찬이위엔	참의원, 상원
参与	[cānyú] 찬위	참여하다, 가담하다
残余	[cányú] 찬위	잔여
参照	[cānzhào] 찬자오	참조(하다)
草案	[cǎo'àn] 차오안	초안
草	[cǎo] 차오	풀(잡초)
草地	[cǎodi] 차오띠	초지
草莓	[cǎoméi] 차오메이	딸기
草木	[cǎomù] 차오무	초목

草皮	[cǎopí] 차오피	잔디
草图	[cǎotú] 차오투	스케치
操心	[cāoxīn] 차오씬	심려하다
草叶	[cǎoyè] 차오예	풀잎
草原	[cǎoyuán] 차오위엔	초원
操纵	[cāozòng] 차오종	조종(하다)
操作	[cāozuò] 차오쭈어	조작(하다)
侧	[cè] 처	곁(측면), 기울이다
测定	[cèdìng] 처띵	측정(하다)
策划	[cèhuà] 처화	획책하다, 꾸미다
测量	[cèliáng] 처리앙	측량(하다)
策略	[cèlüè] 처뤼에	책략
侧面	[cèmiàn] 처미엔	측면
厕所	[cèsuǒ] 처쑤어	화장실
差额	[chā'é] 차어	차액
茶	[chá] 차	차
差	[chà] 차	다르다
岔	[chà] 차	분기점
查	[chá] 차	찾아보다
茶杯	[chábēi] 차뻬이	찻잔
差别	[chābié] 차비에	차별
喳喳	[chācha] 차차	속삭이다
岔道儿	[chàdàor] 차따올	갈림길
差点儿	[chàdiǎnr] 차디알	하마터면
插队	[chāduì] 차뚜에이	새치기

C

查对	[cháduì] 차뚜에이	체크
茶馆	[cháguǎn] 차관	다방
茶馆	[cháguǎn] 차관	찻집
插花	[chāhuā] 차화	꽃꽂이
插话	[chāhuà] 차화	에피소드
茶话会	[cháhuàhuì] 차화훼이	다과회
拆	[chāi] 차이	뜯다
拆除	[chāichú] 차이추	허물다
柴火	[cháihuo] 차이후어	땔감
柴油	[cháiyóu] 차이여우	디젤유
插进	[chājìn] 차진	끼워넣다
差距	[chājù] 차쥐	격차
插口	[chākǒu] 차커우	콘센트
蝉	[chán] 찬	매미
馋	[chán] 찬	게걸스럽다
刹那	[chànà] 차나	순간, 찰나
蟾蜍	[chánchú] 찬추	두꺼비
产地	[chǎndì] 찬띠	산지
颤抖	[chàndǒu] 찬떠우	부들부들떨다
产房	[chǎnfáng] 찬팡	산실
产妇	[chǎnfù] 찬푸	산모
场	[chǎng] 창	라운드
常常	[chángcháng] 창창	항상
长处	[chángchù] 창추	장점
长短	[chángduǎn] 창두안	장단점

厂房	[chǎngfáng] 창팡	작업장
偿还	[chánghuán] 창환	상환(하다)
常见	[chángjiàn] 창지엔	흔하다
长久	[chángjiǔ] 창지우	오랫동안, 장구하다
常客	[chángkè] 창커	단골
仓库	[chāngkù] 창쿠	창고
畅快	[chàngkuài] 창콰이	쾌적하다
场面	[chǎngmiàn] 창미엔	장면, 상황, 정황
唱片	[chàngpiàn] 창피엔	레코드
长篇	[chángpiān] 창피엔	장편의
长期	[chángqī] 창치	장기(기간)
厂商	[chǎngshāng] 창상	회사, 기업, 메이커
常识	[chángshí] 창스	상식
长寿	[chángshòu] 창셔우	장수(하다)
场所	[chǎngsuǒ] 창쑤어	장소
长途	[chángtú] 창투	장거리
常务	[chángwù] 창우	상무
常用	[chángyòng] 창용	상용
厂长	[chǎngzhǎng] 창장	공장장
长征	[chángzhēng] 창정	장정
常住	[chángzhù] 창주	영주(하다)
肠子	[chángzi] 창즈	창자
缠夹	[chánjiā] 찬지아	감기다
产量	[chǎnliàng] 찬리앙	산량
阐明	[chǎnmíng] 찬밍	천명(하다)

C

产品	[chǎnpǐn] 찬핀	산품
产物	[chǎnwù] 찬우	산물
谗言	[chányán] 찬이엔	참언
产业	[chǎnyè] 찬예	산업
长椅	[chángyǐ] 창이	벤치
巢	[cháo] 차오	보금자리
潮	[cháo] 차오	조수
抄	[chāo] 차오	베끼다
炒	[chǎo] 차오	볶다
吵	[chǎo] 차오	시끄럽다
超短裙	[chāoduǎnqún] 차오두안췬	미니스커트
超过	[chāoguò] 차오꾸어	초과하다
潮流	[cháoliú] 차오리우	조류
钞票	[chāopiào] 차오피아오	지폐
潮湿	[cháoshī] 차오스	습기(차다), 눅눅하다
超市	[chāoshì] 차오스	수퍼마켓
超速	[chāosù] 차오쑤	과속
嘲笑	[cháoxiào] 차오시아오	조소하다, 비웃다
抄小抄	[chāoxiǎochāo] 차오시아오차오	커닝하다
抄写	[chāoxiě] 차오시에	베껴쓰다
超越	[chāoyuè] 차오위에	초월하다, 뛰어넘다
吵嘴	[chǎozuǐ] 차오쮀이	언쟁(하다)
插秧	[chāyāng] 차양	모내기하다
差异	[chāyì] 차이	차이
查阅	[cháyuè] 차위에	검열(하다)

叉子	[chāzi] 차즈	포크
插嘴	[chāzuǐ] 차쥐에이	말 참견하다
车	[chē] 처	차(자동차)
车床	[chēchuáng] 처추앙	선반기
车窗	[chēchuāng] 처추앙	차창
车道	[chēdào] 처따오	차도
车道线	[chēdàoxiàn] 처따오시엔	차선
彻底	[chèdǐ] 처디	철저히
车费	[chēfèi] 처페이	차비
车间	[chējiān] 처지엔	직장
车架子	[chējiàzi] 처지아즈	차체
车库	[chēkù] 처쿠	차고
车辆	[chēliàng] 처리앙	차량
车轮子	[chēlúnzi] 처룬즈	수레바퀴
臣	[chén] 천	신하
沉	[chén] 천	가라앉다
尘	[chén] 천	티끌
衬布	[chènbù] 천뿌	안감
沉淀	[chéndiàn] 천띠엔	침전(하다)
城	[chéng] 청	성
乘	[chéng] 청	오르다, 타다(승차), 곱하다
秤	[chèng] 청	저울
称	[chēng] 청	칭하다, 어울리다
成败	[chéngbài] 청바이	성패
承办	[chéngbàn] 청빤	청부맡다

承包	[chéngbāo] 청빠오	도급받다
成本	[chéngběn] 청번	원가
承担	[chéngdān] 청딴	맡다
承当	[chéngdāng] 청땅	책임지다
程度	[chéngdù] 청뚜	정도
惩罚	[chéngfá] 청파	징벌(하다)
成分	[chéngfèn] 청펀	성분
成服	[chéngfú] 청푸	기성복
成功	[chénggōng] 청꽁	성공(하다)
称号	[chēnghào] 청하오	칭호
称呼	[chēnghu] 청후	일컫다
成绩	[chéngjì] 청지	성적
承继	[chéngjì] 청지	상속
惩戒	[chéngjiè] 청지에	징계하다
成就	[chéngjiù] 청지우	성취, 이루다
乘客	[chéngkè] 청커	승객
成立	[chénglì] 청리	성립하다
成年	[chéngnián] 청니엔	성년
衬尿布	[chènniàobù] 천니아오뿌	기저귀
成品	[chéngpǐn] 청핀	제품, 완제품
成人	[chéngrén] 청런	성인
承认	[chéngrèn] 청런	승인(하다), 동의하다
诚实	[chéngshí] 청스	성실하다
承受	[chéngshòu] 청셔우	감당하다, 이겨내다
成熟	[chéngshú] 청수	성숙하다

城外	[chéngwài] 청와이	시외
乘务员	[chéngwùyuán] 청우위엔	승무원
成效	[chéngxiào] 청시아오	성과
诚心诚意	[chéngxīnchéngyì] 청신청이	성심성의
程序	[chéngxù] 청쉬	순서, 프로그램, 절주하다
诚意	[chéngyì] 청이	성의
成语	[chéngyǔ] 청위	성어
成员	[chéngyuán] 청위엔	구성원, 멤버
称赞	[chēngzàn] 청짠	칭찬(하다)
城寨	[chéngzhài] 청자이	성채
橙子	[chéngzi] 청즈	오렌지
乘坐	[chéngzuò] 청쭈어	탑승
沉静	[chénjìng] 천찡	차분하다
陈旧	[chénjiù] 천찌우	케케묵다
陈列	[chénliè] 천리에	진열(하다)
沉闷	[chénmèn] 천먼	음울하다, 침울하다
沉默	[chénmò] 천모	침묵(하다)
沉没	[chénmò] 천모	침몰(하다)
衬裙	[chènqún] 천췬	속치마
衬衫	[chènshān] 천샨	셔츠
陈述	[chénshù] 천수	진술(하다)
沉思	[chénsī] 천쓰	숙고(깊은 생각)
沉痛	[chéntòng] 천통	쓰라리다
衬衣	[chènyī] 천이	내의
沉重	[chénzhòng] 천중	무겁다, 묵직하다, 심하다

车票	[chēpiào] 처피아오	차표
撤退	[chètuì] 처퉤이	철수하다, 철군하다
彻夜	[chèyè] 처예	철저하다
车站	[chēzhàn] 처잔	역전
匙	[chí] 츠	스푼
池	[chí] 츠	연못
尺	[chǐ] 츠	자
吃	[chī] 츠	먹다
迟	[chí] 츠	느리다, 늦다
尺寸	[chǐchùn] 츠춘	치수, 사이즈
痴呆	[chīdāi] 츠따이	치매
赤道	[chìdào] 츠따오	적도
迟到	[chídào] 츠따오	지각(하다)
尺度	[chǐdù] 츠뚜	척도
迟钝	[chídùn] 츠뚠	둔하다
痴汉	[chīhàn] 츠한	치한
赤脚	[chijiǎo] 츠지아오	맨발
吃惊	[chījīng] 츠징	깜짝놀라다
吃力	[chīlì] 츠리 벅	차다, 힘겹다, 힘들다
齿轮	[chǐlún] 츠룬	기어, 톱니바퀴
赤手	[chìshǒu] 츠셔우	맨손
吃香	[chīxiāng] 츠시앙	인기있다
持续	[chíxù] 츠쉬	지속(하다)
池沼	[chízhǎo] 츠자오	늪
赤子	[chìzǐ] 츠즈	신생아

赤字	[chìzì] 츠쯔	적자
重	[chóng] 총	거듭하다, 중복하다
冲	[chōng] 총	돌진(하다)
崇拜	[chóngbài] 총빠이	숭배(하다)
充当	[chōngdāng] 총땅	충당(하다)
充电	[chōngdiàn] 총띠엔	충전(하다)
重叠	[chóngdié] 총디에	겹치다, 중첩하다
冲动	[chōngdòng] 총똥	충동, 흥분하다
充分	[chōngfèn] 총펀	충분하다
重复	[chóngfù] 총푸	중복(하다)
崇高	[chónggāo] 총까오	숭고하다
冲击	[chōngjī] 총지	충격
充满	[chōngmǎn] 총만	충만하다
充沛	[chōngpèi] 총페이	넘쳐흐르다
冲突	[chōngtū] 총투	충돌(하다)
重问	[chóngwèn] 총원	되묻다
重牙	[chóngyá] 총야	덧니
重演	[chóngyǎn] 총이엔	리바이벌
虫眼镜	[chóngyǎnjìng] 총이엔징	돋보기
冲撞	[chōngzhuàng] 총주앙	쇼크
虫子	[chóngzi] 총즈	벌레, 곤충
充足	[chōngzú] 총주	충족하다
重新	[chóngxīn] 총신	다시
仇	[chóu] 처우	원수(적)
丑	[chǒu] 처우	추하다

臭	[chòu] 처우	구리다
丑八怪	[chǒubāguài] 처우빠꽈이	못난이
臭虫	[chòuchóng] 처우총	빈대
踌躇	[chóuchú] 처우추	주저하다
丑恶	[chǒuè] 처우어	추악하다
稠密	[chóumì] 처우미	조밀하다
抽屉	[chōuti] 처우티	서랍
丑闻	[chǒuwén] 처우원	스캔들
抽象	[chōuxiàng] 처우시앙	추상적이다
绸子	[chóuzi] 처우즈	비단
锄	[chú] 추	괭이, 호미
串	[chuàn] 추안	꿰다
船	[chuán] 추안	배
传	[chuán] 추안	전하다, 배포하다
喘	[chuǎn] 추안	숨차다, 헐떡거리다
穿	[chuān] 추안	신다
川边	[chuānbiān] 추안비엔	냇가
船舶	[chuánbó] 추안보	선박
传播	[chuánbō] 추안뽀	전파하다, 퍼뜨리다
传达	[chuándá] 추안다	전달(하다)
传单	[chuándān] 추안딴	전단지, 광고물
船夫	[chuánfū] 추안푸	사공
床	[chuáng] 추앙	침대
窗	[chuāng] 추앙	창(문)
创	[chuàng] 추앙	창조(하다)

疮	[chuāng] 추앙	부스럼
创办	[chuàngbàn] 추앙빤	창설(하다), 설립하다
床单	[chuángdān] 추앙딴	침대시트
窗户	[chuānghu] 추앙후	창문
创建	[chuàngjiàn] 추앙지엔	창건(하다)
窗口	[chuāngkǒu] 추앙커우	창가
创立	[chuànglì] 추앙리	창립(하다)
床铺	[chuángpù] 추앙푸	침상
窗台	[chuāngtái] 추앙타이	창문턱
床位	[chuángwèi] 추앙웨이	침대자리
创业	[chuàngyè] 추앙예	창업(하다)
创造	[chuàngzào] 추앙짜오	창조
创作	[chuàngzuò] 추앙쭈어	창작
川蜷	[chuānquán] 추안취엔	다슬기
传染	[chuánrǎn] 추안란	전염되다
传舌	[chuánshé] 추안셔	고자질하다
传授	[chuánshòu] 추안셔우	전수(하다), 가르치다
传说	[chuánshuō] 추안슈어	전설
传送	[chuánsòng] 추안쑹	전송(하다)
传统	[chuántǒng] 추안통	전통
传闻	[chuánwén] 추안원	뜬소문
串线	[chuànxiàn] 추안시엔	혼선
传言	[chuányán] 추안이엔	소문
船长	[chuánzhǎng] 추안장	선장
传真	[chuánzhēn] 추안전	팩스

出版	[chūbǎn] 추반	출판(하다)
储备	[chǔbèi] 추뻬이	비축(하다)
初步	[chūbù] 추뿌	초보적이다
储藏	[chǔcáng] 추창	저장(하다)
出差	[chūchāi] 추차이	출장가다
出产	[chūchǎn] 추찬	산출되다
出处	[chūchù] 추추	출처
处处	[chùchù] 추추	어디든지
初次登台	[chūcìdēngtái] 추츠떵타이	데뷔
厨刀	[chúdāo] 추따오	식칼
出动	[chūdòng] 추똥	출동(하다)
处断	[chǔduàn] 추뚜안	처단(하다)
除法	[chúfǎ] 추파	나눗셈
出发	[chūfā] 추파	출발(하다)
处罚	[chǔfá] 추파	처벌(하다)
出发点	[chūfādiǎn] 추파디엔	출발점
触犯	[chùfàn] 추판	범하다
厨房	[chúfáng] 추팡	부엌, 주방
处方	[chǔfāng] 추팡	처방
处分	[chǔfèn] 추펀	처분(하다)
触感	[chùgǎn] 추간	촉감
出国	[chūguó] 추구어	출국(하다)
初婚	[chūhūn] 추훈	초혼
出货	[chūhuò] 추후어	출고(하다)
吹	[chuī] 췌이	불다

吹牛	[chuīniú] 췌이니우	허풍떨다
垂直	[chuízhí] 췌이즈	수직
初级	[chūjí] 추지	초급
出嫁	[chūjià] 추지아	출가
初见	[chūjiàn] 추지엔	초면
处境	[chǔjìng] 추징	처지
处决	[chǔjué] 추쥐에	사형(하다)
触觉	[chùjué] 추쥐에	촉각
出口	[chūkǒu] 추커우	출구
出来	[chūlái] 추라이	나오다
处理	[chùlǐ] 추리	처리(하다), 해결하다
初恋	[chūliàn] 추리엔	첫사랑
出路	[chūlù] 추루	출로
出门	[chūmén] 추먼	외출(하다)
出名	[chūmíng] 추밍	유명해지다
出没	[chūmò] 추모	출몰
出纳	[chūnà] 추나	출납(하다)
纯粹	[chúncuì] 춘췌이	순수하다
唇膏	[chúngāo] 춘까오	립스틱
春耕	[chūngēng] 춘껑	봄갈이
春季	[chūnjì] 춘지	봄철(춘계)
春节	[chūnjié] 춘지에	설(춘절)
纯洁	[chúnjié] 춘지에	순결(하다)
纯情	[chúnqíng] 춘칭	순정
春秋	[chūnqiū] 춘치우	춘추

春天	[chūntiān] 춘티엔	봄
春莺	[chūnyīng] 춘잉	꾀꼬리
戳儿	[chuōr] 추얼	스탬프
出品	[chūpǐn] 추핀	출품
初期	[chūqī] 추치	초기
初秋	[chūqiū] 추치우	초가을
出去	[chūqù] 추취	나가다
出入	[chūrù] 추루	출입(하다), 드나들다
出身	[chūshēn] 추션	출신
出生	[chūshēng] 추성	출생, 태어나다
出世	[chūshì] 추스	출세(하다)
厨师	[chúshī] 추스	요리사
础石	[chǔshí] 추스	초석, 기초
出售	[chūshòu] 추셔우	매각
出题	[chūtí] 추티	출제(하다)
除外	[chúwài] 추와이	제외(하다)
初闻	[chūwén] 추원	금시초문
除夕	[chúxī] 추시	섣달그믐밤
出席	[chūxí] 추시	출석(하다)
出现	[chūxiàn] 추시엔	출현, 나타나다
处刑	[chǔxíng] 추씽	처형
储蓄	[chǔxù] 추쉬	저축(하다)
初雪	[chūxuě] 추쉬에	첫눈
出血	[chūxuè] 추쉬에	출혈(하다)
初旬	[chūxún] 추쉰	초순

出眼	[chūyǎn] 추이엔	돋보이다
出洋相	[chūyángxiàng] 추양시앙	추태
出迎	[chūyíng] 추잉	마중
出狱	[chūyù] 추위	출옥(하다)
出院	[chūyuàn] 추위엔	퇴원(하다)
出洋相	[chūyángxiàng] 추양시앙	웃음거리
处置	[chǔzhì] 추즈	처치(하다)
厨子	[chúzi] 추즈	조리사
出租	[chūzū] 추주	세주다
出租汽车	[chūzūqìchē] 추주치처	택시
穿	[chuān] 추안	입다
插	[chā] 차	꼽다
长	[cháng] 창	길다
长度	[chángdù] 창뚜	길이
长颈鹿	[chángjǐnglù] 창징루	기린
刺	[cì] 츠	가시
雌	[cí] 츠	암컷
刺	[cì] 츠	찌르다
慈爱	[cíài] 츠아이	자애롭다
辞呈	[cíchéng] 츠청	사표
磁带	[cídài] 츠따이	테이프(녹음)
词典	[cídiǎn] 츠디엔	사전
伺候	[cihou] 츠허우	시중들다
词汇	[cíhuì] 츠훼이	어휘
刺激	[cìjī] 츠지	자극(하다)

词句	[cíjù] 츠쥐	어구
次男	[cìnán] 츠난	차남
次女	[cìnǚ] 츠뉘	차녀
次品	[cìpǐn] 츠핀	불량품
辞事	[císhì] 츠스	사퇴
磁铁	[cítiě] 츠티에	자석
刺猬	[cìwei] 츠웨이	고슴도치
慈祥	[cíxiáng] 츠시앙	자상하다
次序	[cìxù] 츠쉬	차례, 순서
刺痒	[cìyáng] 츠양	간지럽다
辞职	[cízhí] 츠즈	사직(하다)
葱	[cōng] 총	파
从来	[cónglái] 총라이	지금까지
聪明	[cōngming] 총밍	똑똑하다, 총명하다
从前	[cóngqián] 총치엔	종전
从容不迫	[cóngróngbúpò] 총롱부퍼	매우침착하다
从事	[cóngshì] 총스	종사하다
从头	[cóngtóu] 총터우	처음부터
粗	[cū] 추	굵다
醋	[cù] 추	식초
窜	[cuàn] 추안	싸매다
粗暴	[cūbào] 추빠오	난폭하다
摧	[cuī] 췌이	때려부수다
催	[cuī] 췌이	촉구(하다)
脆	[cuì] 췌이	바삭바삭하다

翠绿	[cuìlǜ] 췌이뤼	새파랗다(청녹색의)
催眠	[cuīmiǎn] 췌이미엔	최면
催眠曲	[cuīmiánqǔ] 췌이미엔취	자장가
脆弱	[cuìruò] 췌이루어	취약(하다)
促进	[cùjìn] 추진	촉진(하다)
粗粮	[cūliáng] 추리앙	잡곡
粗劣	[cūliè] 추리에	조잡(하다)
粗鲁	[cūlǔ] 추루	거칠다
存款	[cúnkuǎn] 춘콴	예금, 저금하다
村民互助会	[cūnmínhùzhùhuì] 춘민후주훼이	마을금고, 상조회
存续	[cúnxù] 춘쉬	존속
存在	[cúnzài] 춘짜이	존립, 존재하다
村庄	[cūnzhuāng] 춘주앙	촌락
村子	[cūnzi] 춘즈	마을
错觉	[cuòjué] 추어쥐에	착각
错开	[cuòkāi] 추어카이	어긋나다
措施	[cuòshī] 추어스	조치
错误	[cuòwù] 추어우	오류, 착오
挫折	[cuòzhé] 춰저	좌절
错字	[cuòzi] 추어쯔	오자
促销	[cùxiāo] 추시아오	판촉
粗心	[cūxīn] 추신	부주의하다
粗心的	[cūxīnde] 추신더	섣불리
操场	[cāochǎng] 차오창	운동장

D

大	[dà] 따	크다, 커다랗다
打	[dǎ] 다	치다, 때리다
答案	[dá'àn] 다안	답안
打扮	[dǎbàn] 다빤	분장(하다)
答辩	[dábiàn] 다삐엔	답변하다
大便	[dàbiàn] 따비엔	대변
打并伙儿	[dǎbìnghuǒr] 다빙후얼	각자부담
大臣	[dàchén] 따천	대신
达成	[dáchéng] 다청	달성(하다)
大锤	[dàchuí] 따췌이	망치
大葱	[dàcōng] 따총	대파
大袋鼠	[dàdàishǔ] 따따이수	캥거루
大胆	[dàdǎn] 따단	대담하다
大道	[dàdào] 따따오	큰길
打倒	[dǎdǎo] 다다오	타도(하다)
打稻	[dǎdào] 다따오	탈곡, 타작하다
大地	[dàdì] 따띠	대지

打电	[dǎdiàn] 다띠엔	타전
大都	[dàdōu] 따떠우	대개
大度	[dàdù] 따뚜	대범하다
打赌	[dǎdǔ] 다두	내기하다
打对当	[dǎduìdang] 다뚜에이당	대결(하다)
大多	[dàduō] 따뚜어	대부분
大多数	[dàduōshù] 따뚜어수	대다수
打翻	[dǎfān] 따판	엎지르다
打飞	[dǎfēi] 다페이	날리다
大高个子	[dàgāogèzi] 따까오꺼즈	키다리
大哥	[dàgē] 따꺼	맏형, 큰형
打嗝儿	[dǎgér] 다걸	딸꾹질
大锅饭	[dàguōfàn] 따꾸어판	한솥밥
大后天	[dàhòutiān] 따허우티엔	글피
大会	[dàhuì] 따훼이	대회
打火机	[dǎhuǒjī] 다후어지	라이터
带	[dài] 따이	띠, 지니다
待避	[dàibì] 따이삐	대피
代笔	[dàibǐ] 따이비	대필
代表	[dàibiǎo] 따이비아오	대표
逮捕	[dàibǔ] 따이부	체포(하다)
带动	[dàidòng] 따이똥	대동(하다)
贷给	[dàigěi] 따이게이	대여(하다)
怠工	[dàigōng] 따이꽁	태업(하다)
代价	[dàijià] 따이지아	대가

带劲	[dàijìn] 따이찐	신나다, 멋있다, 활기차다
贷款	[dàikuǎn] 따이콴	대부금, 차관
代理	[dàilǐ] 따이리	대리(하다)
代理人	[dàilǐrén] 따이리런	대리인
怠慢	[dàimàn] 따이만	태만하다
带儿	[dàir] 딸	벨트, 띠(끈)
代替	[dàitì] 따이티	대체, 대신하다
带头	[dàitóu] 따이터우	앞장서다, 솔선수범하다
代用	[dàiyòng] 따이용	대용(하다)
待遇	[dàiyù] 따이위	대우
带子	[dàizi] 따이즈	리본
打击	[dǎjī] 다지	타격(하다)
打架	[dǎjià] 다지아	싸움하다
大减价	[dàjiǎnjià] 따지엔지아	바겐세일
大街	[dàjiē] 따지에	번화가
打击乐器	[dǎjīyuèqì] 다지위에치	타악기
答卷	[dájuàn] 다쥐엔	답안지
打开	[dǎkāi] 다카이	열다, 타개하다, 풀다
答礼	[dálǐ] 다리	답례(하다)
大力	[dàlì] 따리	힘껏
大梁	[dàliáng] 따리앙	대들보
大量	[dàliàng] 따리앙	대량의
打量	[dǎliang] 다리앙	훑어보다
打猎	[dǎliè] 다리에	사냥(하다)
大理石	[dàlǐshí] 따리스	대리석

大路	[dàlù] 따루	대로, 큰길
大陆	[dàlù] 따루	대륙
大略	[dàlüè] 따뤼에	대략, 대강, 대충
大麻哈鱼	[dàmáhāyú] 따마하위	연어
大麦	[dàmài] 따마이	보리
大拇指	[dàmǔzhǐ] 따무즈	엄지손가락
胆	[dǎn] 단	쓸개
担	[dǎn] 딴	메다
但	[dàn] 딴	하지만
淡	[dàn] 딴	싱겁다
氮	[dàn] 딴	질소
大脑	[dànǎo] 따나오	대뇌
蛋白	[dànbái] 딴바이	흰자위
蛋白质	[dànbáizhì] 딴바이즈	단백질
担保	[dānbǎo] 딴바오	담보(하다)
诞辰	[dànchén] 딴천	탄신
单程	[dānchéng] 딴청	편도
单纯	[dānchún] 딴춘	단순하다
单词	[dāncí] 딴츠	단어, 낱말
担当	[dāndāng] 딴땅	담당(하다)
单调	[dāndiào] 딴띠아오	단조롭다
单独	[dāndú] 딴두	단독, 혼자서, 홀로
丹枫	[dānfēng] 딴펑	단풍
淡粉红	[dànfěnhóng] 딴펀훙	연분홍
担负	[dānfù] 단푸	부담(하다)

D

当	[dāng] 땅	어울리다, 알맞다
挡	[dǎng] 당	막다
荡	[dàng] 땅	어슬렁거리다
蛋糕	[dàngāo] 딴까오	케이크
当差	[dāngchāi] 땅차이	심부름
当初	[dāngchū] 땅추	당초
当番	[dāngfān] 땅판	당번
当局	[dāngjú] 땅쥐	당국
当面	[dāngmiàn] 땅미엔	당면, 면전에서
当年	[dāngnián] 땅니엔	당년
党派	[dǎngpài] 당파이	당파
当然	[dāngrán] 땅란	물론, 당연하다
当事人	[dāngshìrén] 땅스런	당사자
当天	[dāngtiān] 땅티엔	당일
当天结束	[dāngtiānjiéshù] 땅티엔지에수	당일치기
当选	[dāngxuǎn] 땅쉬엔	당선되다
荡漾	[dàngyàng] 땅양	출렁이다
党员	[dǎngyuán] 당위엔	당원
当中	[dāngzhōng] 땅중	가운데, 중간
蛋黄酱	[dànhuángjiàng] 딴후앙지앙	마요네즈
单价	[dānjià] 딴지아	단가
单间	[dānjiān] 딴지엔	독방
胆量儿	[dǎnliàngr] 단리알	배짱
耽迷	[dānmí] 딴미	탐미(하다), 도취하다
胆怯	[dǎnqiè] 단치에	비겁하다

担任	[dānrèn] 딴런	담임
单身	[dānshēn] 딴션	독신
诞生	[dànshēng] 딴성	탄생(하다), 태어나다
单瘦	[dānshòu] 딴셔우	수척하다
单数	[dānshù] 딴수	홀수
淡水	[dànshuǐ] 딴쉐이	담수
弹丸	[dànwán] 딴완	탄환, 탄알
单位	[dānwèi] 딴웨이	단위
耽误	[dānwu] 딴우	지체(하다)
单相思	[dānxiāngsī] 딴시앙쓰	짝사랑
胆小鬼	[dǎnxiǎoguǐ] 단시아오꿰이	겁쟁이
担心	[dānxīn] 딴신	근심하다
弹药	[dànyào] 딴야오	탄약
胆子	[dǎnzi] 단즈	담력, 용기
担子	[dànzi] 딴즈	부담
倒	[dǎo] 다오	넘어지다, 쓰러지다
刀	[dāo] 따오	칼
岛	[dǎo] 다오	섬
捣	[dǎo] 다오	찧다, 빻다(절구)
倒闭	[dǎobì] 다오삐	도산하다
稻草人	[dàocǎorén] 다오차오런	허수아비
到达	[dàodá] 따오다	이르다, 도달하다, 도착하다
导弹	[dǎodàn] 다오딴	미사일
捣蛋	[dǎodàn] 다오딴	말썽부리다
到来	[dàolái] 따오라이	닥쳐오다, 도래하다

叨唠	[dāolao] 따오라오	중얼거리다, 지껄이다
捣乱	[dǎoluàn] 다오루안	장난하다, 성가시게하다
倒霉	[dǎoméi] 다오메이	재수없다
悼念	[dàoniàn] 따오니엔	추모(하다)
道歉	[dàoqiàn] 따오치엔	사과하다
盗窃	[dàoqiè] 따오치에	절도(하다)
刀刃	[dāorèn] 따오런	칼날
倒是	[dàoshi] 따오스	오히려
导师	[dǎoshī] 다오스	도사
到现在	[dàoxiànzài] 따오시엔짜이	지금까지, 여태
倒爷	[dǎoyé] 다오예	투기꾼
刀鱼	[dāoyú] 따오위	갈치
岛屿	[dǎoyǔ] 다오위	도서(섬)
稻子	[dàozi] 따오즈	벼
大炮	[dàpào] 따파오	대포
打平	[dǎpíng] 다핑	비기다
打破	[dǎpò] 다포	타파(하다)
大气压	[dàqìyā] 따치야	대기압
打饶	[dǎrǎo] 다라오	폐 끼치다
大人	[dàren] 따런	어른
达人	[dárén] 다런	달인
大人物	[dàrénwù] 따런우	거물
大嫂	[dàsǎo] 따싸오	아주머니
打扫	[dǎsǎo] 다싸오	청소(하다)
大厦	[dàshà] 따샤	빌딩

大声	[dàshēng] 따성	큰소리
大使馆	[dàshǐguǎn] 따스관	대사관
打算	[dǎsuàn] 다쑤안	타산(하다)
打碎	[dǎsuì] 다쒜이	부수다
打听	[dǎtīng] 다팅	알아보다
大头针	[dàtóuzhēn] 따터우전	핀
大象	[dàxiàng] 따시앙	코끼리
大小	[dàxiǎo] 따시아오	크기, 대소, 위아래
大笑	[dàxiào] 따시아오	폭소
大型	[dàxíng] 따싱	대형
大猩猩	[dàxīngxing] 따씽싱	고릴라
大学	[dàxué] 따쉬에	대학
大洋	[dàyáng] 따양	대양
大爷	[dàyé] 따예	아버님
大衣	[dàyī] 따이	외투, 코트
打印	[dǎyìn] 다인	날인(하다)
大鱼	[dàyú] 따위	대어
大枣	[dàzǎo] 따자오	대추
打仗	[dǎzhàng] 다장	전쟁(하다)
大志	[dàzhì] 따즈	대망
大众	[dàzhòng] 따종	대중
打字	[dǎzì] 다쯔	타자
大自然	[dàzìrán] 따쯔란	대자연
得出	[déchū] 더추	도출
得到	[dédào] 더따오	얻다

得奖	[déjiǎng] 더지앙	입상
得力	[délì] 더리	유능하다
等	[děng] 덩	기다리다
登	[dēng] 떵	오르다
灯	[dēng] 떵	등
登板儿	[dēngbǎnr] 떵발	발판
登场	[dēngchǎng] 떵창	등장(하다)
等候	[děnghòu] 덩허우	대기(하다), 기다리다
灯火	[dēnghuǒ] 떵후어	등불
等级	[děngjí] 덩지	등급
登记	[dēngjì] 떵지	등기(하다)
登陆	[dēnglù] 떵루	상륙(하다)
灯泡	[dēngpào] 떵파오	전구
登山	[dēngshān] 떵산	등산(하다)
灯塔	[dēngtǎ] 떵타	등대
凳子	[dèngzi] 떵즈	걸상
登用	[dēnyòng] 떵용	등용(하다)
得失	[déshī] 더스	득실
得意	[déyì] 더이	마음에들다, 의기양양하다
低	[dī] 디	낮다(높이가)
底	[dǐ] 디	밑, 아래
抵	[dǐ] 디	차단(하다)
滴	[dī] 띠	떨어지다(물이)
地	[di] 띠	땅
敌	[dí] 디	적

递	[dì] 띠	넘겨주다
点	[diǎn] 디엔	작은 흔적, 점, 점찍다
店	[diàn] 띠엔	가게
垫	[diàn] 띠엔	받치다
电报	[diànbào] 띠엔빠오	전보
电冰箱	[diànbīngxiāng] 띠엔삥시앙	냉장고
电车	[diànchē] 띠엔처	전차
电池	[diànchí] 띠엔츠	건전지, 전지, 배터리
颠倒	[diāndǎo] 띠엔다오	전도(하다)
电灯	[diàndēng] 띠엔떵	전등
电动机	[diàndòngjī] 띠엔똥지	전동기
淀粉	[diànfěn] 띠엔펀	녹말, 전분, 앙금
颠覆	[diānfù] 띠엔푸	전복(하다)
电话	[diànhuà] 띠엔화	전화
点火	[diǎnhuǒ] 디엔후어	점화하다
电缆车	[diànlǎnchē] 디엔란처	케이블카
电力	[diànlì] 띠엔리	전력
电铃	[diànlíng] 띠엔링	벨, 전종
电流	[diànliú] 띠엔리우	전류
电路	[diànlù] 띠엔루	전기회로
电炉	[diànlú] 띠엔루	전기난로
电脑	[diànnǎo] 띠엔나오	컴퓨터
惦念	[diànniàn] 띠엔니엔	궁금하다
电器	[diànqì] 띠엔치	전기제품
电气	[diànqì] 띠엔치	전기

点取	[diǎnqǔ] 디엔취	클릭(하다)
点燃	[diǎnrán] 디엔란	피우다
电扇	[diànshàn] 띠엔샨	선풍기
电视	[diànshì] 띠엔스	텔레비전
电视演员	[diànshìyǎnyuán] 띠엔스이엔위엔	탤런트
电台	[diàntái] 띠엔타이	방송국
电梯	[diàntī] 띠엔티	엘리베이터
电线	[diànxiàn] 띠엔시엔	전선
电线杆	[diànxiàngān] 띠엔시엔간	전신주
点心	[diǎnxin] 디엔신	간식
典型	[diǎnxíng] 디엔씽	전형(적이다)
电压	[diànyā] 띠엔야	전압
电影	[diànyǐng] 띠엔잉	영화
电影院	[diànyǐngyuàn] 띠엔잉위엔	영화관
店员	[diànyuán] 띠엔위엔	점원
电源	[diànyuán] 띠엔위엔	전원
点钟	[diǎnzhōng] 디엔중	시(시간)
点缀	[diǎnzhuì] 디엔쮀이	점철하다
垫子	[diànzi] 띠엔즈	방석
电子	[diànzǐ] 띠엔즈	전자
掉	[diào] 띠아오	빠지다
吊	[diào] 띠아오	들어올리다, 매달다
刁	[diāo] 띠아오	간교하다
钓	[diào] 띠아오	낚다(물고기)
调拨	[diàobō] 띠아오보	조달

调查	[diàochá] 띠아오차	조사(하다)
调度	[diàodù] 띠아오뚜	통제(하다)
钓钩儿	[diàogōur] 띠아오꺼울	낚시
雕刻	[diàokè] 띠아오커	조각(하다)
调迁	[diàoqiān] 띠아오치엔	전근
调职	[diàozhí] 띠아오즈	전직
调子	[diàozi] 띠아오즈	가락
堤坝	[dībà] 디바	둑
地板	[dìbǎn] 띠반	마루
地带	[dìdài] 띠따이	지대
地道	[dìdào] 띠따오	진짜
弟弟	[dìdi] 띠디	남동생
地点	[dìdiǎn] 띠디엔	지점
敌对	[díduì] 디뚜에이	적대하다
叠	[dié] 디에	접다(여러번)
鲽	[dié] 디에	가자미
跌到	[diēdǎo] 띠에다오	쓰러지다
碟子	[diézi] 디에즈	접시
堤防	[dīfáng] 띠팡	제방
地方	[dìfāng] 띠팡	지방
帝国	[dìguó] 띠구어	제국
敌国	[díguó] 디구어	적국
低级	[dījí] 띠지	저급(하다)
低价	[dījià] 디지아	헐값
缔结	[dìjié] 띠지에	체결(하다)

低减	[dījiǎn] 띠지엔	인하
敌军	[díjūn] 디쥔	적군
抵抗	[dǐkàng] 디캉	저항(하다)
第老的	[dìlǎode] 띠라오더	막내
地理	[dìlǐ] 띠리	지리
抵冒	[dǐmào] 디마오	대들다
底面	[dǐmiàn] 디미엔	밑바닥
地面	[dìmiàn] 띠미엔	지면
地名	[dìmíng] 띠밍	지명
丁	[dīng] 띵	성인남자
定	[dìng] 띵	정하다
顶	[dǐng] 딩	정수리, 이다(머리에)
顶点	[dǐngdiǎn] 딩디엔	정점
顶端	[dǐngduān] 딩두안	꼭대기
定额	[dìngé] 띵어	정액(값)
订婚	[dìnghūn] 띵훈	약혼(하다)
订婚者	[dìnghūnzhě] 띵훈저	약혼자
定价	[dìngjià] 띵지아	정가
定居	[dìngjū] 띵쥐	정착(하다)
定理	[dìnglǐ] 띵리	정리
定量	[dìngliàng] 띵리앙	정량
定期	[dìngqī] 띵치	정기(날짜를 정하다)
定位	[dìngwèi] 띵웨이	오리엔테이션
定义	[dìngyì] 띵이	정의
订阅	[dìngyuè] 띵위에	정기구독하다

叮嘱	[dīngzhǔ] 띵주		신신당부하다
钉子	[dīngzi] 띵즈		못
地盘	[dìpán] 띠판		토대
地平线	[dìpíngxiàn] 띠핑시엔		지평선
地球	[dìqiú] 띠치우		지구
地区	[dìqū] 띠취		지역
的确	[díquè] 디취에		확실히
地上	[dìshang] 띠샹		지상, 땅바닥
地势	[dìshì] 띠스		지세
敌视	[díshì] 디스		적대시하다
地毯	[dìtǎn] 띠탄		카펫
地摊儿	[dìtānr] 띠탈		노점
地铁	[dìtiě] 띠티에		지하철
地图	[dìtú] 띠투		지도
丢脸	[diūliǎn] 띠우리엔		창피하다
丢人	[diūrén] 띠우런		망신당하다
帝王	[dìwáng] 띠왕		제왕
地位	[dìwèi] 띠웨이		지위
低温	[dīwēn] 띠원		저온
地下	[dìxià] 띠시아		지하
地形	[dìxíng] 띠씽		지형
抵押	[dǐyā] 디야		저당(하다)
第一	[dìyī] 띠이		제일의
第一名	[dìyīmíng] 띠이밍		수석
地狱	[dìyù] 띠위		지옥

D

递与	[dìyǔ] 띠위	내주다
递增	[dìzēng] 띠정	점증(하다)
地震	[dìzhèn] 띠전	지진
地质	[dìzhì] 띠즈	지질
地住	[dìzhǔ] 띠주	지주(땅주인)
笛子	[dízi] 디즈	피리
典礼	[diǎnlǐ] 디엔리	의식(행사)
洞	[dòng] 똥	동굴
东	[dōng] 똥	동(쪽)
冻	[dòng] 똥	얼다
动	[dòng] 똥	움직이다
懂	[dǒng] 동	알다
东北	[dōngběi] 똥베이	동북
东奔西走	[dōngbēnxīzǒu] 똥뻔시저우	동분서주하다
东部	[dōngbù] 똥뿌	동부
洞察	[dòngchá] 똥차	통찰
动春心	[dòngchūnxīn] 똥춘신	바람나다
东方	[dōngfāng] 똥팡	동방
冬瓜	[dōngguā] 똥과	호박
动机	[dòngjī] 똥지	동기(~부여)
冻结	[dòngjié] 똥지에	동결되다
动静	[dòngjing] 똥징	동정
动力	[dònglì] 똥리	동력
动乱	[dòngluàn] 똥루안	동란, 변란
动脉	[dòngmài] 똥마이	동맥

冬眠	[dōngmián] 똥미엔	겨울잠, 동면
东南	[dōngnán] 똥난	동남
动人	[dòngrén] 똥런	감동적이다
冻上	[dòngshang] 똥샹	얼어붙다
董事	[dǒngshì] 동스	중역
懂事	[dǒngshì] 동스	사리분별을 하다, 철들다
动手	[dòngshǒu] 똥셔우	손대다
动态	[dòngtài] 똥타이	동태
冬天	[dōngtiān] 똥티엔	겨울
动物	[dòngwù] 똥우	동물
动物园	[dòngwùyuán] 똥우위엔	동물원
东西	[dōngxi] 똥시	물건
东洋	[dōngyáng] 똥양	동양
动摇	[dòngyáo] 똥야오	동요하다
动用	[dòngyòng] 똥용	유용하다
动员	[dòngyuán] 똥위엔	동원(하다)
动作	[dòngzuò] 똥쭈어	동작
都	[dōu] 떠우	모두
抖	[dǒu] 더우	털다, 치우다
陡	[dǒu] 도우	가파르다
兜风	[dōufēng] 떠우펑	드라이브
豆腐	[dòufu] 떠우푸	두부
兜儿	[dōur] 떠울	주머니
斗士	[dòushì] 떠우스	투사
豆芽	[dòuyá] 떠우야	콩나물

斗争	[dòuzhēng] 떠우정	투쟁(하다), 다투다
斗志	[dòuzhì] 떠우즈	투지
豆子	[dòuzi] 떠우즈	콩
渡	[dù] 뚜	건너다
度	[dù] 뚜	보내다(세월)
毒	[dú] 두	독
读	[dú] 두	읽다
赌	[dǔ] 두	도박(하다)
镀	[dù] 뚜	도금(하다)
短	[duǎn] 두안	짧다
段	[duàn] 뚜안	부분, 토막
断	[duàn] 뚜안	끊다
短处	[duǎnchù] 두안추	단점
短促	[duǎncù] 두안추	촉박하다
断定	[duàndìng] 뚜안띵	단정하다
短货	[duǎnhuò] 두안후어	품절
断绝	[duànjué] 뚜안쥐에	단절(하다)
短裤	[duǎnkù] 두안쿠	팬츠
锻炼	[duànliàn] 뚜안리엔	단련하다
短篇	[duǎnpiān] 두안피엔	단편
短期	[duǎnqī] 두안치	단기(간)
断行	[duànxíng] 뚜안싱	단행(하다)
短袖	[duǎnxiù] 두안시우	반소매
端绪	[duānxù] 뚜안쉬	실마리
断言	[duànyán] 뚜안이엔	단언(하다)

赌博	[dǔbó] 두보	도박하다
独裁	[dúcái] 두차이	독재(하다)
独唱	[dúchàng] 두창	독창(하다)
渡船	[dùchuán] 뚜추안	나룻배
督促	[dūcù] 두추	독촉하다, 재촉하다
独断	[dúduàn] 두뚜안	독단(하다)
对岸	[duì àn] 뚜에이안	대안
堆	[duī] 뚜에이	무더기, 쌓다
对	[duì] 뚜에이	맞추다, 짝, 옳다
队	[duì] 뚜에이	팀
对比	[duìbǐ] 뚜에이비	대비(비교)
对策	[duìcè] 뚜에이처	대책
对称	[duìchèn] 뚜에이천	대칭되다
对待	[duìdài] 뚜에이따이	대접(하다), 대하다
对付	[duìfu] 뚜에이푸	대처(하다)
对话	[duìhuà] 뚜에이화	대화(하다)
堆积	[duījī] 뚜에이지	쌓아올리다
对抗	[duìkàng] 뚜에이캉	대항(하다)
对立	[duìlì] 뚜에이리	대립시키다
队列	[duìliè] 뚜에이리에	대열
兑领	[duìlǐng] 뚜에이링	환전
堆摞	[duīluò] 뚜에이루어	포개다
对面	[duìmiàn] 뚜에이미엔	맞은편
队伍	[duìwǔ] 뚜에이우	행렬
兑现	[duìxiàn] 뚜에이시엔	현금화하다

D

对象	[duìxiàng] 뚜에이시앙	대상
对应	[duìyìng] 뚜에이잉	대응(하다)
队员	[duìyuán] 뚜에이위엔	대원
队长	[duìzhǎng] 뚜에이장	대장
对照	[duìzhào] 뚜에이자오	대조(하다)
杜鹃	[dùjuān] 뚜쮜엔	두견새
杜绝	[dùjué] 뚜쮜에	두절되다
渡口	[dùkǒu] 뚜커우	나루터
毒辣	[dúlà] 두라	악랄하다
独立	[dúlì] 두리	독립(하다)
蹲	[dūn] 뚠	주저앉다
吨	[dūn] 뚠	톤
舵	[duò] 뚜어	키(방향타)
朵	[duǒ] 두어	송이
多般	[duōbān] 뚜어빤	갖가지
多边	[duōbiān] 뚜어비엔	다각적
多产	[duōchǎn] 뚜어찬	다작
多亏	[duōkuī] 뚜어퀘이	덕분에
多量	[duōliàng] 뚜어리앙	다량
堕落	[duòluò] 뚜어루어	타락(하다)
夺取	[duóqǔ] 두어취	빼앗다, 탈취하다
多少	[duōshao] 뚜어샤	얼마나
多数	[duōshù] 뚜어수	다수
惰性	[duòxìng] 뚜어씽	타성
多余	[duōyú] 뚜어위	여분의

堵塞	[dǔsè] 두써	틀어막다
毒蛇	[dúshé] 두셔	독사
都市	[dūshì] 뚜스	도시
读书	[dúshū] 두수	독서(하다)
独特	[dútè] 두터	독특(하다)
毒性	[dúxìng] 두씽	독성
毒药	[dúyào] 두야오	독약
读者	[dúzhě] 두저	독자
独自	[dúzì] 두쯔	혼자
独奏	[dúzòu] 두저우	리사이틀
达到	[dádào] 다따오	이르다
歹徒	[dǎitú] 다이투	깡패
导弹	[dǎodàn] 다오딴	유도탄
打招呼	[dǎzhāohu] 다자오후	인사(하다)
大方	[dàfang] 따팡	의젓하다
袋	[dài] 따이	자루(포대)
大夫	[dàifu] 따이푸	의사
带领	[dàilǐng] 따이링	이끌다
大米	[dàmǐ] 따미	입쌀
道理	[dàolǐ] 따오리	이치
大雁	[dàyàn] 따이옌	기러기

E

讹	[é] 어	강요(하다)
额	[é] 어	액(계산), 이마
饿	[è] 어	배고프다, 굶다
鹅	[é] 어	거위
蛾虫	[échóng] 어총	나방
恶臭	[èchòu] 어처우	악취
恶德	[èdé] 어더	악덕
恶毒	[èdú] 어두	악독하다
阿奉	[ēfèng] 어펑	아첨하다
恶狗	[ègǒu] 어거우	맹견
恶寒	[èhán] 어한	오한
恶化	[èhuà] 어화	악화하다
恶梦	[èmèng] 어멍	악몽
恩	[ēn] 언	호의
恩惠	[ēnhuì] 언훼이	은혜
恩人	[ēnrén] 언런	은인
恩师	[ēnshī] 언스	은사

二把刀	[èrbǎdāo] 얼바따오	엉터리
耳背	[ěrbèi] 얼뻬이	난청
耳朵	[ěrduǒ] 얼두어	귀
儿童	[értóng] 얼통	아동
二氧化碳	[èryǎnghuàtàn] 얼양화탄	이산화탄소
耳坠子	[ěrzhuìzi] 얼쮀이즈	귀걸이
儿子	[érzi] 얼즈	아들
恶习	[èxí] 어시	악습
恶性	[èxìng] 어씽	악성이
俄延	[éyán] 어이엔	꾸물대다
鳄鱼	[èyú] 어위	악어

F

法	[fǎ] 파	법
罚	[fá] 파	벌하다
法案	[fǎàn] 파안	법안
发表	[fābiǎo] 파비아오	발표(하다)
发飙	[fābiāo] 파비아오	엉뚱하다
发病	[fābìng] 파삥	발병(하다), 병이나다
发达	[fādá] 파다	발달(하다)
发电	[fādiàn] 파띠엔	발전(하다)
发动	[fādòng] 파똥	발동(하다), 움직이다
发动机	[fādòngjī] 파똥지	엔진
发给	[fāgěi] 파게이	발급(하다)
法官	[fǎguān] 파꽌	법관
法规	[fǎguī] 파꿰이	법규, 규율
法国	[fǎguó] 파구어	프랑스
发号	[fāhào] 파하오	호령
发挥	[fāhuī] 파훼이	발휘(하다)
发货	[fāhuò] 파후어	출하하다

发紧	[fājǐn] 파진	갑갑하다
发掘	[fājué] 파쥐에	파내다
发觉	[fājué] 파쥐에	발각하다
罚款	[fákuǎn] 파콴	벌금내다
法令	[fǎlìng] 파링	법령
法律	[fǎlǜ] 파뤼	법률
发卖	[fāmài] 파마이	발매(하다)
发明	[fāmíng] 파밍	발명
反	[fǎn] 판	반대로
翻	[fān] 판	뒤집다, 들추다
帆	[fān] 판	돛
饭	[fàn] 판	밥
反比例	[fǎnbǐlì] 판비리	반비례
反驳	[fǎnbó] 판보	반박하다
反常	[fǎncháng] 판창	비정상적이다
范畴	[fànchóu] 판처우	범주
帆船	[fānchuán] 판추안	범선
饭店	[fàndiàn] 판띠엔	호텔
反动	[fǎndòng] 판동	반동적
反对	[fǎnduì] 판뚜에이	반대하다
繁多	[fánduō] 판뚜어	번잡하다
反复	[fǎnfù] 판푸	되풀이, 반복하다
方案	[fāngàn] 팡안	방안
方	[fāng] 팡	모나다, 네모지다, 비로소
放	[fàng] 팡	방치하다, 띄우다, 풀어주다

反感	[fǎngǎn] 판간	반감, 정나미 떨어지다
防备	[fángbèi] 팡뻬이	대비(하다)
方程	[fāngchéng] 팡청	방정식
放刺儿	[fàngcìr] 팡츨	매정하다
房东	[fángdōng] 팡똥	집주인
方法	[fāngfǎ] 팡파	방법
仿佛	[fǎngfú] 팡푸	방불케 하다
防腐济	[fángfǔjì] 팡푸지	방부제
方格儿	[fānggér] 팡걸	체크무늬
放光	[fàngguāng] 팡꽝	빛나다
放假	[fàngjià] 팡지아	방학(하다)
放进	[fàngjìn] 팡진	집어넣다
方面	[fāngmiàn] 팡미엔	방면
放牧	[fàngmù] 팡무	방목(하다)
放炮	[fàngpào] 팡파오	펑크
放弃	[fàngqì] 팡치	버리다, 포기하다
放射线	[fàngshèxiàn] 팡셔시엔	방사선
方式	[fāngshì] 팡스	방식
防守	[fángshǒu] 팡셔우	수비(하다)
返归	[fǎnguī] 판꿰이	돌아가다
犯规	[fànguī] 판꿰이	반칙
访问	[fǎngwèn] 팡원	방문(하다)
房屋	[fángwū] 팡우	건물, 집안
放下	[fàngxià] 팡시아	내려놓다
方向	[fāngxiàng] 팡시앙	방향

放心	[fàngxīn] 팡신	방심하다
方言	[fāngyán] 팡이엔	방언
防疫	[fángyì] 팡이	방역(하다)
放映	[fàngyìng] 팡잉	상영(하다)
防御	[fángyù] 팡위	방어(하다)
仿造	[fǎngzào] 팡짜오	모조하다
仿照	[fǎngzhào] 팡자오	본뜨다
方针	[fāngzhēn] 팡전	방침
防止	[fángzhǐ] 팡즈	방지(하다)
纺织	[fǎngzhī] 팡즈	방직
房子	[fángzi] 팡즈	집
房租	[fángzū] 팡주	집세
饭盒儿	[fànhér] 판헐	도시락
繁华	[fánhuá] 판화	번화하다
返还	[fǎnhuán] 판환	반려
返回	[fǎnhuí] 판훼이	되돌아오다
反击	[fǎnjī] 판지	반격하다
反抗	[fǎnkàng] 판캉	반항(하다)
反馈	[fǎnkuì] 판퀘이	귀환(하다)
泛滥	[fànlàn] 판란	범람하다
烦闷	[fánmèn] 판먼	번민하다
反面	[fǎnmiàn] 판미엔	반면
烦恼	[fánnǎo] 판나오	걱정, 번뇌
番茄酱	[fānqiéjiàng] 판치에지앙	토마토케첩
犯人	[fànrén] 판런	죄인, 범인

繁荣	[fánróng] 판롱	번창하다, 번영하다
反射	[fǎnshè] 판셔	반사하다
凡是	[fánshì] 판스	무릇
繁体字	[fántǐzì] 판티쯔	번체자
饭碗	[fànwǎn] 판완	밥사발
范围	[fànwéi] 판웨이	범위
反问	[fǎnwèn] 판원	반문하다
反省	[fǎnxǐng] 판싱	반성하다
翻译	[fānyì] 판이	번역, 통역하다
反映	[fǎnyìng] 판잉	반영하다
反应	[fǎnyìng] 판잉	반응
繁杂	[fánzá] 판자	번거롭다
烦躁	[fánzào] 판짜오	초조하다
翻找	[fānzhǎo] 판자오	뒤지다(수색)
反正	[fǎnzheng] 판정	아무튼, 어쨌든
反之	[fǎnzhī] 판즈	반면에
繁殖	[fánzhí] 판즈	번식(하다)
犯罪	[fànzuì] 판쮀이	범행, 죄짓다
发票	[fāpiào] 파피아오	송장(전표), 영수증
发起	[fāqǐ] 파치	발기(하다)
发热	[fārè] 파러	열나다
法人	[fǎrén] 파런	법인
发射	[fāshè] 파셔	발사(하다)
发生	[fāshēng] 파셩	발생하다, 생기
发誓	[fāshì] 파스	맹세하다, 서약하다

发送	[fāsòng] 파쏭	발송(하다)
法庭	[fătíng] 파팅	법정
发现	[fāxiàn] 파시엔	발견
发行	[fāxíng] 파싱	발행(하다)
发信人	[fāxìnrén] 파신런	발신인
法学	[făxué] 파쉬에	법학
发言	[fāyán] 파이엔	발언하다
发炎	[fāyán] 파이엔	덧나다(염증)
发音	[fāyīn] 파인	발음(하다)
法语	[făyǔ] 파위	프랑스어(불어)
发育	[fāyù] 파위	발육(하다)
法院	[făyuàn] 파위엔	법원
法则	[făzé] 파저	법칙
罚则	[fázé] 파저	벌칙
发展	[fāzhǎn] 파잔	발전
法制	[făzhì] 파즈	법제
肺	[fèi] 페이	폐
费	[fèi] 페이	수수료, 요금, 소비하다
飞	[fēi] 페이	날다
肺癌	[fèiái] 페이아이	폐암
诽谤	[fěibàng] 페이방	험담, 비방하다
非常	[fēicháng] 페이창	몹시, 예사롭지않다
废除	[fèichú] 페이추	파기(하다)
飞船	[fēichuán] 페이추안	비행선
非法	[fēifǎ] 페이파	비법

废话	[fèihuà] 페이화	허튼소리
飞机	[fēijī] 페이지	비행기
非集团	[fēijítuán] 페이지투안	무소속
飞快	[fēikuài] 페이콰이	쏜살같이
费力	[fèilì] 페이리	애쓰다
蜚蠊	[fēilián] 페이리엔	바퀴벌레
肥料	[féiliào] 페이리아오	비료
非难	[fēinàn] 페이난	비난하다
肥胖	[féipàng] 페이팡	비만
废品	[fèipǐn] 페이핀	폐품
废气	[fèiqì] 페이치	폐기(하다)
废水	[fèishuǐ] 페이쉐이	폐수
沸腾	[fèiténg] 페이텅	들끓다, 떠들썩하다, 부글부글 끓다
匪徒	[fěitú] 페이투	비적
肥沃	[féiwò] 페이워	비옥하다
飞行	[fēixíng] 페이씽	비행(하다)
废墟	[fèixū] 페이쉬	폐허
肺炎	[fèiyán] 페이이엔	폐렴
费用	[fèiyòng] 페이용	비용
飞跃	[fēiyuè] 페이위에	비약하다
肥皂	[féizào] 페이짜오	비누
废置	[fèizhì] 페이즈	묵살(하다)
非洲	[fēizhōu] 페이저우	아프리카
分离	[fēnlí] 펀리	분리(하다)
粉	[fěn] 펀	가루

分	[fēn] 펀	나누다
粉笔	[fěnbǐ] 펀비	분필
分别	[fēnbié] 펀비에	분별(하다)
分布	[fēnbù] 펀뿌	널려있다, 분포하다
粉刺	[fěncì] 펀츠	여드름
分担	[fēndān] 펀딴	분담(하다)
分店	[fēndiàn] 펀띠엔	분점
奋斗	[fèndòu] 펀떠우	분투(하다), 노력하다
分度	[fēndù] 펀두	눈금
分队	[fēnduì] 펀뚜에이	분대
芬芳	[fēnfāng] 펀팡	향기롭다
纷纷	[fēnfēn] 펀펀	분분히
吩咐	[fēnfù] 펀푸	분부(하다)
奉	[fèng] 펑	모시다
蜂	[fēng] 펑	벌
封	[fēng] 펑	봉하다
逢	[féng] 펑	상봉(하다)
疯	[fēng] 펑	미치다, 실성하다
缝	[féng] 펑	꿰매다
风	[fēng] 펑	바람(자연)
风暴	[fēngbào] 펑빠오	폭풍
丰产	[fēngchǎn] 펑찬	풍작
蜂巢	[fēngcháo] 펑차오	벌집
风车	[fēngchē] 펑처	풍차
讽刺	[fěngcì] 펑츠	풍자(하다)

分割	[fēngē] 펀거	갈라놓다
丰富	[fēngfù] 펑푸	풍부하다
风格	[fēnggé] 펑거	풍격
缝工	[fénggōng] 펑꿍	바느질
凤凰	[fēnghuáng] 펑후앙	봉황
封建	[fēngjiàn] 펑지엔	봉건
疯狂	[fēngkuáng] 펑쾅	미친듯하다
风浪	[fēnglàng] 펑랑	풍랑
风力	[fēnglì] 펑리	풍력
丰满	[fēngmǎn] 펑만	글래머, 풍만하다
蜂蜜	[fēngmì] 펑미	벌꿀
分工	[fēngōng] 펀꿍	분업(하다)
风琴	[fēngqín] 펑친	오르간
风趣	[fēngqù] 펑취	재미, 풍취
风沙	[fēngshā] 펑샤	모래바람
风尚	[fēngshàng] 펑샹	풍조, 습관
风湿	[fēngshī] 펑스	류머티즘
丰收年	[fēngshōunián] 펑셔우니엔	풍년
风尚	[fēngshàng] 펑샹	기풍
风俗	[fēngsú] 펑쑤	풍속
封锁	[fēngsuǒ] 펑쑤어	봉쇄(하다)
封套儿	[fēngtàor] 펑타올	봉투
风土	[fēngtǔ] 펑투	풍토
风习	[fēngxí] 펑시	풍습
奉献	[fèngxiàn] 펑시엔	봉헌하다, 바치다

奉行	[fèngxíng] 펑씽	신봉(하다)
奉养	[fèngyǎng] 펑양	섬기다
缝衣机	[féngyījī] 펑이지	재봉틀
封印	[fēngyìn] 펑인	봉인(하다)
风筝	[fēngzheng] 펑정	연
疯子	[fēngzi] 펑즈	미치광이
风姿	[fēngzī] 펑즈	멋
粉盒儿	[fěnhér] 펀헐	콤팩트
粉红	[fěnhóng] 펀훙	핑크
分家	[fēnjiā] 펀지아	분가(하다)
分解	[fēnjiě] 펀지에	분해(하다)
粉蜡笔	[fěnlàbǐ] 펀라비	크레파스
芬兰浴	[fēnlányù] 펀란위	사우나
分类	[fēnlèi] 펀레이	분류(하다)
分量	[fènliang] 펀리앙	분량
分裂	[fēnliè] 펀리에	분열하다
分泌	[fēnmì] 펀미	분비(하다)
分娩	[fēnmiǎn] 펀미엔	분만, 출산
分明	[fēnmíng] 펀밍	분명하다, 뚜렷하다
粉末	[fěnmò] 펀모	분말
分母	[fēnmǔ] 펀무	분모
坟墓	[fénmù] 펀무	무덤
愤怒	[fènnù] 펀누	분노(하다)
分配	[fēnpèi] 펀페이	배당, 분배하다, 할당하다
分歧	[fēnqí] 펀치	분기

粪蛆	[fènqū] 펀취	구더기
分身	[fēnshēn] 펀션	분신
分手	[fēnshǒu] 펀셔우	헤어지다
分数	[fēnshù] 펀수	분수, 점수
粉碎	[fěnsuì] 펀쉐이	분쇄(하다)
分析	[fēnxī] 펀시	분석(하다)
分野	[fēnyě] 펀예	분야
奋勇	[fènyǒng] 펀용	용기내다
奋战	[fènzhàn] 펀잔	분전(하다)
分钟	[fēnzhōng] 펀중	분(시간)
分子	[fēnzi] 펀즈	분자
佛教	[fójiào] 퍼지아오	불교
否定	[fǒudìng] 퍼우띵	부정(하다)
否决	[fǒujué] 퍼우쥐에	부결(하다)
否认	[fǒurèn] 퍼우런	부인(하다)
佛像	[fóxiàng] 포시앙	불상
腹	[fù] 푸	배
福	[fú] 푸	복
服	[fú] 푸	복용(하다)
伏	[fú] 푸	엎드리다
付	[fù] 푸	교부(하다)
俯	[fǔ] 푸	굽히다, 숙이다
扶	[fú] 푸	부축(하다)
敷	[fū] 푸	찜질
幅	[fú] 푸	넓이, 폭

缚	[fù] 푸	묶다
腐败	[fǔbài] 푸빠이	부패(하다)
腹部	[fùbù] 푸부	복부
副册	[fùcè] 푸처	팸플릿
付出	[fùchū] 푸추	치르다
服从	[fúcóng] 푸총	복종(하다)
负担	[fùdān] 푸단	부담(스럽다)
辅导	[fǔdǎo] 푸다오	레슨
福地	[fúdì] 푸띠	복지
浮动	[fúdòng] 푸똥	떠다니다
夫妇	[fūfù] 푸푸	부부
覆盖	[fùgài] 푸까이	덮어씌우다
富贵	[fùguì] 푸꿰이	부귀
复归	[fùguī] 푸꿰이	복귀(하다)
符号	[fúhào] 푸하오	부호
符合	[fúhé] 푸허	부합(하다)
附和	[fùhé] 푸허	부화(하다)
复合	[fùhé] 푸허	복합하다
复活	[fùhuó] 푸후어	부활하다, 살아나다
复活节	[fùhuójié] 푸후어지에	부활절
附加	[fùjiā] 푸지아	곁들이다, 덧붙이다, 부가하다
负肩	[fùjiān] 푸지엔	짊어지다
附近	[fùjìn] 푸진	부근
腐烂	[fǔlàn] 푸란	썩다
福利	[fúlì] 푸리	복리

俘虏	[fúlǔ] 푸루	포로
父母	[fùmǔ] 푸무	부모
妇女	[fùnǚ] 푸뉘	부녀
福气	[fúqi] 푸치	행운
夫妻	[fūqī] 푸치	부처
富强	[fùqiáng] 푸치앙	부강하다
父亲	[fùqīn] 푸친	아버지
富人	[fùrén] 푸런	부자
妇人	[fùrén] 푸런	부인
负伤	[fùshāng] 푸샹	부상당하다
福神	[fúshén] 푸션	마스코트
副食	[fùshí] 푸스	부식
腐蚀	[fǔshí] 푸스	부식하다
附属	[fùshǔ] 푸수	부속되다
附添	[fùtiān] 푸티엔	첨부(하다)
腹痛	[fùtòng] 푸퉁	복통
服务	[fúwù] 푸우	봉사하다, 서비스하다
服务员	[fúwùyuán] 푸우위엔	종업원, 웨이터
复习	[fùxí] 푸시	복습(하다)
浮现	[fúxiàn] 푸시엔	떠오르다
复兴	[fùxīng] 푸씽	부흥(하다)
腐朽	[fǔxiǔ] 푸시우	썩어문드러지다
扶养	[fúyǎng] 푸양	부양(하다)
副业	[fùyè] 푸예	부업
复印	[fùyìn] 푸인	카피, 복사하다

富余	[fùyu] 푸위	여유롭다
富裕	[fùyù] 푸위	부유하다, 풍족하다
赋予	[fùyǔ] 푸위	부여(하다)
浮云	[fúyún] 푸윈	뜬구름
复杂	[fùzá] 푸자	복잡하다
复制	[fùzhì] 푸즈	복제(하다)
复职	[fùzhí] 푸즈	복직
服装	[fúzhuāng] 푸주앙	복장
附着	[fùzhuó] 푸주어	부착(하다)
斧子	[fǔzi] 푸즈	도끼
副作用	[fùzuòyòng] 푸쭈어용	부작용
发廊	[fàláng] 파랑	이발관
犯法	[fànfǎ] 판파	법을 위반하다
饭馆	[fànguǎn] 판관	음식점

G

胳	[gā] 가	겨드랑이
芥	[gài] 가이	겨자
改	[gǎi] 가이	고치다, 바꾸다
钙	[gài] 까이	칼슘
改变	[gǎibiàn] 가이삐엔	개변
改编	[gǎibiān] 가이비엔	각색(하다), 개편하다
改革	[gǎigé] 가이거	개혁
改建	[gǎijiàn] 가이지엔	개건(하다)
改进	[gǎijìn] 가이찐	개진(하다)
概况	[gàikuàng] 까이쾅	개황
改良	[gǎiliáng] 가이리앙	개량(하다)
概念	[gàiniàn] 까이니엔	개념
盖儿	[gàir] 깔	뚜껑
改善	[gǎishàn] 가이샨	개선(하다)
改造	[gǎizào] 가이짜오	개조(하다)
改正	[gǎizhèng] 가이정	개정(하다)
盖子	[gàizi] 까이즈	덮개

改组	[gǎizǔ] 가이주	재조직하다
咖喱	[gālí] 까리	카레
肝	[gān] 간	간(장기)
赶	[gǎn] 간	내쫓다
竿	[gān] 간	장대
干	[gān] 깐	마르다, 말리다, 텅비다
敢	[gǎn] 간	감히
干杯	[gānbēi] 깐뻬이	건배(하다)
干部	[gànbù] 깐뿌	간부
干吃面	[gānchīmiàn] 깐츠미엔	라면
感触	[gǎnchù] 간추	감촉, 감동, 감명
干脆	[gāncuì] 깐췌이	명쾌하다
感电	[gǎndiàn] 간띠엔	감전되다
感动	[gǎndòng] 간똥	감동(하다)
缸	[gāng] 깡	항아리
钢	[gāng] 깡	강철
钢笔	[gāngbǐ] 깡비	펜, 만년필
刚才	[gāngcái] 깡차이	금방
杠杆	[gànggǎn] 깡간	지레
刚刚	[gānggāng] 깡깡	방금
港口	[gǎngkǒu] 강커우	항구
纲领	[gānglǐng] 깡링	강령
肛门	[gāngmén] 깡먼	항문
钢琴	[gāngqín] 깡친	피아노
港湾	[gǎngwān] 강완	항만

岗位	[gǎngwèi] 깡웨이	직장
纲要	[gāngyào] 깡야오	개요
感怀	[gǎnhuái] 간화이	감회
肝火	[gānhuǒ] 깐후어	짜증
感激	[gǎnjī] 간지	감격
赶紧	[gǎnjǐn] 간진	재빨리
干净	[gānjìng] 깐찡	말끔하다
感觉	[gǎnjué] 간쥐에	감각, 느끼다
橄榄球	[gǎnlǎnqiú] 간란치우	럭비
干酪	[gānlào] 깐라오	치즈
赶忙	[gǎnmáng] 간망	급히, 서둘러
感冒	[gǎnmào] 간마오	감기
感铭	[gǎnmíng] 간밍	감명(받다)
感情	[gǎnqíng] 간칭	감정
感染	[gǎnrǎn] 간란	감염(되다)
赶上	[gǎnshàng] 간샹	따라잡다
干涉	[gānshè] 깐셔	간섭(하다)
甘柿	[gānshì] 깐스	단감
感受	[gǎnshòu] 간셔우	감수(하다)
甘薯	[gānshǔ] 깐수	고구마
感想	[gǎnxiǎng] 간시앙	감상
感谢	[gǎnxiè] 간시에	감사(하다)
肝炎	[gānyán] 깐이옌	간염
干叶子	[gānyèzi] 깐예즈	가랑잎
干预	[gānyù] 깐위	관여하다, 참견하다

敢于行动	[gǎnyúxíngdòng] 간위싱똥	감행
干燥	[gānzào] 깐자오	건조(하다)
甘蔗	[gānzhè] 깐저	사탕수수
感知	[gǎnzhī] 간즈	감지(하다)
竿子	[gānzi] 깐즈	막대
高尔夫球	[gāo'ěrfūqiú] 까오얼푸치우	골프
高	[gāo] 까오	높다
搞	[gǎo] 가오	마련하다
告白	[gàobái] 까오바이	고백
告别	[gàobié] 까오비에	고별하다
高潮	[gāocháo] 까오차오	만조, 고조
高超	[gāochāo] 까오차오	출중(하다)
高出	[gāochū] 까오추	빼어나다
搞错	[gǎocuò] 가오추어	그르치다
高档	[gāodǎng] 까오당	상등의
高低	[gāodī] 까오디	승부
高地	[gāodì] 까오디	고지(높은곳)
高度	[gāodù] 까오뚜	고도, 높이
告发	[gàofā] 까오파	고발(하다)
高峰	[gāofēng] 까오펑	고봉
高跟鞋	[gāogēnxié] 까오껀시에	하이힐
高贵	[gāoguì] 까오꿰이	고귀하다
搞活	[gǎohuó] 가오후어	활성화하다
告诫	[gàojiè] 까오지에	훈계하다, 타이르다
高空	[gāokōng] 까오콩	고공

高粱	[gāoliang] 까오리앙	수수
高明	[gāomíng] 까오밍	고명하다
高坡	[gāopō] 까오포어	고개
高气压	[gāoqìyā] 까오치야	고기압
高尚	[gāoshàng] 까오샹	고상하다
高烧	[gāoshāo] 까오샤오	고열
高手儿	[gāoshǒur] 까오셔울	고수
高速	[gāosù] 까오쑤	고속
高速公路	[gāosùgōnglù] 까오쑤꽁루	고속도로
高温	[gāowēn] 까오원	고온
高血压	[gāoxuèyā] 까오쉬에야	고혈압
高压	[gāoyā] 까오야	고압
高原	[gāoyuán] 까오위엔	고원
高涨	[gāozhǎng] 까오장	급증
告状	[gàozhuàng] 까오쭈앙	고소(하다)
各	[gè] 꺼	각각
格	[gé] 거	격자
戈	[gē] 꺼	창
割	[gē] 꺼	베다
个人	[gè rén] 꺼런	개인
蛤蚌	[gébàng] 거빵	조개
隔壁	[gébì] 거삐	옆집
格别	[gébié] 거비에	각별하다
个别	[gèbié] 꺼비에	개별적
胳膊	[gēbo] 꺼보	팔꿈치, 팔뚝

歌唱	[gēchàng] 꺼창	노래하다
歌词	[gēcí] 꺼츠	가사(노래)
疙瘩	[gēda] 꺼다	종기
格斗	[gédòu] 거떠우	격투(하다)
疙瘩	[gēdā] 꺼다	응어리
哥哥	[gēge] 꺼거	오빠, 형님
各国	[gèguó] 꺼구어	각국
隔阂	[géhé] 거허	장벽
给	[gěi] 게이	주다
各界	[gèjiè] 꺼지에	각계
歌剧	[gējù] 꺼쥐	오페라
格局	[géjú] 거쥐	짜임새
隔离	[gélí] 거리	격리(하다)
革命	[gémìng] 거밍	혁명
根	[gēn] 껀	근원, 뿌리
根本	[gēnběn] 껀번	근본
耕地	[gēngdì] 겅띠	경지, 경작하다
更年期	[gēngniánqī] 겅니엔치	갱년기
羹汤	[gēngtāng] 껑탕	수프
更替	[gēngtì] 겅티	경질
更新	[gēngxīn] 겅씬	갱신(하다)
更衣室	[gēngyīshì] 껑이스	탈의실
更正	[gēngzhèng] 껑정	정정(하다)
根据	[gēnjù] 껀쥐	근거하다
根据地	[gēnjùdì] 껀쥐띠	근거지

跟随	[gēnsuí] 껀쒜이	따르다, 뒤따르다
根性	[gēnxìng] 껀씽	근성
跟踪	[gēnzōng] 껀종	추적하다, 미행
歌曲	[gēqǔ] 거취	가곡
歌儿	[gēr] 껄	가요(노래)
个儿	[gèr] 걸	키(높이)
隔日	[gérì] 거르	격일
格式	[géshì] 거스	격식
各式各样	[gèshìgèyàng] 꺼스꺼양	각양각색
歌手	[gēshǒu] 꺼셔우	가수
个体	[gètǐ] 꺼티	개체
革新	[géxīn] 거씬	혁신
个性	[gèxìng] 꺼씽	개성
隔音	[géyīn] 거인	방음
歌咏	[gēyǒng] 거용	가창
胳肢	[gézhi] 거즈	간질이다
各种	[gèzhǒng] 꺼중	각종
歌子	[gēzi] 꺼즈	노래
各自	[gèzì] 꺼쯔	각자
鸽子	[gēzi] 꺼즈	비둘기
公安	[gōng'ān] 꽁안	공안
弓	[gōng] 꽁	활
汞	[gǒng] 공	수온
公报	[gōngbào] 꽁빠오	관보
公布	[gōngbù] 꽁뿌	공포(하다)

共产党	[gòngchǎndǎng] 꽁찬당	공산당
工厂	[gōngchǎng] 꽁창	공장
工程	[gōngchéng] 꽁청	공정
工程师	[gōngchéngshī] 꽁청스	엔지니어
宫殿	[gōngdiàn] 꽁띠엔	궁전
攻读	[gōngdú] 꽁두	전공(하다)
共犯	[gòngfàn] 꽁판	공법
供饭	[gōngfàn] 꽁판	급식
攻防	[gōngfáng] 꽁팡	공방
公费	[gōngfèi] 꽁페이	국비
公分	[gōngfēn] 꽁펀	센티미터, 그램
公告	[gōnggào] 꽁까오	공고
公公	[gōnggong] 꽁공	시아버지
公共汽车	[gōnggòngqìchē] 꽁꽁치처	버스
巩固	[gǒnggù] 공꾸	견고하다
公害	[gōnghài] 꽁하이	공해
共和国	[gònghéguó] 꽁허구어	공화국
工会	[gōnghuì] 꽁훼이	노동조합
工活	[gōnghuó] 꽁후어	일손
攻击	[gōngjī] 꽁지	공격(하다)
功绩	[gōngjì] 꽁지	공적
公斤	[gōngjīn] 꽁진	킬로그램
恭敬	[gōngjìng] 꽁징	공경(하다)
工具	[gōngjù] 꽁쥐	공구
公开	[gōngkāi] 꽁카이	공개하다, 오픈

攻克	[gōngkè] 꽁커	패배시키다
公款	[gōngkuǎn] 꽁쿠안	공금
功劳	[gōngláo] 꽁라오	공로
公里	[gōnglǐ] 꽁리	킬로미터
工龄	[gōnglíng] 꽁링	연륜
公路	[gōnglù] 꽁루	도로
功率	[gōnglǜ] 꽁뤼	출력
攻掠	[gōnglüè] 꽁뤼에	공략(하다)
公民	[gōngmín] 꽁민	공민
共鸣	[gòngmíng] 꽁밍	고명, 공감하다
功能	[gōngnéng] 꽁넝	효능
公平	[gōngpíng] 꽁핑	공평하다
工钱	[gōngqian] 꽁치엔	품삯
公然	[gōngrán] 꽁란	공공연히
工人	[gōngrén] 꽁런	노동자
公认	[gōngrèn] 꽁런	공인(하다)
公社	[gōngshè] 꽁셔	공사
公式	[gōngshì] 꽁스	공식
攻势	[gōngshì] 꽁스	공세
公司	[gōngsī] 꽁쓰	회사
共同	[gòngtóng] 꽁퉁	공동으로
共通	[gòngtōng] 꽁퉁	공통(되다)
公务	[gōngwù] 꽁우	공무
公务员	[gōngwùyuán] 꽁우위엔	공무원
弓弦	[gōngxián] 꽁시엔	활시위

贡献	[gòngxiàn] 꽁시엔	공헌(하다)
公休	[gōngxiū] 꽁시우	휴무
恭逊	[gōngxùn] 꽁쉰	공손하다
工业	[gōngyè] 꽁예	공업
供应	[gōngyìng] 꽁잉	공급(하다)
工艺品	[gōngyìpǐn] 꽁이핀	공예품
共用	[gōngyòng] 꽁용	공용
公用电话	[gōngyòngdiànhuà] 꽁용띠엔화	공중전화
公有	[gōngyǒu] 꽁여우	공유(하다)
公寓	[gōngyù] 꽁위	아파트
公元	[gōngyuán] 꽁위엔	서기(기원)
公园	[gōngyuán] 꽁위엔	공원
公约	[gōngyuē] 꽁위에	공약
公债	[gōngzhài] 꽁짜이	공채
公正	[gōngzhèng] 꽁정	공정하다
公证	[gōngzhèng] 꽁정	공증
工资	[gōngzī] 꽁즈	임금, 노임
工作服	[gōngzuòfú] 꽁쭈어푸	점퍼
狗	[gǒu] 거우	개
够	[gòu] 꺼우	넉넉하다, 어지간히, 제법
沟	[gōu] 꺼우	홈(수로, 개천)
构成	[gòuchéng] 꺼우청	구성(하다)
勾结	[gōujié] 거우지에	결탁하다, 공모
购买	[gòumǎi] 꺼우마이	구매(하다)
沟通	[gōutōng] 꺼우통	소통(하다)

G

勾头	[gōutóu] 거우터우	끄덕이다
构想	[gòuxiǎng] 꺼우시앙	구상(하다)
狗崽子	[gǒuzǎizi] 고우자이즈	강아지
构造	[gòuzào] 꺼우짜오	구조
钩子	[gōuzi] 거우즈	갈고리
鼓	[gǔ] 구	북(소리나는)
古	[gǔ] 구	옛날의
故	[gù] 꾸	오래되다
骨	[gǔ] 구	뼈
瓜	[guā] 꽈	멜론
挂	[guà] 꽈	걸다, 매달리다
瓜分	[guāfēn] 꽈펀	분할(하다)
寡妇	[guǎfù] 과푸	과부, 미망인
怪汉	[guàihàn] 꽈이한	괴한
怪劲儿	[guàijìnr] 꽈이지얼	괴력
怪兽	[guàishòu] 꽈이셔우	괴수
拐弯儿	[guǎiwānr] 과이왈	모퉁이
怪物	[guàiwù] 꽈이우	괴물
寡默	[guǎmò] 과모	과묵하다
刮目	[guāmù] 꽈무	괄목하다
棺	[guān] 꽌	관(널)
官	[guān] 꽌	관리
关	[guān] 꽌	관문, 닫다
关闭	[guānbì] 꽌삐	폐업(하다)
观测	[guāncè] 꽌처	관측(하다)

观察	[guānchá] 꽌차	관찰(하다)
惯常	[guàncháng] 꽌창	상습(적인)
贯彻	[guànchè] 꽌처	관철(하다)
观点	[guāndiǎn] 꽌디엔	관점
光	[guāng] 꽝	빛, 광택나다
逛	[guàng] 꽝	거닐다, 놀러다니다
光标	[guāngbiāo] 꽝비아오	커서
广播	[guǎngbō] 광뽀	방송(하다)
广播员	[guǎngbōyuán] 구앙뽀위엔	아나운서
光彩	[guāngcǎi] 꽝차이	광채
广场	[guǎngchǎng] 광창	광장
广大	[guǎngdà] 광따	광대하다
广告	[guǎnggào] 광까오	광고
光棍儿	[guānggùnr] 꽝꿀	홀아버지(독신남자)
光滑	[guānghuá] 꽝화	매끄럽다
光辉	[guānghuī] 광훼이	눈부신 빛
光临	[guānglín] 꽝린	왕림(하다)
光芒	[guāngmáng] 꽝망	빛발
光明	[guangmíng] 꽝밍	광명
观光	[guānguāng] 꽌꽝	관광(하다)
光线	[guāngxiàn] 꽝시엔	광선, 라이트
广野	[guǎngyě] 광예	광야
关怀	[guānhuái] 꽌화이	배려(하다)
挂念	[guàniàn] 꽈니엔	염려하다
关键	[guānjiàn] 꽌지엔	관건

关节	[guānjié] 꽌지에	관절
观看	[guānkàn] 꽌칸	관람(하다)
广阔	[guǎnkuò] 광쿠어	광활하다
管理	[guǎnlǐ] 관리	관리(하다)
惯例	[guànlì] 꽌리	관례
官僚	[guānliáo] 꽌리아오	관료
灌木	[guànmù] 꽌무	관목(식물)
观念	[guānniàn] 꽌니엔	관념
光荣	[guānróng] 꽝롱	영광스럽다
观赏	[guānshǎng] 꽌샹	관상(하다)
贯通	[guàntōng] 꽌통	관통(하다), 개통하다
罐头	[guàntóu] 꽌터우	통조림
关头	[guāntóu] 꽌터우	전환점, 고비
关系	[guānxi] 꽌시	관계, 연줄
管弦乐	[guǎnxiányuè] 관시엔위에	관현악
管弦乐团	[guǎnxiányuètuán] 관시엔위에투안	오케스트라
关心	[guānxīn] 꽌신	관심
官员	[guānyuán] 꽌위엔	관원
管制	[guǎnzhì] 관즈	단속(하다), 관리하다
观众	[guānzhòng] 꽌종	관중
贯注	[guànzhù] 꽌주	가다듬다
管子	[guǎnzi] 관즈	파이프, 튜브
挂钟	[guàzhōng] 꽈종	괘종시계
古代	[gǔdài] 구따이	고대
孤单	[gūdān] 꾸단	외롭다

古典	[gǔdiǎn] 구디엔	고전, 클래식
固定	[gùdìng] 꾸띵	고정시키다
股东	[gǔdōng] 구똥	주주
鼓动	[gǔdòng] 구똥	선동(하다), 부추키다
古董儿	[gǔdǒngr] 구똘	골동품
古都	[gǔdū] 구뚜	고도(옛도읍)
孤独	[gūdú] 꾸두	고독하다
骨髓	[gǔduǐ] 구쒜이	골수
股份	[gǔfèn] 구펀	주식자본
辜负	[gūfù] 꾸푸	저버리다
骨骼	[gǔgé] 구거	골격
故宫	[gùgōng] 꾸꽁	고궁
古怪	[gǔguài] 구꽈이	기이하다, 기괴하다
孤孩子	[gūháizi] 꾸하이즈	고아
跪	[guì] 꿰이	무릎꿇다
鬼	[guǐ] 꿰이	귀신, 유령
硅	[guī] 꿰이	실리콘
贵	[guì] 꿰이	귀하다, 비싸다
轨	[guǐ] 꿰이	레일
龟	[guī] 꿰이	거북이
贵宾	[guìbīn] 꿰이빈	귀빈
轨道	[guǐdào] 꿰이따오	궤도
规定	[guīdìng] 꿰이딩	규정(하다)
规范	[guīfàn] 꿰이판	규범
规格	[guīgé] 꿰이거	규격

鬼怪	[guǐguài] 꿰이꽈이	도깨비
归国	[guīguó] 꿰이구어	귀국(하다)
桂冠	[guìguān] 꿰이꽌	월계관
归化	[guīhuà] 꿰이화	귀화(하다)
归还	[guīhuán] 꿰이환	되돌려주다, 반환하다
规划	[guīhuà] 꿰이화	기획
归结	[guījié] 꿰이지에	귀결(하다), 결말
贵金属	[guìjīnshǔ] 꿰이진수	귀금속
规矩	[guījù] 꿰이쥐	규칙
规模	[guīmó] 꿰이모	규모
闺女	[guīnǚ] 꿰이뉴	규수
柜台	[guìtái] 꿰이타이	카운터
归乡	[guīxiāng] 꿰이시앙	낙향
规则	[guīzé] 꿰이저	룰
贵重	[guìzhòng] 꿰이종	귀중하다
贵重品	[guìzhòngpǐn] 꿰이종핀	귀중품
柜子	[guìzi] 꿰이즈	궤짝
贵族	[guìzú] 꿰이주	귀족
古迹	[gǔjì] 구지	고적
顾客	[gùkè] 꾸커	고객
孤立	[gūlì] 꾸리	고립되다
顾虑	[gùlǜ] 꾸뤼	염려
鼓膜	[gǔmó] 구모	고막
滚动	[gǔndòng] 군똥	구르다
姑娘	[gūniang] 꾸니앙	처녀

棍子	[gùnzi] 꾼즈	몽둥이
辊子	[gǔnzi] 군즈	롤러
果	[guǒ] 구어	열매
国	[guó] 구어	나라
锅	[guō] 꾸어	솥
国宝	[guóbǎo] 구어바오	국보
过饱	[guòbǎo] 꾸어바오	과식(하다)
国产	[guóchǎn] 구어찬	국산
过程	[guòchéng] 꾸어청	과정
过度	[guòdù] 꾸어뚜	과도하다
过渡时期	[guòdùshíqī] 꾸어두스치	과도기
国法	[guófǎ] 구어파	국법
国防	[guófáng] 구어팡	국방
过分	[guòfèn] 꾸어펀	과분하다
过后	[guòhòu] 꾸어허우	나중에
国花	[guóhuā] 구어화	국화
国会	[guóhuì] 구어훼이	국회
国籍	[guójí] 구어지	국적
国际	[guójì] 구어지	국제
国家	[guójiā] 구어지아	국가
过奖	[guòjiǎng] 꾸어지앙	과찬하다
国交	[guójiāo] 구어지아오	국교
国库	[guókù] 구어쿠	국고
过来	[guòlái] 꾸어라이	다가오다, 건너오다
国力	[guólì] 구어리	국력

国立	[guólì] 구어리	국립
过滤	[guòlǜ] 꾸어뤼	여과하다
锅炉	[guōlú] 꾸어루	보일러
过路店	[guòlùdiàn] 꾸어루띠엔	휴게소
国论	[guólùn] 구어룬	국론
国民	[guómín] 구어민	국민
过敏	[guòmǐn] 꾸어민	과민하다
果圃	[guǒpǔ] 구어푸	과수원
国旗	[guóqí] 구어치	국기
国情	[guóqíng] 구어칭	국정
国庆节	[guóqìngjié] 구어칭지에	국경절
过去	[guòqù] 꾸어취	과거, 지나가다
果然	[guǒrán] 구어란	과연
过剩	[guòshèng] 꾸어성	과잉
国史	[guóshǐ] 구어스	국사
国土	[guótǔ] 구어투	국토
国王	[guówáng] 구어왕	국왕
国文	[guówén] 구어원	국어
国务院	[guówùyuán] 구어우위엔	국무원
国有	[guóyǒu] 구어여우	국유
过于	[guòyú] 꾸어위	지나치게
果汁儿	[guǒzhīr] 구어절	주스, 과즙
果子酱	[guǒzijiàng] 구어즈지앙	잼
骨盘	[gǔpán] 구판	골반
股票	[gǔpiào] 구피아오	주식

鼓起	[gǔqǐ] 구치	돋우다, 북돋우다
古人	[gǔrén] 구런	옛사람
骨肉	[gǔròu] 구러우	골육, 긴밀한 관계
故事	[gùshi] 꾸스	이야기
古书	[gǔshū] 구수	고서
固体	[gùtǐ] 꾸티	고체
骨头	[gǔtou] 구터우	뼈다귀
古文	[gǔwén] 구원	고문(옛 문헌)
顾问	[gùwèn] 꾸원	고문, 해설
鼓舞	[gǔwǔ] 구우	고무하다
古物	[gǔwù] 구우	고물
谷物	[gǔwù] 구우	곡물(곡식)
故乡	[gùxiāng] 꾸시앙	고향
估衣	[gùyī] 구이	헌옷
故意	[gùyì] 꾸이	일부러
雇佣	[gùyōng] 꾸용	고용(하다)
雇员	[gùyuán] 꾸위엔	고용인
鼓掌	[gǔzhǎng] 구장	박수치다
故障	[gùzhàng] 꾸장	고장
固执	[gùzhí] 꾸즈	고집하다
刮	[guā] 꽈	깎다(칼로)
拐	[guǎi] 과이	바꾸다, 틀다
罐	[guàn] 꽌	깡통
干净	[gānjìng] 깐징	깨끗하다
高兴	[gāoxìng] 까오씽	기쁘다

岗位	[gǎngwèi] 강웨이	일터
稿	[gǎo] 가오	원고
稿纸	[gǎozhǐ] 가오즈	원고지
告慰	[gàowèi] 까오웨이	위로(하다)

G

H

海岸	[hǎiàn] 하이안	해안
海鸥	[hǎiōu] 하이어우	갈매기
海	[hǎi] 하이	바다
害	[hài] 하이	해롭다, 해치다
海拔	[hǎibá] 하이바	해발
海豹	[hǎibào] 하이빠오	바다표범
海边儿	[hǎibiānr] 하이비알	바닷가
海滨	[hǎibīn] 하이빈	해변
海病	[hǎibìng] 하이삥	뱃멀미
海产	[hǎichǎn] 하이찬	해산물
害虫	[hàichóng] 하이총	해충
害处	[hàichù] 하이추	손해
海盗	[hǎidào] 하이따오	해적
海狗	[hǎigǒu] 하이거우	물개
骸骨	[háigǔ] 하이구	해골
海关	[hǎiguān] 하이꽌	세관
海军	[hǎijūn] 하이쥔	해군

海葵	[hǎikuí] 하이쿠이	말미잘
海流	[hǎiliú] 하이리우	해류
海螺	[hǎiluó] 하이루어	소라
海面	[hǎimiàn] 하이미엔	해면
海上	[hǎishàng] 하이샹	해상
海参	[hǎishēn] 하이션	해삼
还是	[háishi] 하이스	역시
海豚	[hǎitún] 하이툰	돌고래
海外	[hǎiwài] 하이와이	해외
海峡	[hǎixiá] 하이시아	해협
害羞	[hàixiū] 하이시우	수줍어하다
海蜒	[hǎiyán] 하이이엔	멸치
海洋	[hǎiyáng] 하이양	해양
海浴	[hǎiyù] 하이위	해수욕
海藻	[hǎizǎo] 하이자오	해초
海蜇	[hǎizhé] 하이저	해파리
孩子	[háizi] 하이즈	아이
汗	[hàn] 한	땀
含	[hán] 한	품다, 내포하다
焊	[hàn] 한	용접(하다), 땜질하다
航道	[hángdào] 항따오	수로
航海	[hánghǎi] 항하이	항해(하다)
航空	[hángkōng] 항콩	항공
行列	[hángliè] 항리에	퍼레이드, 행렬
航天	[hángtiān] 항티엔	우주비행

韩国	[hánguó] 한구어	한국
韩国人	[hánguórén] 한구어런	한국인
航线	[hángxiàn] 항시엔	항로
航行	[hángxíng] 항씽	항행(하다)
行业	[hángyè] 항예	업종, 직종
航运	[hángyùn] 항윈	운항하다, 운송하다
含糊	[hánhu] 한후	얼버무리다
罕见	[hǎnjiàn] 한지엔	보기드물다
喊叫	[hǎnjiào] 한지아오	외치다, 부르짖다, 아우성치다
寒冷	[hánlěng] 한렁	한랭(하다)
含量	[hánliàng] 한리앙	함량
寒流	[hánliú] 한리우	한파
寒气	[hánqi] 한치	추위
函数	[hánshù] 한수	함수
汉文	[hànwén] 한원	한문
寒心	[hánxīn] 한신	한심하다
含蓄	[hánxù] 한쉬	함축(하다)
汉学	[hànxué] 한쉬에	한학
含有	[hányǒu] 한여우	함유(하다)
汉语	[hànyǔ] 한위	한어
韩语	[hányǔ] 한위	한국어
汉字	[hànzì] 한쯔	한자
号称	[hàochēng] 하오청	호칭
好吃	[hǎochī] 하오츠	맛있다
好多	[hǎoduō] 하오뚜어	많다

耗费	[hàofèi] 하오페이		허비(하다)
好感	[hǎogǎn] 하오간		호감
好好儿	[hǎohāor] 하오하올		잘하다
豪华	[háohuá] 하오화		호화롭다
好看	[hǎokàn] 하오칸		보기좋다
号码	[hàomǎ] 하오마		번호
豪迈	[háomài] 하오마이		늠름하다
好评	[hǎopíng] 하오핑		호평
好奇心	[hàoqíxīn] 하오치신		호기심
号召	[hàozhào] 하오자오		호소(하다), 어필하다
好转	[hǎozhuǎn] 하오주안		호전되다
哈欠	[hāqian] 하치엔		하품
和蔼	[hé'ǎi] 허아이		상냥하다
喝	[hē] 허		마시다
盒	[hé] 허		함
合	[hé] 허		합하다
核	[hé] 허		씨(과일), 핵
何必	[hébì] 허삐		하필, 어찌하여 꼭
合并	[hébìng] 허삥		합병(하다), 통합하다
喝彩	[hècǎi] 허차이		갈채
合唱	[héchàng] 허창		합창
合成	[héchéng] 허청		합성(하다)
河川	[héchuān] 허추안		하천
贺词	[hècí] 허츠		축사
河道	[hédào] 허따오		강줄기

合法	[héfǎ] 허파	합법적(이다)
合格	[hégé] 허거	합격(하다)
荷花	[héhuā] 허화	연꽃
合婚	[héhūn] 허훈	궁합
黑	[hēi] 헤이	어둡다, 검다
黑暗	[hēiàn] 헤이안	암흑
黑白	[hēibái] 헤이바이	흑백
黑板	[hēibǎn] 헤이반	칠판
黑蛋	[hēidàn] 헤이딴	검둥이
黑米	[hēimǐ] 헤이미	현미
黑漆	[hēiqī] 헤이치	옻칠
黑人	[hēirén] 헤이런	흑인
黑色	[hēisè] 헤이써	검정
黑砂糖	[hēishātáng] 헤이샤탕	흑사탕, 흑설탕
合计	[héjì] 허지	총계, 합산
和解	[héjiě] 허지에	화해(하다)
合金	[héjīn] 허진	합금
合理	[hélǐ] 허리	합리적
河马	[hémǎ] 허마	하마
和睦	[hémù] 허무	화목하다
恨	[hèn] 헌	미워하다, 원망하다
很多	[hěnduō] 헌뚜어	여럿, 수두룩하다
哼	[hēng] 헝	신음소리
横	[héng] 헝	가혹하다
横断	[héngduàn] 헝뚜안	횡단(하다)

横幅	[héngfú] 헝푸	현수막
横幅标语	[héngfúbiāoyǔ] 헝푸비아오위	플래카드
横写	[héngxiě] 헝시에	가로쓰기
恒星	[héngxīng] 헝씽	항성
狠猴儿	[hěnhóur] 헌허울	구두쇠
贺年片	[hèniánpiàn] 허니엔피엔	연하장
痕迹	[hénjì] 헌지	흔적
和平	[hépíng] 허핑	평화
褐色	[hèsè] 허써	갈색
和尚	[héshàng] 허샹	스님
何时	[héshí] 허스	언제
河水	[héshuǐ] 허쉐이	강물
合算	[hésuàn] 허쑤안	수지맞다
核桃	[hétáo] 허타오	호두
合同	[hetong] 허통	합동
河豚	[hétún] 허툰	복어
核武器	[héwǔqì] 허우치	핵무기
核心	[héxīn] 허씬	핵심, 알맹이
盒子	[hézi] 허즈	케이스
合资	[hézī] 허쯔	합자
合作	[hézuò] 허쭈어	합작(하다)
红	[hóng] 홍	붉다, 빨갛다, 붉히다
红宝石	[hóngbǎoshí] 홍바오스	루비
红茶	[hóngchá] 홍차	홍차
红灯	[hóngdēng] 홍떵	적신호

宏大	[hóngdà] 홍따	웅대하다
红萝卜	[hóngluóbo] 홍루어보	당근, 홍당무
轰鸣声	[hōngmíngshēng] 홍밍셩	굉음
红旗	[hóngqí] 홍치	홍기
红色	[hóngsè] 홍써	빨강
红十字	[hóngshízì] 홍스쯔	적십자
洪水	[hóngshuǐ] 홍쉐이	홍수
红外线	[hóngwàixiàn] 훙와이시엔	적외선
宏伟	[hóngwěi] 홍웨이	거창하다
红小豆	[hóngxiǎodòu] 홍시아오떠우	팥
轰炸	[hōngzhà] 훙자	폭격(하다)
厚	[hòu] 허우	두껍다, 두텁다
后	[hòu] 허우	뒤
候补	[hòubǔ] 허우부	후보
后代	[hòudài] 허우따이	후대
厚度	[hòudù] 허우뚜	두께
后盾	[hòudùn] 허우뚠	뒷받침
后方	[hòufāng] 허우팡	후방
后悔	[hòuhuǐ] 허우훼이	후회하다
候客室	[hòukèshì] 허우커스	대합실
喉咙	[hóulóng] 허우롱	목구멍
后面	[hòumiàn] 허우미엔	뒤쪽
候鸟	[hòuniǎo] 허우니아오	철새
后期	[hòuqī] 허우치	후기
后任	[hòurèn] 허우런	후임

后世	[hòushì] 허우스	후세
后天	[hòutiān] 허우티엔	모레
后退	[hòutuì] 허우퉤이	후퇴(하다)
后续	[hòuxù] 허우쉬	후속
猴子	[hóuzi] 우즈	원숭이
壶	[hú] 후	주전자
糊	[hú] 후	붙이다
户	[hù] 후	세대
护	[hù] 후	감싸주다
划	[huà] 화	긋다
花	[huā] 화	꽃
滑	[huá] 화	미끄럽다
话	[huà] 화	말
花瓣	[huābàn] 화빤	꽃잎
画报	[huàbào] 화빠오	화보
滑冰	[huábīng] 화삥	스케이팅
话柄	[huàbǐng] 화빙	언질
画布	[huàbù] 화뿌	캔버스
花店	[huādiàn] 화띠엔	꽃집
花朵	[huāduǒ] 화두어	꽃봉오리
化合	[huàhé] 화허	화합(하다)
坏	[huài] 화이	망가지다
坏蛋	[huàidàn] 화이딴	악당
怀念	[huáiniàn] 화이니엔	그리워하다
画家	[huàjiā] 화지아	화가

话剧	[huàjù] 화쥐	연극
画廊	[huàláng] 화랑	갤러리
华丽	[huálì] 화리	화려하다
画面	[huàmiàn] 화미엔	화면
患	[huàn] 환	걸리다(병)
环	[huán] 환	고리, 링
缓	[huǎn] 환	더디다
还	[huán] 환	갚다
换车	[huànchē] 환처	갈아타다
换乘	[huànchéng] 환청	환승(하다)
幻灯	[huàndēng] 환떵	슬라이드
慌	[huāng] 후앙	허둥대다
黄	[huáng] 후앙	누렇다
蝗虫	[huángchóng] 후앙총	메뚜기
荒岛	[huāngdǎo] 후앙다오	무인도
皇帝	[huángdì] 후앙띠	황제
荒废	[huāngfèi] 후앙페이	황폐하다
黄瓜	[huángguā] 후앙과	오이
皇后	[huánghòu] 후앙허우	황후
恍惚	[huǎnghū] 후앙후	황홀하다
黄昏	[huánghūn] 후앙훈	황혼
黄酱	[huángjiàng] 황지앙	된장
黄金	[huángjīn] 후앙진	황금
荒凉	[huāngliáng] 후앙리앙	황량하다
黄领蛇	[huánglǐngshé] 후앙링셔	구렁이

黄泉	[huángquán] 황취엔	저승
黄色	[huángsè] 후앙써	노란색
荒唐	[huāngtáng] 후앙탕	황당하다
黄土	[huángtǔ] 후앙투	황토
谎言	[huǎngyán] 후앙이엔	거짓말
荒野	[huāngyě] 후앙예	황야
黄油	[huángyóu] 후앙여우	버터
欢呼	[huānhū] 환후	환호(하다)
还回	[huánhuí] 환훼이	되돌리다
环节	[huánjié] 환지에	환절
环境	[huánjìng] 환징	환경
幻觉	[huànjué] 후안쥐에	환각
缓慢	[huǎnmàn] 환만	완만(하다)
幻灭	[huànmiè] 환미에	환멸
还钱	[huánqián] 환치엔	환불
环视	[huánshì] 환스	둘러보다
欢送	[huānsòng] 환쏭	환송(하다)
欢送会	[huānsònghuì] 환쏭훼이	송별회
换算	[huànsuàn] 환쑤안	환산(하다)
幻想	[huànxiǎng] 환시앙	환상
缓行	[huǎnxíng] 환씽	완행
换衣	[huànyī] 환이	갈아입다
欢迎	[huānyíng] 환잉	환영(하다)
还原	[huányuán] 환위엔	복원하다, 환원하다
患者	[huànzhě] 환저	환자

华侨	[huáqiáo] 화치아오	화교
画儿	[huàr] 활	그림
华人	[huárén] 화런	중국인
花生	[huāshēng] 화셩	땅콩
化石	[huàshí] 화스	화석
花鼠	[huāshǔ] 화수	다람쥐
花束	[huāshù] 화수	꽃다발
话题	[huàtí] 화티	화제
花纹	[huāwén] 화원	꽃무늬
画像	[huàxiàng] 화시앙	초상화
化学	[huàxué] 화쉬에	화학
滑雪	[huáxuě] 화쉬에	스키타다
花园	[huāyuán] 화위엔	화원
花纹	[huayuán] 화원	무늬
画轴	[huàzhóu] 화저우	족자
化妆	[huàzhuāng] 화주앙	화장(하다), 메이크업
蝴蝶	[húdié] 후디에	나비
护发素	[hùfàsù] 후파쑤	린스
会	[huì] 훼이	만나다
灰	[huī] 훼이	먼지, 재, 회색의
喙	[huì] 훼이	부리, 주둥이
绘	[huì] 훼이	그리다(그림을)
回避	[huíbì] 훼이삐	회피(하다), 피하다
悔不该	[huǐbùgāi] 훼이부까이	꺼림칙하다
会场	[huìchǎng] 훼이창	회의장

蛔虫	[huíchóng] 훼이총	회충
回春	[huíchūn] 훼이춘	회춘(하다), 봄이오다
回答	[huídá] 훼이다	회답, 대답(하다)
灰碟儿	[huīdiér] 훼이디얼	재떨이
会费	[huìfèi] 훼이페이	회비
悔改	[huǐgǎi] 훼이가이	회개(하다)
回顾	[huígù] 훼이꾸	회고(하다)
回归	[huíguī] 훼이꿰이	컴백
会话	[huìhuà] 훼이화	회화
绘画	[huìhuà] 훼이화	회화(그림)
毁坏	[huǐhuài] 훼이화이	훼손하다
辉煌	[huīhuáng] 훼이후앙	휘황찬란하다
回货	[huíhuò] 훼이후어	반품(하다)
回家	[huíjiā] 훼이지아	귀가하다
会见	[huìjiàn] 훼이지엔	회견(하다)
汇款	[huìkuǎn] 훼이콴	송금(하다)
回来	[huílái] 훼이라이	돌아오다
汇率	[huìlǜ] 훼이뤼	환율
贿赂	[huìlù] 훼이루	뇌물, 수뢰하다
会面	[huìmiàn] 훼이미엔	면접, 면회하다
回去	[huíqù] 훼이취	되돌아가다
回收	[huíshōu] 훼이셔우	회수(하다)
会谈	[huìtán] 훼이탄	회담
会同	[huìtóng] 훼이통	회동(하다)
回头看	[huítóukàn] 훼이터우칸	돌아보다

悔悟	[huǐwù] 훼이우	뉘우치다
回想	[huíxiǎng] 훼이시앙	회상(하다)
诙谐	[huīxié] 훼이시에	해학
回信	[huíxìn] 훼이신	회신
灰心	[huīxīn] 훼이신	낙심
会议	[huìyì] 훼이이	회의
回忆	[huíyì] 훼이이	추억
回音	[huíyīn] 훼이인	메아리
会员	[huìyuán] 훼이위엔	회원
回转	[huízhuǎn] 훼이주안	회전(하다)
胡椒	[hújiāo] 후지아오	후추
呼叫机	[hūjiàojī] 후지아오지	삐삐
互利	[hùlì] 후리	상호이익
狐狸	[húli] 후리	여우
呼铃	[hūlíng] 후링	초인종
葫芦	[húlu] 후루	조롱박
胡乱	[húluàn] 후루안	함부로
忽略	[hūlüè] 후뤼에	소홀히 하다
昏	[hūn] 훈	기절하다
魂	[hún] 훈	넋
混	[hùn] 훈	뒤섞다
混纺	[hùnfǎng] 훈팡	혼방
混合	[hùnhé] 훈허	섞다, 혼합하다
混合物	[hùnhéwù] 훈허우	혼합물
混乱	[hùnluàn] 훈루안	혼란하다

昏迷	[hūnmí] 훈미	혼미하다
混凝土	[hùnníngtǔ] 훈닝투	콘크리트
混同	[hùntóng] 훈통	혼동
浑头儿	[húntóur] 훈터울	첩
混血儿	[hùnxuèér] 훈쉬에얼	혼혈아
婚姻	[hūnyīn] 훈인	혼인
混用	[hùnyòng] 훈용	혼용
混浊	[hùnzhuó] 훈주어	혼탁하다, 흐리다
或	[huò] 후어	혹시
火	[huǒ] 후어	불
活	[huó] 후어	살다
伙伴	[huǒbàn] 후어빤	파트너
货币	[huòbì] 후어삐	화폐
火柴	[huǒchái] 후어차이	성냥
火车	[huǒchē] 후어처	기차
获得	[huódé] 후어더	획득(하다)
活动	[huódòng] 후어똥	활동(하다)
祸患	[huòhuàn] 후어환	재앙
火鸡	[huǒjī] 후어지	칠면조
火箭	[huǒjiàn] 후어지엔	로켓
火力	[huǒlì] 후어리	화력
活力	[huólì] 후어리	활력
活泼	[huópo] 후어포	활발(하다)
活儿	[huór] 훨	일(작업)
火山	[huǒshān] 후어산	화산

火腿	[huǒtuǐ] 후어퉤이	햄
货物	[huòwù] 후어우	화물
或许	[huòxǔ] 후어쉬	어쩌면
火焰	[huǒyàn] 후어이엔	불꽃, 화염
火药	[huǒyào] 후어야오	화약
活用	[huóyòng] 후어용	활용(하다)
活跃	[huóyuè] 후어위에	활약(하다)
火灾	[huǒzāi] 후어짜이	화재
活字	[huózì] 후어쯔	활자
湖泊	[húpō] 후포	호수
忽然	[hūrán] 후란	갑자기
忽然	[hūrán] 후란	문득
虎势	[hǔshi] 후스	다부지다
护士	[hùshi] 후스	간호사
胡同	[hútòng] 후통	골목
护卫	[hùwèi] 후웨이	경호
呼吸	[hūxī] 후시	호흡(하다)
护照	[hùzhào] 후자오	여권
互助	[hùzhù] 후주	서로 돕다
胡子	[húzi] 후즈	수염
怀疑	[huáiniàn] 화이이	의심하다
怀孕	[huáiyùn] 화이윈	임신(하다)
滑稽	[huájī] 화지	익살
好处	[hǎochù] 하오추	이점

J

激	[jī] 지	솟구치다(물이)
几	[jǐ] 지	몇
急	[jí] 지	급하다
忌	[jì] 지	꺼리다
寄	[jì] 지	맡기다
挤	[jǐ] 지	밀치다, 짜다(눌러서)
极	[jí] 지	극히
继	[jì] 찌	이어지다
计	[jì] 찌	헤아리다, 계산하다
鸡	[jī] 지	닭
架	[jià] 지아	가설(하다)
假	[jiǎ] 지아	가짜
加	[jiā] 지아	더하다, 보태다
嫁	[jià] 지아	전가(하다)
架	[jià] 지아	틀
假	[jià] 지아	휴가
嫁	[jià] 찌아	시집가다

甲	[jiǎ] 지아	첫째
价	[jià] 지아	값, 가격
夹	[jiā] 지아	집다, 끼우다
加班	[jiābān] 지아빤	잔업(하다), 특근(하다)
甲板	[jiǎbǎn] 지아반	갑판
家宝	[jiābǎo] 지아바오	가보
家畜	[jiāchù] 지아추	가축
假定	[jiǎdìng] 지아띵	가정(하다)
加法	[jiāfǎ] 지아파	덧셈, 플러스
假发	[jiǎfà] 지아파	가발
价格	[jiàgé] 지아거	가격
加工	[jiāgōng] 지아공	가공(하다)
加害者	[jiāhàizhě] 지아하이저	가해자
假货	[jiǎhuò] 지아후어	모조품
家计	[jiājì] 지아지	가계
岬角	[jiǎjiǎo] 지아지아오	곶
加紧	[jiājǐn] 지아진	다그치다
家具	[jiājù] 지아쥐	가구
加剧	[jiājù] 지아쥐	격화하다, 심해지다
夹克	[jiākè] 지아커	재킷
价款	[jiàkuǎn] 지아쿠안	대금
家门	[jiāmén] 지아먼	가문
假面	[jiǎmiàn] 지아미엔	가면
假面舞	[jiǎmiànwǔ] 지아미엔우	탈춤
假名	[jiǎmíng] 지아밍	가명

奸	[jiān] 지엔	간사하다
建	[jiàn] 지엔	짓다
肩	[jiān] 지엔	어깨
兼	[jiān] 지엔	겸하다
煎	[jiān] 지엔	부치다(요리)
煎	[jiān] 지엔	졸이다
剪	[jiǎn] 지엔	커트
箭	[jiàn] 지엔	화살
尖	[jiān] 지엔	날카롭다
尖	[jiān] 지엔	뾰족하다
减	[jiǎn] 지엔	감하다, 줄다
拣	[jiǎn] 지엔	선택하다
溅	[jiàn] 지엔	튀다(물방울)
碱	[jiǎn] 지엔	알칼리
茧	[jiǎn] 지엔	고치(누에)
间	[jiān] 지엔	칸
简便	[jiǎnbiàn] 지엔삐엔	간편하다
鉴别	[jiànbié] 지엔비에	감별(하다)
检查	[jiǎnchá] 지엔차	검사(하다)
监察	[jiānchá] 지엔차	감찰(하다)
兼差	[jiānchāi] 지엔차이	겸직(하다)
减产	[jiǎnchǎn] 지엔찬	감산(하다)
简称	[jiǎnchēng] 지엔청	약칭(하다)
坚持	[jiānchí] 지엔츠	견지(하다)
检出	[jiǎnchū] 지엔추	검출

简单	[jiǎndān] 지엔딴	간단하다
剪刀	[jiǎndāo] 지엔따오	가위
剪刀石头布	[jiǎndāoshítoubù] 지엔따오스토우뿌	가위바위보
鉴定	[jiàndìng] 지엔띵	감정(하다), 평가
监督	[jiāndū] 지엔두	감독(하다)
尖端	[jiānduān] 지엔두안	첨단
简短	[jiǎnduǎn] 지엔두안	간결하다
舰队	[jiànduì] 지엔뚜에이	함대
减分	[jiǎnfēn] 지엔펀	감점(하다)
江	[jiāng] 지앙	강
降	[jiàng] 지앙	내리다
僵	[jiāng] 지앙	뻣뻣하다
奖	[jiǎng] 지앙	상(포상)
将	[jiāng] 지앙	장차
酱	[jiàng] 찌앙	장(식품)
奖杯	[jiǎngbēi] 지앙뻬이	트로피
降低	[jiàngdī] 지앙띠	낮추다
间隔	[jiāngé] 지엔거	간격, 사이
糨糊	[jiànghu] 지앙후	풀
江湖人	[jiānghúrén] 지앙후런	떠돌이
降级	[jiàngjí] 지앙지	낙제
奖金	[jiǎngjīn] 지앙진	보너스
将军	[jiāngjūn] 지앙쥔	장군
讲课	[jiǎngkè] 지앙커	수업(하다)
将来	[jiānglái] 지앙라이	장래

J

奖励	[jiǎnglì] 지앙리	장려(하다)
降临	[jiànglín] 지앙린	강림(하다), 닥치다
降落	[jiàngluò] 지앙루어	낙하(하다)
奖牌	[jiǎngpái] 지앙파이	메달, 상패
奖品	[jiǎngpǐn] 지앙핀	상품(경품)
讲师	[jiǎngshī] 지앙스	강사
讲堂	[jiǎngtáng] 지앙탕	강당
江头	[jiāngtóu] 지앙터우	강가
坚固	[jiāngù] 지엔꾸	견고하다
奖学金	[jiǎngxuéjīn] 지앙쉬에진	장학금
讲演	[jiǎngyǎn] 지앙이엔	강연(하다)
讲义	[jiǎngyì] 지앙이	강의(하다)
酱油	[jiàngyóu] 찌앙여우	간장
奖状	[jiǎngzhuàng] 지앙주앙	상장
讲座	[jiǎngzuò] 지앙쭈어	강좌
简化	[jiǎnhuà] 지엔화	간소화하다
剪辑	[jiǎnjí] 지엔지	몽타주
渐渐	[jiànjiàn] 지엔지엔	점점
见解	[jiànjiě] 지엔지에	견해
间接	[jiànjiē] 찌엔지에	간접적인
监禁	[jiānjìn] 지엔진	감금
检举	[jiǎnjǔ] 지엔쥐	검거(하다)
健康	[jiànkāng] 지엔캉	건강
建立	[jiànlì] 지엔리	건립(하다)
简陋	[jiǎnlòu] 지엔러우	누추하다

简略	[jiǎnlüè] 지엔뤼에	간략하다
见面	[jiànmiàn] 찌엔미엔	만나보다
歼灭	[jiānmiè] 지엔미에	몰살(하다), 섬멸(하다)
艰难	[jiānnán] 지엔난	어렵다(생활)
键盘	[jiànpán] 지엔판	건반, 키보드
减轻	[jiǎnqīng] 지엔칭	감량, 경감(하다)
健全	[jiànquán] 지엔취엔	건전하다, 온전하다
兼任	[jiānrèn] 지엔런	겸임(하다)
坚韧	[jiānrèn] 지엔런	강인(하다)
减弱	[jiǎnruò] 지엔루어	쇠약해지다
减少	[jiǎnshǎo] 지엔샤오	감소(하다)
建设	[jiànshè] 지엔셔	건설
坚实	[jiānshí] 지엔스	견실하다
监视	[jiānshì] 지엔스	감시(하다)
减税	[jiǎnshuì] 지엔쉐이	감세(하다)
践踏	[jiàntà] 지엔타	짓밟다
检讨	[jiǎntǎo] 지엔타오	검토
奸通	[jiāntōng] 지엔통	간통(하다)
建校	[jiànxiào] 지엔시아오	개교
坚信	[jiānxìn] 지엔신	확신
检修	[jiǎnxiū] 지엔시우	점검수리하다
建议	[jiànyì] 지엔이	건의(하다)
简易	[jiǎnyì] 지엔이	간이
坚硬	[jiānyìng] 찌엔잉	딱딱하다
监狱	[jiānyù] 지엔위	감옥

减员	[jiǎnyuán] 지엔위엔	감원
建造	[jiànzào] 지엔자오	건조(하다), 짖다
建筑	[jiànzhù] 지엔주	건축
健壮	[jiànzhuàng] 지엔주앙	건강하다
脚	[jiǎo] 지아오	발
角	[jiǎo] 지아오	코너, 뿔
交	[jiāo] 지아오	사귀다
叫	[jiào] 찌아오	고함치다, 부르다, 짖다(개가)
嚼	[jiáo] 지아오	씹다
搅	[jiǎo] 지아오	젓다, 휘젓다
教	[jiāo] 지아오	가르치다
缴	[jiǎo] 지아오	물다
觉	[jiào] 지아오	잠, 수면
较	[jiào] 지아오	견주다
脚板	[jiǎobǎn] 지아오반	페달
脚本	[jiǎoběn] 지아오번	각본
教本	[jiàoběn] 지아오번	교본, 교과서
脚步	[jiǎobù] 지아오뿌	걸음마, 발걸음, 스텝
教材	[jiàocái] 지아오차이	교재
交叉	[jiāochā] 지아오차	교차되다
轿车	[jiàochē] 지아오처	승용차
叫出	[jiàochū] 지아오추	호출
交错	[jiāocuò] 지아오추어	교착하다, 엇갈리다
交代	[jiāodài] 지아오따이	교대(하다), 넘겨주다
焦点	[jiāodiǎn] 지아오디엔	초점

校订	[jiàodìng] 지아오딩	교정(하다)
角度	[jiǎodù] 지아오뚜	각도
脚光	[jiǎoguāng] 지아오꽝	각광
狡猾	[jiǎohuá] 지아오화	교활하다
交换	[jiāohuàn] 지아오환	교환(하다)
教会	[jiàohuì] 지아오훼이	교회
交货	[jiāohuò] 지아오후어	납품(하다)
交际	[jiāojì] 지아오지	교제(하다)
焦急	[jiāojí] 지아오지	애태우다, 초조해하다
绞结	[jiǎojié] 지아오지에	얽히다
胶卷	[jiāojuǎn] 지아오쥐엔	필름
教练	[jiàoliàn] 지아오리엔	코치
较量	[jiàoliàng] 지아오리앙	겨루다
交流	[jiāoliú] 지아오리우	교류(하다)
角落	[jiǎoluò] 지아오루어	구석
骄慢	[jiāomàn] 지아오만	교만하다
缴纳	[jiǎonà] 지아오나	납부(하다)
胶囊	[jiāonáng] 지아오낭	캡슐
铰票	[jiǎopiào] 지아오피아오	개찰(하다)
郊区	[jiāoqū] 지아오취	교외
角儿	[jiǎor] 지아울	귀퉁이
交涉	[jiāoshè] 지아오셔	교섭(하다)
教室	[jiàoshì] 지아오스	교실
教师	[jiàoshī] 지아오스	교사
教授	[jiàoshòu] 지아오셔우	교수

教唆	[jiàosuō] 지아오쑤어	교사(하다)
娇态	[jiāotài] 지아오타이	교태
交替	[jiāotì] 지아오티	교체(하다)
交通	[jiāotōng] 지아오통	교통
郊外	[jiāowài] 지아오와이	변두리, 교외
交尾	[jiāowěi] 지아오웨이	교미(하다)
教习	[jiàoxí] 지아오시	교습
脚线美	[jiǎoxiànměi] 지아오시엔메이	각선미
脚癣	[jiǎoxuǎn] 지아오쉬엔	무좀
教训	[jiàoxùn] 지아오쉰	교훈
教养	[jiàoyǎng] 지아오양	교양
交易	[jiāoyì] 지아오이	거래하다, 교역, 흥정
脚印儿	[jiǎoyìnr] 지아오일	발자국
郊游	[jiāoyóu] 지아오여우	소풍
教育	[jiàoyù] 지아오위	교육
教员	[jiàoyuán] 지아오위엔	교원
脚掌	[jiǎozhǎng] 지아오장	발바닥
脚趾	[jiǎozhǐ] 지아오즈	발가락
脚指甲	[jiǎozhǐjia] 지아오즈지아	발톱
饺子	[jiǎozi] 지아오즈	만두
加热	[jiārè] 지아러	가열(하다)
假如	[jiǎrú] 지아루	만일
加入	[jiārù] 지아루	가입(하다)
加速	[jiāsù] 지아쑤	가속(하다)
家庭	[jiātíng] 지아팅	가정

家屋	[jiāwū] 지아우	가옥
家务	[jiāwù] 지아우	가사(집안일)
架子	[jiàxi] 지아즈	허세, 틀
假想	[jiǎxiǎng] 지아시앙	가상(하다)
假小子	[jiǎxiǎozi] 지아시아오즈	말괄량이
假牙	[jiǎyá] 지아야	틀니
加油	[jiāyóu] 지아여우	파이팅
夹杂	[jiāzá] 지아자	뒤섞이다
家长	[jiāzhǎng] 지아장	가장(집안)
家制	[jiāzhi] 지아즈	가훈
价值	[jiàzhí] 지아즈	가치
假装	[jiǎzhuāng] 지아주앙	시늉
架子	[jiàzi] 지아즈	포즈, 모양
夹子	[jiāzi] 지아즈	지갑, 클립
夹子	[jiāzi] 지아즈	집게
家族	[jiāzú] 지아주	가족
佳作	[jiāzuò] 지아쭈어	가작
基本	[jīběn] 찌번	기본
急变	[jíbiàn] 지비엔	급변하다
级别	[jíbié] 지비에	급별
疾病	[jíbìng] 지삥	질병
机场	[jīchǎng] 지창	공항, 비행장
机车	[jīchē] 지처	기관차
击沉	[jīchén] 지천	격침(시키다)
基层	[jīcéng] 지청	기층

继承	[jìchéng] 지청	계승(하다), 이어받다
继承人	[jìchéngrén] 지청런	후계자
基础	[jīchǔ] 지추	기초
机床	[jīchuáng] 지추앙	공작기계
鸡蛋	[jīdàn] 지딴	계란
记得	[jìde] 찌더	기억되다
基地	[jīdì] 지띠	기지
激动	[jīdòng] 지똥	격동(하다), 감동하다
嫉妒	[jídù] 지뚜	시기하다, 질투하다
极度	[jídù] 지뚜	극도로
极端	[jíduān] 지뚜안	극단적이다
基督教	[jīdūjiào] 찌뚜지아오	기독교
街	[jiē] 지에	거리(길)
劫	[jié] 지에	강탈(하다)
借	[jiè] 찌에	빌리다, 꾸다
解	[jiě] 지에	풀다, 나누다
结	[jiē] 지에	매다, 맺다, 열매맺다
节	[jié] 지에	요약(하다), 마디
饥饿	[jīè] 지어	굶주리다
洁白	[jiébái] 지에바이	새하얗다, 결백하다
结冰	[jiébīng] 지에빙	결빙(하다)
接班	[jiēbān] 지에빤	인계받다, 교대하다
结成	[jiéchéng] 지에청	결성(하다)
阶层	[jiēcéng] 지에청	계층
接触	[jiēchù] 지에추	닿다, 접촉(하다)

借出	[jièchū] 지에추	대출(하다)
解除	[jiěchú] 지에추	해제하다
接触透镜	[jiēchùtòujìng] 지에추터우징	콘택트렌즈
解答	[jiědá] 지에다	해답
接待	[jiēdài] 지에따이	접대(하다)
街道儿	[jiēdàor] 지에따올	가도
街道儿树	[jiēdàorshù] 지에따올수	가로수
解冻	[jiědòng] 지에똥	해동(하다), 해빙
解毒	[jiědú] 지에두	해독
阶段	[jiēduàn] 지에뚜안	단계
劫夺	[jiéduó] 지에두어	겁탈(하다)
揭发	[jiēfā] 지에파	적발하다
解放	[jiěfàng] 지에팡	해방
接缝	[jiēfèng] 지에펑	이음새
姐夫	[jiěfu] 지에푸	매형
桔梗	[jiégěng] 지에겅	도라지
解雇	[jiěgù] 지에꾸	해고(하다)
结合	[jiéhé] 쥐에허	결합(하다)
结核	[jiéhé] 지에허	결핵
结婚	[jiéhūn] 지에훈	결혼
阶级	[jiējí] 지에지	계급
接见	[jiējiàn] 지에지엔	접견(하다)
姐姐	[jiějie] 지에지에	누나, 언니
竭尽	[jiéjìn] 지에찐	다하다
接近	[jiējìn] 지에진	접근(하다)

J

结晶	[jiéjīng] 지에징	결정
解决	[jiějué] 지에쥐에	해결(하다)
借口	[jièkǒu] 찌에커우	핑계, 구실
借款	[jièkuǎn] 찌에콴	차관
接力	[jiēlì] 지에리	릴레이(하다)
接力棒	[jiēlìbàng] 지에리방	바통
接连	[jiēlián] 지에리엔	잇따라
结论	[jiélùn] 지에룬	결론
姐妹	[jiěmèi] 지에메	자매(여자형제)
结末	[jiémò] 지에모	결말
节目	[jiémù] 지에무	종목, 레퍼토리
解剖	[jiěpōu] 지에퍼우	해부(하다)
接洽	[jiēqià] 지에치아	합의(하다)
解任	[jiěrèn] 지에런	해임(하다)
节日	[jiérì] 지에르	명절
介入	[jièrù] 지에루	개입(하다), 끼어들다
解散	[jiěsàn] 지에싼	해산(하다)
介绍	[jièshào] 찌에샤오	소개
节省	[jiéshěng] 지에셩	절약(하다)
解释	[jiěshì] 지에스	해석(하다)
结实	[jiēshí] 지에스	단단하다, 질기다
接收	[jiēshōu] 지에셔우	접수(하다)
结束	[jiéshù] 지에수	마치다, 종결하다
解说	[jiěshuō] 지에슈어	해설
解体	[jiětǐ] 지에티	해체(하다)

界限	[jièxiàn] 지에시엔	한계
接应	[jiēyìng] 지에잉	맞이하다
借用	[jièyòng] 지에용	차용
节育	[jiéyù] 지에위	산아제한
解约	[jiěyuē] 지에위에	해약(하다)
节育环	[jiéyùhuán] 지에위후안	루프
结帐	[jiézhàng] 지에장	결산(하다)
截止	[jiézhǐ] 지에즈	마감(하다)
节奏	[jiézòu] 지에쩌우	리듬, 템포
杰作	[jiézuò] 지에쭈어	걸작
激发	[jīfā] 지파	격발(하다)
急风	[jífēng] 지펑	돌풍
己方	[jǐfāng] 지팡	자기편
技法	[jìfǎ] 찌파	기법
激光	[jīguāng] 지꽝	레이저
记号	[jìhao] 지하오	마크
集合	[jíhé] 지허	집합(하다), 모이다
计划	[jìhuà] 지화	계획
机会	[jīhuì] 찌훼이	기회, 찬스
忌讳	[jìhui] 지훼이	기피(하다)
集会	[jíhuì] 지훼이	집회(하다)
记号	[jìhào] 찌하오	기호
积极	[jījí] 지지	적극적이다
即将	[jíjiāng] 지지앙	머지않아, 곧
计较	[jìjiào] 찌지아오	따지다

季节	[jìjié] 지지에	계절, 시즌
基金	[jījīn] 찌진	기금
寂静	[jìjìng] 지징	고요하다
急救室	[jíjiùshì] 지지우스	응급실
积极性	[jījíxìng] 지지씽	적극성
急剧	[jíjù] 지쥐	급격하다
极乐	[jílè] 지러	극락
积累	[jīlěi] 지레이	축적하다, 누적하다
激励	[jīlì] 지리	격려(하다)
极力	[jílì] 지리	극력(으로)
激烈	[jīliè] 지리에	격렬하다
急流	[jíliú] 지리우	급류
挤拢	[jǐlǒng] 지롱	몰려들다
纪律	[jìlǜ] 찌뤼	기율
记录	[jìlù] 찌루	기록하다, 적다
纪录片儿	[jìlùpiànr] 지루피알	다큐멘터리
机密	[jīmì] 찌미	기밀
机敏	[jīmǐn] 찌민	기민하다
计谋	[jìmóu] 지머우	계략
继母	[jìmǔ] 지무	계모
金额	[jīn'é] 찐어	금액
近	[jìn] 진	가깝다
筋	[jīn] 진	근육, 힘줄
斤	[jīn] 찐	근(무게)
禁	[jìn] 진	견디다

金	[jīn] 찐	금
浸	[jìn] 찐	번지다
紧	[jǐn] 진	팽팽하다, 땡땡하다, 빠듯하다
谨	[jǐn] 진	삼가다
金币	[jīnbì] 찐삐	금화
进步	[jìnbù] 찐뿌	진보(하다)
进程	[jìnchéng] 찐청	경과, 진행과정
紧蹙	[jǐncù] 진추	찌푸리다
近代	[jìndài] 찐따이	근대, 근세
技能	[jìnéng] 찌넝	기능
金发	[jīnfà] 찐파	금발
敬爱	[jìng'ài] 징아이	경애(하다)
井	[jǐng] 징	우물
胫	[jìng] 징	정강이
茎	[jīng] 징	줄기
颈	[jǐng] 징	목
警报	[jǐngbào] 징바오	경보
精彩	[jīngcǎi] 찡차이	다채로운, 훌륭하다
竞猜	[jìngcāi] 찡차이	퀴즈
警察	[jǐngchá] 징차	경찰
经常	[jīngcháng] 징창	일반적인
经典	[jīngdiǎn] 징디엔	경전
经费	[jīngfèi] 징페이	경비(비용)
警告	[jǐnggào] 징까오	경고하다
经过	[jīngguò] 징꾸어	경과(하다)

警号	[jǐnghào] 징하오	경적
精华	[jīnghuá] 징화	정수
净化	[jìnghuà] 징화	정화(하다)
惊慌	[jīnghuāng] 찡후앙	당황하다, 경악(하다)
经济	[jīngjì] 징지	경제
境界	[jìngjiè] 징지에	경계
警戒	[jǐngjiè] 징지에	경계(하다)
经纪人	[jīngjìrén] 찡지런	브로커
敬礼	[jìnglǐ] 징리	경례
精力	[jīnglì] 징리	정력
经理	[jīnglǐ] 찡리	지배인, 매니저
经历	[jīnglì] 징리	경력
精炼	[jīngliàn] 징리엔	정련(하다)
经理处	[jīnglǐchù] 징리추	대리점
痉挛	[jìngluán] 징루안	경련
竞买	[jìngmǎi] 징마이	경매(하다)
精密	[jīngmì] 징미	정밀하다
进攻	[jìngōng] 찐꽁	진공(하다)
竞赛	[jìngsài] 징싸이	경기
竞赛会	[jìngsàihuì] 찡싸이훼이	콘테스트
景色	[jǐngsè] 징써	경치
精神	[jīngshén] 징션	정신
经受	[jīngshòu] 징셔우	겪다
净水器	[jìngshuǐqì] 징쉐이치	정수기
精通	[jīngtōng] 징통	정통(하다), 능숙하다

镜头	[jìngtóu] 찡터우	렌즈
警卫	[jǐngwèi] 징웨이	경비(보안)
景物	[jǐngwù] 징우	풍경
精细	[jīngxì] 징시	섬세하다, 꼼꼼하다
景象	[jǐngxiàng] 징시앙	경관, 광경
经销	[jīngxiāo] 징시아오	중개판매하다
竞选	[jìngxuǎn] 징쉬엔	경선(하다)
惊讶	[jīngyà] 찡야	놀랍다
经验	[jīngyàn] 징이엔	경험
精液	[jīngyè] 징예	정액
精英	[jīngyīng] 징잉	엘리트
经营	[jīngyíng] 징잉	경영(하다)
经由	[jīngyóu] 징여우	경유(하다)
鲸鱼	[jīngyú] 징위	고래
竞争	[jìngzhēng] 징정	경쟁(하다)
竞争者	[jìngzhèngzhě] 찡정저	라이벌
精致	[jīngzhì] 징즈	정교하다
镜子	[jìngzi] 징즈	거울
槿花	[jǐnhuā] 진화	무궁화
进化	[jìnhuà] 찐화	진화
纪念	[jìniàn] 찌니엔	기념
纪念品	[jìniànpǐn] 찌니엔핀	기념품
禁忌	[jìnjì] 찐찌	금기
近郊	[jìnjiāo] 찐지아오	근교
津津有味	[jīnjīnyǒuwèi] 진진여우웨이	흥미진지하다

金库	[jīnkù] 찐쿠	금고
金块	[jīnkuài] 찐콰이	금괴
近况	[jìnkuàng] 찐쿠앙	근황
金矿	[jīnkuàng] 찐쿠앙	금광
近来	[jìnlái] 찐라이	요즘, 최근
进路	[jìnlù] 찐루	진로
紧密	[jǐnmì] 진미	긴밀하다
近年	[jìnnián] 찐니엔	근년
今年	[jīnnián] 찐니엔	금년, 올해
金牌	[jīnpái] 찐파이	금메달
紧迫	[jǐnpò] 진포	긴박하다
近期	[jìnqī] 찐치	근간
金钱	[jīnqián] 찐치엔	금전
金枪鱼	[jīnqiāngyú] 찐치앙위	참치, 다랑어
进钱	[jìnqián] 찐치엔	입금
进去	[jìnqù] 찐취	들어가다
金融	[jīnróng] 찐롱	금융
进入	[jìnrù] 찐루	진입(하다), 들어가다
金色	[jīnsè] 찐써	금빛
晋升	[jìnshēng] 진성	승진(하다)
近视	[jìnshì] 찐스	근시
金属	[jīnshǔ] 찐수	금속
近似	[jìnsì] 찐쓰	근사하다
紧缩	[jǐnsuō] 진쑤어	줄이다
今天	[jīntiān] 찐티엔	오늘

津贴	[jīntiē] 찐티에	수당
禁物	[jìnwù] 찐우	금물
进行	[jìnxíng] 찐씽	진행(하다)
锦绣	[jǐnxiù] 진시우	금수
禁烟	[jìnyān] 찐이엔	금연
进一步	[jìnyíbù] 찐이뿌	진일보
金银	[jīnyín] 찐인	금은
金鱼	[jīnyú] 찐위	금붕어
进展	[jìnzhǎn] 찐잔	진전되다
禁止	[jìnzhǐ] 찐즈	금지(하다)
紧张	[jǐnzhāng] 진장	긴장하다
击破	[jīpò] 지포	격파(하다)
极其	[jíqí] 지치	지극히
技巧	[jìqiǎo] 찌치아오	기교
讥诮	[jīqiào] 지치아오	비꼬다
急切	[jíqiè] 지치에	절박하다
激情	[jīqíng] 지칭	격정
机器人	[jīqìrén] 지치런	로봇
击球率	[jīqiúlǜ] 지치우뤼	타율
激赏	[jīshǎng] 지상	격찬(하다)
寄生	[jìshēng] 찌성	기생(하다)
极盛	[jíshèng] 지성	극성스럽다
及时	[jíshí] 지스	제때에
记事	[jìshì] 찌스	기사(글)
棘手	[jíshǒu] 지셔우	애먹다

技术	[jìshù] 찌수	기술
级数	[jíshù] 지수	급수(단계)
给水	[jǐshuǐ] 지쉐이	급수(물)
激素	[jīsù] 지쑤	호르몬
集宿	[jísù] 지쑤	합숙
计算机	[jìsuànjī] 지쑤안지	계산기
集体	[jítǐ] 지티	집체
击退	[jītuì] 지퉤이	격퇴(하다)
寄托	[jìtuō] 찌투어	기탁(하다)
吉他	[jíta] 지타	기타(악기)
九	[jiǔ] 지우	9 구
救	[jiù] 찌우	구조하다
酒	[jiǔ] 지우	술
旧	[jiù] 찌우	낡다, 헐다
酒吧	[jiǔba] 지우바	바
酒杯	[jiǔbēi] 지우뻬이	술잔
就餐	[jiùcān] 지우찬	식사(하다)
臼齿	[jiùchǐ] 지우츠	어금니
救出	[jiùchū] 찌우추	구출(하다)
酒店	[jiǔdiàn] 저우띠엔	주점, 술집
纠纷	[jiūfēn] 지우펀	분규, 다툼
纠葛	[jiūgé] 지우거	갈등
纠合	[jiūhé] 찌우허	규합하다
酒会	[jiǔhuì] 지우훼이	파티
救济	[jiùjì] 찌우지	구제(하다)

酒精	[jiǔjīng] 지우징	알코올
舅舅	[jiùjiu] 지우지우	외삼촌
救命	[jiùmìng] 찌우밍	구명
舅母	[jiùmǔ] 지우무	외숙모
救伤车	[jiùshāngchē] 찌우상처	구급차
就业	[jiùyè] 찌우예	취업
救援	[jiùyuán] 지우위엔	구원(하다)
就职	[jiùzhí] 찌우즈	취직(하다)
即位	[jíwèi] 지웨이	즉위
鸡尾酒	[jīwěijiǔ] 지웨이지우	칵테일
极限	[jíxiàn] 지시엔	극한
吉祥	[jíxiáng] 지시앙	상서롭다
迹象	[jìxiàng] 지시앙	흔적, 조짐
讥笑	[jīxiào] 지시아오	비웃다, 조롱하다
机械	[jīxiè] 지시에	기계
急性	[jíxìng] 지씽	급성의
即兴	[jíxìng] 지씽	즉흥
吉凶	[jíxiōng] 지시옹	길흉
吉祥	[jíxiáng] 지시앙	길하다
继续	[jìxù] 지쉬	계속(하다)
积压	[jīyā] 지야	쌓아두다
鸡眼	[jīyǎn] 지이엔	티눈
记忆	[jìyì] 찌이	기억(하다)
记忆力	[jìyìlì] 찌이리	기억력
急于	[jíyú] 지위	성급하다

鲫鱼	[jìyú] 지위	붕어
及早	[jízǎo] 지자오	빨리
急躁	[jízào] 지짜오	조바심하다
记者	[jìzhě] 찌저	기자
机智	[jīzhì] 지즈	슬기롭다
集中	[jízhōng] 지중	집중(하다)
集装箱	[jízhuāngxiāng] 지주앙시앙	컨테이너
脊椎	[jǐzhuī] 지줴이	척추
基准	[jīzhǔn] 찌준	기준
鸡子儿	[jīzǐer] 지즈얼	달걀
疾走	[jízǒu] 지저우	질주하다
记载	[jìzǎi] 찌자이	기재(하다)
及早	[jízǎo] 지자오	일찌감치
交谈	[jiāotán] 지아오탄	이야기하다
加入公司	[jiārùgōngsī] 지아루꽁스	입사
加深	[jiāshēn] 지아션	깊어지다
巨额	[jù'é] 쥐어	거액(의)
举	[jǔ] 쥐	쳐들다
剧	[jù] 쮜	극, 드라마
锯	[jù] 쥐	톱
卷	[juǎn] 쥐엔	말다, 휩쓸다
卷尺	[juǎnchǐ] 쥐엔츠	줄자
卷绕	[juǎnrào] 쥐엔라오	감다(실)
捐赠	[juānzèng] 쥐엔정	증정(하다)
举办	[jǔbàn] 쥐빤	개최(하다)

具备	[jùbèi] 쮜뻬이	구비(하다)
剧本	[jùběn] 쮜번	극본, 대본
局部	[júbù] 쥐뿌	국부
剧场	[jùchǎng] 쮜창	극장
锯齿形	[jùchǐxíng] 쮜츠씽	지그재그
巨大	[jùdà] 쮜따	거대하다
据点	[jùdiǎn] 쮜디엔	거점
举动	[jǔdòng] 쮜똥	거동
掘	[jué] 쮜에	파다
觉	[jué] 쮜에	알아차리다
举报	[juěbào] 쮜에빠오	투서
决别	[juébié] 쮜에비에	결별(하다)
蕨菜	[juécài] 쮜에차이	고사리
觉察	[juéchá] 쮜에차	간파(하다)
决定	[juédìng] 쮜에띵	결정(하다)
绝顶	[juédǐng] 쮜에딩	절정
决斗	[juédòu] 쮜에떠우	결투(하다)
决断	[juéduàn] 쮜에뚜안	결단
绝对	[juéduì] 쮜에뚜에이	절대로(강조), 절대적
绝好	[juéhǎo] 쮜에하오	매우좋다
绝交	[juéjiāo] 쮜에지아오	절교(하다)
角力	[juélì] 쮜에리	씨름, 겨루다
决裂	[juéliè] 쮜에리에	결렬(하다)
绝密	[juémì] 쮜에미	극비의
绝妙	[juémiào] 쮜에미아오	절묘하다

倔脾气	[juèpíqi]	쮜에피치	옹고집
绝情	[juéqíng]	쮜에칭	냉정하다
决赛	[juésài]	쮜에싸이	결승전
角色	[juésè]	쮜에써	배역
爵士	[juéshì]	쮜에스	재즈
绝食	[juéshí]	쮜에스	단식
决算	[juésuàn]	쮜에수안	결산(하다)
抉剔	[juétī]	쮜에티	도려내다
绝望	[juéwàng]	쮜에왕	절망하다
觉悟	[juéwù]	쮜에우	각오, 깨닫다
决心	[juéxīn]	쮜에신	결심, 다짐하다
觉醒	[juéxǐng]	쮜에씽	각성(하다)
决议	[juéyì]	쮜에이	결의
绝缘	[juéyuán]	쮜에위엔	절연(하다)
决战	[juézhàn]	쮜에잔	결전
绝种	[juézhǒng]	쮜에종	멸종
角逐	[juézhú]	쮜에주	각축
菊花	[júhuā]	쮜화	국화(꽃)
会见	[juìjiàn]	훼이지엔	인터뷰, 만나다
聚集	[jùjí]	쮜지	모으다
巨匠	[jùjiàng]	쮜지앙	거장
拒绝	[jùjué]	쮜쮜에	거절(하다), 거부하다
俱乐部	[jùlèbù]	쮜러뿌	클럽, 구락부
距离	[jùlí]	쮜리	거리(길이)
剧烈	[jùliè]	쮜리에	극렬하다

拘留	[jūliú] 쥐리우	구류(하다)
拘笼	[jūlóng] 쥐롱	거북하다
局面	[júmiàn] 쥐미엔	국면, 상황
居民	[jūmín] 쥐민	주민
均	[jūn] 쥔	고르다(균등)
菌	[jūn] 쮠	균
军备	[jūnbèi] 쥔뻬이	군비
军队	[jūnduì] 쥔뚜에이	군대
军法	[jūnfǎ] 쥔파	군법
军阀	[jūnfá] 쥔파	군벌
军歌	[jūngē] 쥔꺼	군가
军官	[jūnguān] 쥔관	군관(장교)
军舰	[jūnjiàn] 쥔지엔	군함
君临	[jūnlín] 쥔린	군림(하다)
军人	[jūnrén] 쥔런	군인
军事	[jūnshì] 쥔스	군사
军医	[jūnyī] 쥔이	군의
军用	[jūnyòng] 쥔용	군용품
均匀	[jūnyún] 쮠윈	균일하다
军装	[jūnzhuāng] 쥔주앙	군복
巨躯	[jùqū] 쥐취	거구
居然	[jūrán] 쮜란	뻔뻔스럽다
巨人	[jùrén] 쥐런	거인
居室	[jūshì] 쥐스	거실
局势	[júshì] 쥐스	정세

拘束	[jūshù] 쮜수	구속(하다)
榉树	[jǔshù] 쮜수	느티나무
具体	[jùtǐ] 쮜티	구체적이다
剧团	[jùtuán] 쮜투안	극단
局限	[júxiàn] 쮜시엔	국한(하다)
举行	[jǔxíng] 쮜씽	거행(하다), 실시하다
剧药	[jùyào] 쮜야오	극약
局长	[júzhǎng] 쮜장	국장
居住	[jūzhù] 쮜주	거주(하다)
句子	[jùzi] 쮜즈	문장
橘子	[júzi] 쮜즈	귤
捐献	[juānxiàn] 쮜엔시엔	기부(하다)

K

卡	[kǎ] 카	칼로리
卡车	[kǎchē] 카처	트럭
卡带	[kǎdài] 카따이	카세트테이프
咖啡	[kāfēi] 카페이	커피
咖啡厅	[kāfēitīng] 카페이팅	카페(커피숍)
开	[kāi] 카이	개간(하다)
开办	[kāibàn] 카이빤	설립하다
开采	[kāicǎi] 카이차이	채굴(하다)
开除	[kāichú] 카이추	추방(하다), 제명
开船	[kāichuán] 카이추안	출범(하다)
开动	[kāidòng] 카이똥	가동(하다)
开发	[kāifā] 카이파	개발(하다)
开放	[kāifàng] 카이팡	개방(하다)
开封	[kāifēng] 카이펑	개봉(하다)
开工	[kāigōng] 카이꽁	착공(하다)
开关	[kāiguān] 카이꽌	스위치
开航	[kāiháng] 카이항	개항

开合	[kāihé] 카이허	개폐
开花	[kāihuā] 카이화	개화(하다)
开会	[kāihuì] 카이훼이	회의(하다)
铠甲	[kǎijiǎ] 카이지아	갑옷
开讲	[kāijiǎng] 카이지앙	개강
开明	[kāimíng] 카이밍	개명(하다)
开幕	[kāimù] 카이무	개막(하다)
开票	[kāipiào] 카이피아오	개표
开设	[kāishè] 카이셔	개설(하다)
开始	[kāishǐ] 카이스	개시(하다), 시작(하다)
慨叹	[kǎitàn] 카이탄	개탄(하다)
开天辟地	[kāitiānpìdì] 카이티엔피띠	천지개벽
开通	[kāitōng] 카이통	개통(하다)
开头	[kāitóu] 카이터우	시초
开拓	[kāituò] 카이투어	개척(하다)
开学	[kāixué] 카이쉬에	개학
开业	[kāiyè] 카이예	개업(하다)
开张	[kāizhāng] 카이장	개장(하다)
开玩笑	[kāiwánxiào] 카이완시아오	웃기다
看	[kàn] 칸	구경(하다), 보다
看不起	[kànbuqǐ] 칸부치	경멸하다
看待	[kàndài] 칸따이	취급(하다)
刊登	[kāndēng] 칸덩	게재(하다)
糠	[kāng] 캉	겨(껍데기)
炕	[kàng] 캉	온돌

康乃馨	[kāngnǎixīn] 캉나이씬	카네이션
抗体	[kàngtǐ] 캉티	항체, 면역체
抗议	[kàngyì] 캉이	항의(하다)
抗战	[kàngzhàn] 캉잔	항전
看护	[kānhù] 칸후	간병
坎肩儿	[kǎnjiānr] 칸지얼	조끼
看客	[kànkè] 칸커	관객
看漏	[kànlòu] 칸러우	간과하다
看台	[kàntái] 칸타이	스탠드
勘探	[kāntàn] 칸탄	탐사(하다)
看望	[kànwàng] 칸왕	바라보다
刊物	[kānwù] 칸우	간행물
刊行	[kānxíng] 칸싱	간행(하다)
烤	[kǎo] 카오	굽다
考察	[kǎochá] 카오차	고찰(하다)
靠垫	[kàodiàn] 카오띠엔	쿠션
考虑	[kǎolǜ] 카오뤼	고려(하다)
考验	[kǎoyàn] 카오이엔	시험하다, 시련을 주다
考证	[kǎozhèng] 카오정	고증(하다)
卡片	[kǎpiàn] 카피엔	카드
可爱	[kě'ài] 커아이	귀엽다
刻	[kè] 커	조각하다, 새기다
渴	[kě] 커	갈증나다
课	[kè] 커	과목, 수업, 부과
可爱	[kěài] 커아이	사랑스럽다

可悲	[kěbēi] 커베이	가엾다
课本	[kèběn] 커번	교과서
客车	[kèchē] 커처	여객열차
客地	[kèdì] 커띠	객지
蝌蚪	[kēdǒu] 커더우	올챙이
克服	[kèfú] 커푸	극복(하다)
克复	[kèfù] 커푸	탈환
可歌可泣	[kěgēkěqì] 커꺼커치	눈물겹다
可观	[kěguān] 커관	가관이다
客观	[kèguān] 커꽌	객관
可贵	[kěguì] 커꿰이	소중하다
可怪	[kěguài] 커꽈이	이상하다
可嘉	[kějiā] 커지아	기특하다, 갸륵하다
可决	[kějué] 커쥐에	가결
刻苦	[kèkǔ] 커쿠	참아내다
克拉	[kèlā] 커라	캐럿
颗粒	[kēlì] 커리	낟알
可怜	[kělián] 커리엔	가련하다, 불쌍하다, 애처롭다
科目	[kēmù] 커무	과목(학술과 화학)
啃	[kěn] 컨	갉아먹다
肯定	[kěndìng] 컨띵	긍정적이다
可能	[kěnéng] 커넝	가능(하다)
坑	[kēng] 컹	갱도, 구덩이
恳切	[kěnqiè] 컨치에	진지하다
恳求	[kenqiú] 컨치우	간청(하다)

可怕	[kěpà] 커파	끔찍하다, 무섭다
客气	[kèqi] 커치	사양(하다)
可巧	[kěqiǎo] 커치아오	공교롭게도
客人	[kèrén] 커런	손님
课税	[kèshuì] 커쉐이	과세
瞌睡虫	[kēshuìchóng] 커쉐이총	잠꾸러기
咳嗽	[késou] 커써우	기침하다
课题	[kètí] 커티	과제(연구, 탐구)
客厅	[kètīng] 커팅	응접실, 객실
渴望	[kěwàng] 커왕	갈망(하다)
课文	[kèwén] 커원	본문
可恶	[kěwù] 커우	얄밉다, 가증스럽다
可惜	[kěxī] 커시	섭섭하다, 아쉽다
可羡	[kěxiàn] 커시엔	부럽다
可笑	[kěxiào] 커시아오	우습다, 가소롭다
科学	[kēxué] 커쉬에	과학
科长	[kēzhǎng] 커장	과장
客座	[kèzuò] 커쭈어	객석
空	[kōng] 콩	텅 비다, 내용이 없다
空白	[kòngbái] 콩바이	공백
恐怖	[kǒngbù] 콩뿌	공포
空房	[kòngfáng] 콩팡	빈방
空房子	[kòngfángzi] 콩팡즈	빈집
恐喝	[kǒnghè] 콩허	공갈
恐吓	[kǒnghè] 콩허	협박(하다)

空话	[kōnghuà] 콩화	빈말
恐慌	[kǒnghuāng] 콩후앙	공황
空间	[kōngjiān] 콩지엔	공간
空姐	[kōngjiě] 콩지에	스튜어디스
空军	[kōngjūn] 콩쥔	공군
恐龙	[kǒnglóng] 콩롱	공룡
空气	[kōngqì] 콩치	공기
空前	[kōngqián] 콩치엔	전대미문의
孔雀	[kǒngquè] 콩취에	공작새
恐慑	[kǒngshè] 콩셔	겁먹다
空调	[kōngtiáo] 콩티아오	에어컨
空位	[kòngwèi] 콩웨이	빈자리
空隙	[kòngxì] 콩시	틈, 빈틈
空袭	[kōngxí] 콩시	공습(하다)
空想	[kōngxiǎng] 콩시앙	공상(하다)
空虚	[kōngxū] 콩쉬	공허하다
空中	[kōngzhōng] 콩중	공중
扣	[kòu] 커우	압류(하다)
抠	[kōu] 커우	후비다
口吃	[kǒuchī] 커우츠	말더듬이
扣除	[kòuchú] 커우추	공제하다
口供	[kǒugōng] 커우꽁	자백
口号	[kǒuhào] 커우하오	구호
口红	[kǒuhóng] 커우홍	루즈(립스틱)
蔻蔻	[kòukòu] 커우커우	코코아

口气	[kǒuqì] 커우치	말씨
口腔	[kǒuqiāng] 커우치앙	구강
口琴	[kǒuqín] 커우친	하모니카
口哨	[kǒushào] 커우샤오	휘파람
口试	[kǒushì] 커우스	구두시험
口头	[kǒutóu] 커우터우	구두
口涎	[kǒuxián] 커우시엔	군침
口罩儿	[kǒuzhàor] 커우자올	마스크
枯	[kū] 쿠	시들다
苦	[kǔ] 쿠	쓰다(맛)
哭	[kū] 쿠	울다
窟	[kū] 쿠	굴
夸	[kuā] 콰	과장하다
跨	[kuà] 콰	뛰어넘다
夸大	[kuādà] 쿠아따	과대하다
快	[kuài] 콰이	빠르다, 시원스럽다
块	[kuài] 콰이	덩어리
快餐	[kuàicān] 콰이찬	스낵
快感	[kuàigǎn] 콰이간	쾌감
快活	[kuàihuo] 콰이후어	쾌활하다
会计	[kuàiji] 콰이지	회계
快乐	[kuàilè] 콰이러	즐겁다, 흡족하다
快门	[kuàimén] 콰이먼	셔터
快速	[kuàisù] 콰이쑤	쾌속
快艇	[kuàitǐng] 콰이팅	요트

K

筷子	[kuàizi] 콰이즈	젓가락
夸谩	[kuāmàn] 콰만	거드름피우다
宽敞	[kuānchǎng] 쿠안창	널찍하다
宽大	[kuāndà] 콴따	관대하다
款待	[kuǎndài] 콴따이	환대
宽贷	[kuāndài] 콴따이	관용하다
筐	[kuāng] 쾅	광주리
矿藏	[kuàngcáng] 쾅창	지하자원
狂风	[kuángfēng] 쾅펑	광풍
旷工	[kuànggōng] 쾅꽁	무단결근하다
旷课	[kuàngkè] 쾅커	무단결석하다
况且	[kuàngqiě] 쾅치에	하물며, 더구나
矿山	[kuàngshān] 쾅샨	광산
矿石	[kuàngshí] 쾅스	광석
矿物	[kuàngwù] 쾅우	광물
宽阔	[kuānkuò] 쿠안쿠어	넓다
裤衩	[kùchǎ] 쿠차	팬티
库存	[kùcún] 쿠춘	잔고, 재고
哭鬼	[kūguǐ] 쿠궤이	울보
亏本儿	[kuīběnr] 퀘이벌	밑지다
葵花	[kuíhuā] 퀘이화	해바라기
溃疡	[kuìyáng] 퀘이양	궤양
苦累	[kǔlèi] 쿠레이	고달프다
苦闷	[kǔmèn] 쿠먼	고민하다
枯木	[kūmù] 쿠무	고목(나무)

困	[kùn] 쿤	졸리다
苦难	[kǔnàn] 쿠난	고난
苦恼	[kǔnǎo] 쿠나오	고뇌하다
捆绑	[kǔnbǎng] 쿤방	동여매다
昆布	[kūnbù] 쿤뿌	다시마
昆虫	[kūnchóng] 쿤총	곤충
困惑	[kùnhuò] 쿤후어	곤혹하다
困境	[kùnjìng] 쿤징	곤경
困窘	[kùnjiǒng] 쿤지옹	딱하다
困难	[kùnnan] 쿤난	곤란
扩大	[kuòdà] 쿠어따	확대(하다)
扩散	[kuòsàn] 쿠어싼	확산(하다)
扩张	[kuòzhāng] 쿠어장	확장(하다)
酷热	[kùrè] 쿠러	폭염, 매우 덥다
哭声	[kūshēng] 쿠성	울음소리
苦笑	[kǔxiào] 쿠시아오	쓴웃음
枯燥	[kūzào] 쿠짜오	말라빠지다
裤子	[kùzi] 쿠즈	바지
夸谩	[kuāmàn] 콰만	까불다
快餐食品	[kuàicānshípǐn] 콰이찬스핀	인스턴트

K

L

落	[là] 라	빠뜨리다
辣	[là] 라	맵다
拉	[lā] 라	끌다
喇叭	[lǎba] 라바	나팔
喇叭花儿	[lǎbahuār] 라바후알	나팔꽃
蜡笔	[làbǐ] 라비	크레용
来	[lái] 라이	오다
来宾	[láibīn] 라이삔	내빈
来访	[láifǎng] 라이팡	내방(하다)
来回来去	[láihuíláiqù] 라이훼이라이취	오고가다
来来往往	[láiláiwǎngwǎng] 라이라이왕왕	왔다 갔다 하다
来历	[láilì] 라이리	내력, 역사
来年	[láinián] 라이니엔	내년
赖皮	[làipí] 라이피	뻔뻔하다
来往	[láiwǎng] 라이왕	왕래하다
垃圾	[lajī] 라지	쓰레기
辣椒	[làjiāo] 라지아오	고추

垃圾桶	[lājītǒng] 라지통	쓰레기통
拉链	[lāliàn] 라리엔	지퍼
兰	[lán] 란	난초
懒	[lǎn] 란	게으르다, 나른하다
烂	[làn] 란	짓무르다
懒惰	[lǎnduò] 란두어	나태하다
滥发	[lànfā] 란파	남발하다
狼	[láng] 랑	늑대
栏杆	[lángān] 란깐	난간
狼狈	[lángbèi] 랑뻬이	낭패
朗读	[lǎngdú] 랑두	낭독(하다)
浪费	[làngfèi] 랑페이	낭비(하다)
浪花儿	[lànghuār] 랑후알	물보라
浪漫	[làngmàn] 랑만	낭만적이다, 로맨틱하다
朗诵	[lǎngsòng] 랑쏭	낭송(하다)
懒觉	[lǎnjiào] 란지아오	낮잠
篮球	[lánqiú] 란치우	농구
懒人	[lǎnrén] 란런	게으름뱅이
蓝色	[lánsè] 란써	남색, 쪽빛
缆绳	[lǎnshéng] 란셩	로프
烂衣	[lànyī] 란이	넝마
篮子	[lánzi] 란즈	바구니
烂醉	[lànzuì] 란쮀이	만취하다
老	[lǎo] 라오	늙다
捞	[lāo] 라오	건지다

老百姓	[lǎobǎixìng] 라오바이씽	백성
老板	[lǎobǎn] 라오반	상점주인
老成	[lǎochéng] 라오청	노련하다, 듬직하다
老大妈	[lǎodàmā] 라오따마	큰어머님
唠叨	[láodao] 라오다오	수다떨다
劳动	[láodòng] 라오똥	노동(일)
劳动力	[láodònglì] 라오똥리	노동력
老虎	[lǎohǔ] 라오후	호랑이
牢记	[láojì] 라오찌	명심하다
老家	[lǎojiā] 라오지아	옛집
劳驾	[láojià] 라오지아	죄송하다
老将	[lǎojiàng] 라오지앙	베테랑
劳苦	[láokǔ] 라오쿠	수고하다
老来	[lǎolái] 라오라이	노후
老年	[lǎonián] 라오니엔	노년
老娘	[lǎoniáng] 라오니앙	노모
老婆	[lǎopo] 라오포	마누라
老千	[lǎoqiān] 라오치엔	사기꾼
老前辈	[lǎoqiánbèi] 라오치엔뻬이	고참
老人	[lǎorén] 라오런	노인
牢骚	[láosāo] 라오싸오	불평, 푸념
老师	[lǎoshī] 라오스	선생님
老鼠	[lǎoshǔ] 라오수	쥐
老天爷	[lǎotiānyé] 라오티엔예	하느님
烙铁	[làotie] 라오티에	다리미

老头儿	[lǎotóur] 라오터울	할아버지, 늙은이
老顽固	[lǎowángu] 라오완구	벽창호, 고집스럽다
老乡	[lǎoxiāng] 라오시앙	동향인
老小姐	[lǎoxiǎojiě] 라오시아오지에	노처녀
老爷	[lǎoye] 라오예	어르신네
烙印	[làoyìn] 라오인	낙인
腊鱼	[làyú] 라위	건어물
腊月	[làyuè] 라위에	섣달
蜡烛	[làzhú] 라주	양초
乐观	[lèguān] 러꽌	낙관적이다
雷	[léi] 레이	벼락, 우레, 천둥
累	[lèi] 레이	피곤하다
垒	[lěi] 레이	쌓다(돌, 흙)
雷达	[léidǎ] 레이다	레이더
肋骨	[lèigǔ] 레이구	갈비, 늑골
累积	[lěijī] 레이지	누적하다
累计	[lěiji] 레이지	누계(총계)
累起	[lěiqǐ] 레이치	빈발하다
类似	[lèisi] 레이쓰	유사하다
类型	[lèixíng] 레이씽	유형
雷雨	[léiyǔ] 레이위	소나기
冷	[lěng] 렁	차다, 춥다
愣	[lèng] 렁	멍하다, 어리둥절하다
棱	[léng] 렁	모서리, 구석
冷餐	[lěngcān] 렁찬	뷔페

冷淡	[lěngdàn] 렁딴	냉담하다, 쌀쌀맞다, 쓸쓸하다
冷冻	[lěngdòng] 렁똥	냉동(하다)
冷静	[lěngjìng] 렁찡	냉정하다
冷炕	[lěngkàng] 렁캉	냉방
冷酷	[lěngkù] 렁쿠	냉혹하다
冷暖气	[lěngnuǎnqi] 렁누안치	냉난방
冷却	[lěngquè] 렁취에	냉각(하다)
冷水	[lěngshuǐ] 렁쉐이	냉수
冷咻咻	[lěngxiūxiū] 렁시우시우	오싹하다
冷血	[lěngxuè] 렁쉬에	냉혈
冷饮	[lěngyǐn] 렁인	냉음료, 청량음료
冷遇	[lěngyù] 렁위	푸대접, 냉대하다
乐趣	[lèqù] 러취	즐거움
乐园	[lèyuán] 러위엔	낙원
狸	[lí] 리	너구리
离	[lí] 리	떠나다
梨	[lí] 리	배(과일)
里	[lǐ] 리	안(속)
利	[lì] 리	이로움
犁	[lí] 리	쟁기
立	[lì] 리	세우다
鲤	[lǐ] 리	잉어
例案	[lìàn] 리안	판례
帘	[lián] 리엔	커튼
恋	[liàn] 리엔	연애(하다)

炼	[liàn] 리엔	정제(하다)
脸	[liǎn] 리엔	얼굴, 안면
链	[liàn] 리엔	사슬
恋爱	[liànài] 리엔아이	연애
联邦	[liánbāng] 리엔빵	연방
镰刀	[liándāo] 리엔따오	낫(기구)
连队	[liánduì] 리엔뚜에이	부대, 중대
亮	[liàng] 리앙	밝다
凉	[liáng] 리앙	서늘하다, 선선하다
量	[liàng] 리앙	재다
良	[liáng] 리앙	좋다
两	[liǎng] 리앙	둘(2)
晾	[liàng] 리앙	널다
炼钢	[liàngāng] 리엔강	제강
亮光	[liàngguāng] 리앙꽝	밝은 빛
良好	[liánghǎo] 리앙하오	양호하다
两极	[liǎngjí] 리앙지	양극
谅解	[liàngjiě] 리앙지에	양해하다
两口子	[liǎngkǒuzi] 리앙커우즈	부부간
凉快	[liángkuài] 리앙콰이	시원하다
两旁	[liǎngpang] 리앙팡	양쪽
粮食	[liángshí] 리앙스	식량
两手	[liǎngshǒu] 리앙셔우	두손
凉水	[liángshuǐ] 리앙쉐이	찬물
凉鞋	[liángxié] 리앙시에	샌들

良心	[liángxīn] 리앙신	양심
良种	[liángzhǒng] 리앙중	우량종
联合	[liánhé] 리엔허	연합(하다)
廉价	[liánjià] 리엔지아	염가
廉洁	[liánjié] 리엔지에	청렴결백하다
连结	[liánjié] 리엔지에	연결(하다)
连连	[liánlián] 리엔리엔	연이어
联络	[liánluò] 리엔루어	연락(하다)
联盟	[liánméng] 리엔멍	연맹
怜悯	[liánmǐn] 리엔민	연민
连年	[liánnián] 리엔니엔	해마다
脸盆	[liǎnpén] 리엔펀	세숫대야
连翘	[liánqiáo] 리엔치아오	개나리
联券	[liànquàn] 리엔취엔	쿠폰
脸色	[liǎnsè] 리엔써	얼굴색, 안색
连锁店	[liánsuǒdiàn] 리엔쑤어띠엔	연쇄점
练习	[liànxí] 리엔시	연습(하다)
联系	[liánxì] 리엔시	연계(하다)
联想	[liánxiǎng] 리엔시앙	연상(하다)
连续	[liánxù] 리엔쉬	연속(하다)
连续剧	[liánxùjù] 리엔쉬쥐	연속극
连夜	[liányè] 리엔예	밤새도록
连载	[liánzǎi] 리엔자이	연재
帘子	[liánzi] 리엔즈	발
莲子	[liánzǐ] 리엔즈	연밥

链子	[liànzi] 리엔즈	쇠사슬
了不得	[liǎobudé] 리아오부더	훌륭하다
了不起	[liǎobuqǐ] 리아오부치	굉장하다, 대단하다
潦草	[liáocǎo] 리아오차오	허술하다
疗养	[liáoyǎng] 리아오양	요양(하다)
篱笆	[líba] 리바	울타리
礼拜	[lǐbài] 리빠이	예배
离别	[líbié] 리비에	이별(하다)
理睬	[lǐcǎi] 리차이	상대하다(대결), 거들떠보다
立场	[lìchǎng] 리창	입장
历代	[lìdài] 리따이	역대
裂	[liè] 리에	갈라지다
列	[liè] 리에	늘어놓다
列车	[lièchē] 리에처	열차
烈火	[lièhuǒ] 리에후어	열화
列举	[lièjǔ] 리에쥐	열거(하다)
粒儿	[lier] 리얼	낱알
猎人	[lièrén] 리에런	사냥꾼
烈士	[lièshì] 리에스	열사
立方	[lìfāng] 리팡	입방
理发	[lǐfà] 리파	이발
立国	[lìguó] 리구어	건국(하다)
厉害	[lìhai] 리하이	사납다, 지독하다
离婚	[líhūn] 리훈	이혼(하다)
利害	[lìhài] 리하이	이해

痢疾	[lìji] 리지	이질
立即	[lìjí] 리지	즉시
离家出走	[líjiāchūzǒu] 리지아추저우	가출
理解	[lǐjiě] 리지에	이해(하다)
礼节	[lǐjié] 리지에	예절
立刻	[lìkè] 리커	당장
历来	[lìlái] 리라이	종래
力量	[lìliang] 리리앙	역량
理论	[lǐlùn] 리룬	이론
礼貌	[lǐmào] 리마오	예의
厘米	[límǐ] 리미	센티미터
里面	[lǐmian] 리미엔	내면, 속내
黎明	[límíng] 리밍	여명
淋	[lín] 린	맞다(비)
临	[lín] 린	임하다
鳞	[lín] 린	비늘
临床	[línchuáng] 린추앙	임상
另	[lìng] 링	다른 것, 별도로
零	[líng] 링	영
铃	[líng] 링	방울
凌晨	[língchén] 링천	이른 새벽
领带	[lǐngdài] 링따이	넥타이
领导人	[lǐngdǎorén] 링다오런	리더
零工	[línggōng] 링꽁	막벌이
灵魂	[línghún] 링훈	영혼

灵机	[língjī] 링지	재치
凌驾	[língjià] 링지아	능가하다
零件	[língjiàn] 링지엔	부속품
灵捷	[língjié] 링지에	재빠르다
另居	[lìngjū] 링쥐	별거(하다)
伶俐	[línglì] 링리	영리하다
领袖	[lǐngxiù] 링시우	수령
灵敏	[língmǐn] 링민	예민하다
零钱	[língqián] 링치엔	잔돈
零七拉八	[língqīlābā] 링치라바	뿔뿔이
领事	[lǐngshì] 링스	영사(관)
零售	[língshòu] 링셔우	소매(하다)
零碎	[língsuì] 링쒜이	자질구레하다
领土	[lǐngtǔ] 링투	영토
邻国	[línguó] 린구어	이웃나라
零下	[língxià] 링시아	영하
领先	[lǐngxiān] 링시엔	앞서다, 리드(하다)
领域	[lǐngyù] 링위	영역
领养	[lǐngyǎng] 링양	입양
领子	[lǐngzi] 링즈	옷깃, 칼라
理念	[lǐniàn] 리니엔	이념
邻居	[línjū] 린쥐	이웃
领门	[lǐnmén] 린먼	멱살
临时	[línshí] 린스	임시
林业	[línyè] 린예	임업

礼品	[lǐpǐn] 리핀	선물, 예물
力气	[lìqi] 리치	힘, 기운
沥青	[lìqīng] 리칭	아스팔트
例如	[lìrú] 리루	예컨대
利润	[lìrùn] 리룬	이윤, 마진
理事	[lǐshì] 리스	이사(직함)
历史	[lìshǐ] 리스	역사
立体	[lìtǐ] 리티	입체
里通	[lǐtōng] 리통	내통(하다)
留	[liú] 리우	머무르다
溜	[liū] 리우	미끄러지다
榴	[liú] 리우	석류
流	[liú] 리우	흐르다
六	[liù] 리우	육 (6)
流浪	[liúlàng] 리우랑	떠돌다, 방랑하다
流利	[liúlì] 리우리	유창(하다)
留恋	[liúliàn] 리우리엔	미련
流落	[liúluò] 리우루어	헤매다
流浪	[liúlàng] 리우랑	유랑(하다)
流氓	[liúmáng] 리우망	건달, 불량배, 부랑자
流配	[liúpèi] 리우페이	유배, 귀양
柳树	[liǔshù] 리우수	버드나무
流水	[liúshuǐ] 리우쉐이	유수
硫酸	[liúsuān] 리우쑤안	유산
流通	[liútōng] 리우통	유통(하다)

留心	[liúxīn] 리우신	조심하다
流行	[liúxíng] 리우씽	유행(하다)
留学	[liúxué] 리우쉬에	유학
留学生	[liúxuéshēng] 리우쉬에성	유학생
流域	[liúyù] 리우위	유역
例外	[lìwài] 리와이	예외이다
礼物	[lǐwù] 리우	폐물
利息	[lìxī] 리시	이자, 금리
理想	[lǐxiǎng] 리시앙	이상
利益	[lìyì] 리이	이익
礼仪	[lǐyí] 리이	에티켓
利用	[lìyòng] 리용	이용(하다)
理由	[lǐyóu] 리여우	이유
力争	[lìzhēng] 리정	힘쓰다
理直气壮	[lǐzhíqìzhuàng] 리즈치주앙	떳떳하다
栗子	[lìzi] 리즈	밤, 밤나무
李子	[lǐzi] 리즈	자두
连接	[liánjiē] 리엔지에	잇다, 이어지다
连衣裙	[liányīqún] 리엔이췬	원피스
龙	[lóng] 롱	용(동물)
垄断	[lǒngduàn] 롱뚜안	독점(하다)
龙头	[lóngtóu] 롱터우	수도꼭지
聋子	[lóngzi] 롱즈	귀머거리
漏	[lòu] 러우	새다
搂	[lǒu] 러우	긁어보다

楼	[lóu] 러우	층
楼道	[lóudào] 러우따오	로비
漏电	[lòudiàn] 러우띠엔	누전되다
楼房	[lóufáng] 러우팡	층집
露马脚	[lòumǎjiǎo] 러우마지아오	탄로
漏水	[lòushuǐ] 러우쉐이	누수
楼梯	[lóutī] 러우티	계단
路	[lù] 루	길
露	[lù] 루	이슬
鹿	[lù] 루	사슴
率	[lǜ] 뤼	비율
炉	[lú] 루	스토브, 난로
绿	[lǜ] 뤼	푸르다, 파랗다
铝	[lǚ] 뤼	알루미늄
驴	[lǘ] 뤼	당나귀
卵	[luǎn] 루안	알, 수정란
乱	[luàn] 루안	마구
卵巢	[luǎncháo] 루안차오	난소
乱闯	[luànchuǎng] 루안추앙	난입
乱七八糟	[luànqībāzāo] 루안치빠자오	엉망진창이다
卵石	[luǎnshí] 루안스	조약돌
乱视	[luànshì] 루안스	난시
卵细胞	[luǎnxìbāo] 루안씨빠오	난자
乱写	[luànxiě] 루안시에	낙서(하다)
乱用	[luànyòng] 루안용	남용하다

乱杂	[luànzá] 루안자	난잡하다
露出	[lùchū] 루추	드러내다, 노출(하다)
屡次	[lǚci] 뤼츠	여러 번
路灯	[lùdēng] 루덩	가로등
绿地	[lǜdì] 뤼띠	녹지
陆地	[lùdì] 루띠	육지, 육상
掠夺	[lüèduó] 뤼에두어	약탈(하다), 수탈(하다)
略图	[lüètú] 뤼에투	약도
旅馆	[lǚguǎn] 뤼관	여관
滤光器	[lǜguāngqi] 뤼꽝치	필터
滤过	[lǜguò] 뤼꾸어	거르다
陆军	[lùjūn] 루쥔	육군
旅客	[lǚkè] 뤼커	여객
路口	[lùkǒu] 루커우	건널목
履历书	[lǚlìshū] 뤼리수	이력서
路面	[lùmiàn] 루미엔	노면
论	[lùn] 룬	논하다
轮船	[lúnchuán] 룬추안	기선(큰배)
抡动	[lūndòng] 룬똥	휘두르다
轮回	[lúnhuí] 룬훼이	윤회
轮廓	[lúnkuò] 룬쿠어	윤곽, 테두리
伦理	[lúnlǐ] 룬리	윤리
沦落	[lúnluò] 룬루어	전락
论述	[lùnshù] 룬수	논술(하다)
论说	[lùnshuō] 룬슈어	논설

轮胎	[lúntāi] 룬타이	타이어
论文	[lùnwén] 룬원	논문
轮转	[lúnzhuàn] 룬주안	로테이션
轮子	[lúnzi] 룬즈	바퀴
落	[luò] 루어	떨어지다(물체가)
锣	[luó] 루어	징
萝卜	[luóbo] 루어보	무
落差	[luòchā] 루어차	낙차
落成	[luòchéng] 루어청	낙성(하다)
落后	[luòhòu] 루어허우	낙오(되다), 낙후하다, 뒤떨어지다
逻辑	[luójí] 루어지	논리
逻辑性的	[luójíxìngde] 루어지씽더	논리적이다
落雷	[luòléi] 루어레이	낙뢰
罗列	[luóliè] 루어리에	나열하다
落马	[luòmǎ] 루어마	낙마(하다)
螺丝钉	[luósīdīng] 루어쓰딩	나사못
裸体	[luǒtǐ] 루어티	알몸, 나체
骆驼	[luòtuo] 루어투어	낙타
落选	[luòxuǎn] 루어쉬엔	낙선되다
落叶	[luòyè] 루어예	낙엽
落着	[luòzhuó] 루어주어	낙착(하다)
绿色	[lǜsè] 뤼써	녹색
路上	[lùshang] 루샹	노상
律师	[lǜshī] 뤼스	변호사
旅途	[lǚtú] 뤼투	여정

芦苇	[lúwěi] 루웨이	갈대
路线	[lùxiàn] 루시엔	노선
录像	[lùxiàng] 루시앙	비디오
旅行	[lǚxíng] 뤼씽	여행(하다)
履行	[lǚxíng] 뤼씽	이행(하다)
录音	[lùyīn] 루인	녹음(하다)
录音机	[lùyīnjī] 루인지	녹음기
绿洲	[lǜzhōu] 뤼저우	오아시스
炉子	[lúzi] 루즈	난로
狼	[láng] 랑	이리, 늑대

M

麻	[má] 마	삼(식물)
马	[mǎ] 마	말(동물)
骂	[mà] 마	욕하다, 야단치다
马车	[mǎchē] 마처	마차
马达	[mǎdá] 마다	모터
麻袋	[mádài] 마따이	마대
麻烦	[máfan] 마판	성가시다, 거추장스럽다
麻烦事	[máfanshi] 마판스	골칫거리
马虎	[mǎhū] 마후	소홀하다, 무책임하다
埋	[mái] 마이	묻다
买	[mǎi] 마이	사다
卖	[mài] 마이	팔다
脉搏	[màibó] 마이보	맥박
埋藏	[máicáng] 마이창	파묻다
卖出	[màichū] 마이추	매출
买东西	[mǎidōngxi] 마이똥시	쇼핑(하다)
卖光	[màiguāng] 마이꽝	매진

卖国	[màiguó] 마이구어	매국
麦克风	[màikèfēng] 마이커펑	마이크
麦粒肿	[màilìzhǒng] 마이리종	다래끼
买卖	[mǎimài] 마이마이	매매
埋没	[máimò] 마이모	매몰하다
埋头	[máitóu] 마이터우	몰두(하다)
卖艺	[màiyì] 마이이	흥행
卖淫	[màiyín] 마이인	매춘
买主	[mǎizhǔ] 마이주	바이어
马拉松	[mǎlāsōng] 마라쏭	마라톤
马力	[mǎlì] 마리	마력
马铃薯	[mǎlíngshǔ] 마링수	감자
马路	[mǎlù] 마루	대로
妈妈	[māma] 마마	엄마
麻木	[mámù] 마무	마비되다
满	[mǎn] 만	그득하다
漫长	[màncháng] 만창	지루(하다)
满分儿	[mǎnfēnr] 만펄	만점
忙	[máng] 망	바쁘다
蛮干	[mángàn] 만깐	마구잡이
盲从	[mángcóng] 망총	맹종(하다)
茫茫	[mángmáng] 망망	망막하다, 아득하다
盲目	[mángmù] 망무	맹목적이다
茫然	[mángrán] 망란	막연하다
盲人	[mángrén] 망런	맹인

漫画	[mànhuà] 만화	만화
谩骂	[mànmà] 만마	매도
满期	[mǎnqī] 만치	만기
馒头	[mántou] 만터우	만두
慢性	[mànxìng] 만씽	만성적이다
蔓延	[mànyán] 만이엔	만연하다
鳗鱼	[mányú] 만위	장어, 뱀장어
满员	[mǎnyuán] 만위엔	만원(인원이 다 차다)
满足	[mǎnzú] 만주	만족하다
毛	[máo] 마오	털
猫	[māo] 마오	고양이
茂	[mào] 마오	우거지다
毛笔	[máobǐ] 마오비	붓
冒出	[màochū] 마오추	솟아나다
矛盾	[máodùn] 마오뚠	모순
毛发	[máofà] 마오파	모발
毛巾	[máojīn] 마오진	타월
毛皮	[máopí] 마오피	모피
茂盛	[màoshèng] 마오성	무성하다
冒失	[màoshī] 마오스	덜렁대다
猫头鹰	[māotóuyīng] 마오터우잉	부엉이
冒妄	[màowàng] 마오왕	건방지다
毛线	[máoxiàn] 마오시엔	털실
冒险	[màoxiǎn] 마오시안	모험(하다)
毛衣	[máoyī] 마오이	스웨터

贸易	[màoyì] 마오이	무역
帽子	[màozi] 마오즈	모자
麻雀	[máquè] 마취에	참새
马上	[mǎshàng] 마샹	곧, 즉시
马戏	[mǎxì] 마씨	서커스, 곡예
蚂蚁	[mǎyǐ] 마이	개미
麻疹	[mázhěn] 마전	홍역
麻醉	[mázuì] 마쮀이	마취(하다)
霉	[méi] 메이	곰팡이
酶	[méi] 메이	효소, 발효
煤	[méi] 메이	석탄
镁	[měi] 메이	마그네슘
每次	[měicì] 메이츠	매번
没错	[méicuò] 메이추어	틀림없다
美德	[měidé] 메이더	미덕
眉高眼低	[méigāoyǎndī] 메이까오이엔띠	눈치
美观	[měiguān] 메이꽌	미관, 아름답다
没关系	[méiguānxi] 메이꽌시	상관없다
玫瑰	[méigui] 메이꿰이	장미
美国	[měiguó] 메이구어	미국
梅花	[méihuā] 메이화	매화
美化	[měihuà] 메이화	미화하다
媒介	[méijiè] 메이지에	매개
魅力	[mèilì] 메이리	매력
美丽	[měilì] 메이리	아름답다

M

眉毛	[méimáo] 메이마오	눈썹
美貌	[měimào] 메이마오	미모
妹妹	[mèimei] 메이메이	여동생
美妙	[měimiào] 메이미아오	미묘하다
美男	[měinán] 메이난	미남
每年	[měinián] 메이니엔	매년
美女	[měinǚ] 메이뉘	미녀
美人	[měirén] 메이런	미인
媚人	[mèirén] 메이런	아부하다
美容	[měiróng] 메이롱	미용
美容院	[měiróngyuàn] 메이롱위엔	미장원
没事儿	[méishìr] 메이셜	별일없다
美术	[měishù] 메이수	미술
媚态	[mèitài] 메이타이	애교
媒体	[méitǐ] 메이티	미디어
每天	[měitiān] 메이티엔	매일
眉头	[méitóu] 메이터우	미간
没意思	[méiyìsi] 메이이쓰	무의미, 재미없다
没用	[méiyòng] 메이용	쓸모없다
没有	[méiyǒu] 메이여우	없다
美元	[měiyuán] 메이위엔	달러
门	[mén] 먼	문
闷	[mèn] 먼	숨막히다
门齿	[ménchǐ] 먼츠	앞니
梦	[mèng] 멍	꿈

梦话	[mènghuà] 멍화	잠꼬대
猛烈	[měngliè] 멍리에	맹렬하다
猛扑	[měngpū] 멍푸	덤비다
猛兽	[měngshòu] 멍셔우	맹수
蒙头巾	[méngtóujīn] 멍터우진	목도리
梦想	[mèngxiǎng] 멍시앙	몽상
萌芽	[méngyá] 멍야	싹트다, 움트다
门将	[ménjiàng] 먼지앙	골키퍼
门口	[ménkǒu] 먼커우	현관
门诊	[ménzhěn] 먼전	진찰
木偶	[mù'ǒu] 무어우	꼭두각시
米	[mǐ] 미	쌀
迷	[mí] 미	혼란스럽다, 퍼즐
蜜	[mì] 미	꿀
棉	[mián] 미엔	면
免	[miǎn] 미엔	면 하다
面包	[miànbāo] 미엔빠오	빵
面包车	[miànbāochē] 미엔빠오처	소형버스
免除	[miǎnchú] 미엔추	면제(하다)
面对	[miànduì] 미엔뚜에이	대면(하다)
免费	[miǎnfèi] 미엔페이	공짜
面粉	[miànfěn] 미엔펀	밀가루
棉花	[miánhua] 미엔화	목화, 솜
面积	[miànjī] 미엔지	면적
面颊	[miànjiá] 미엔지아	뺨, 볼

面具	[miànjù]	미엔쥐	탈, 가면
面临	[miànlín]	미엔린	직면(하다)
面貌	[miànmào]	미엔마오	면모
绵密	[miánmì]	미엔미	면밀하다
面目	[miànmù]	미엔무	면목, 용모
面前	[miànqián]	미엔치엔	면전
勉强	[miǎnqiáng]	미엔치앙	억지로 시키다
面熟	[miànshú]	미엔수	낯익다
免税店	[miǎnshuìdiàn]	미엔쉐이띠엔	면세점
面谈	[miàntán]	미엔탄	면담(하다)
面条儿	[miàntiáor]	미엔티아올	국수
免疫	[miǎnyì]	미엔이	면역
棉衣	[miányī]	미엔이	솜옷
面子	[miànzi]	미엔즈	겉, 외형
妙案	[miào'àn]	미아오안	묘안
苗	[miáo]	미아오	싹
秒	[miǎo]	미아오	초
妙策	[miàocè]	미아오처	묘책
妙计	[miàojì]	미아오지	묘기
苗木	[miáomù]	미아오무	묘목
妙趣	[miàoqù]	미아오취	묘미
渺小	[miǎoxiǎo]	미아오시아오	보잘것없다
描写	[miáoxiě]	미아오시에	묘사(하다)
密闭	[mìbì]	미삐	밀폐
迷瞪	[mídeng]	미덩	골몰하다

密度	[mìdù] 미두	밀도
灭	[miè] 미에	꺼지다
蔑视	[mièshì] 미에스	멸시하다
灭亡	[mièwáng] 미에왕	멸망하다
米饭	[mǐfàn] 미판	쌀밥
蜜蜂	[mìfēng] 미펑	꿀벌
蜜柑	[mìgān] 미깐	밀감
密告	[mìgào] 미까오	밀고(하다)
迷宫	[mígōng] 미꽁	미궁
密航	[mìháng] 미항	밀항(하다)
密会	[mìhuì] 미훼이	밀회(하다)
迷惑	[míhuò] 미후어	미혹되다, 아리송하다
密接	[mìjiē] 미지에	밀착(하다)
密林	[mìlín] 미린	밀림, 정글
迷路	[mílù] 미루	미로
弥漫	[mímàn] 미만	널리 퍼지다
秘密	[mìmì] 미미	비밀
秘密据点	[mìmìjùdiǎn] 미미쮜디엔	아지트
抿	[mǐn] 민	물을 묻히다, 오므리다
民法	[mínfǎ] 민파	민법
明暗	[míng'àn] 밍안	명암
命	[mìng] 밍	생명, 수명, 운명
鸣	[míng] 밍	지저귀다
敏感	[mǐngǎn] 민간	민감하다
明白	[míngbai] 밍바이	명백히

M

名称	[míngchēng] 밍청	명칭
名词	[míngcí] 밍츠	명사(품사)
名单	[míngdān] 밍딴	명단, 리스트
冥福	[míngfú] 밍푸	명복
名贵	[mínggui] 밍꿰이	희귀하다
名将	[míngjiàng] 밍지앙	명장
铭刻	[míngkè] 밍커	사무치다
明朗	[mínglǎng] 밍랑	명랑하다
命令	[mìnglìng] 밍링	명령(하다)
名门	[míngmén] 밍먼	명문
命名	[mìngmíng] 밍밍	명명(하다)
名目	[míngmù] 밍무	명목
明年	[míngnián] 밍니엔	명년
名牌	[míngpái] 밍파이	명패
名片	[míngpiàn] 밍피엔	명함
名品	[míngpǐn] 밍핀	명품
名签	[míngqiān] 밍치엔	명찰
名曲	[míngqǔ] 밍취	명곡
明确	[míngquè] 밍취에	명확하다
名人	[míngrén] 밍런	명인
名僧	[míngsēng] 밍썽	명승
名声	[míngshēng] 밍셩	명성, 평판
名胜	[míngshèng] 밍셩	명소
名士	[míngshi] 밍스	명사(유명인)
明太鱼	[míngtàiyú] 밍타이위	명태

命题	[mìngtí] 밍티	명제, 출제하다
明天	[míngtiān] 밍티엔	내일
名物	[míngwù] 밍우	명물
冥想	[míngxiǎng] 밍시앙	명상
明信片	[míngxìnpiàn] 밍신피엔	엽서
名言	[míngyán] 밍이엔	명언
名义	[míngyì] 밍이	명의, 명칭
名誉	[míngyù] 밍위	명예
命运	[mìngyùn] 밍윈	운명
名字	[míngzi] 밍즈	이름
名作	[míngzuò] 밍쭈어	명작
民航	[mínháng] 민항	민항
民间	[mínjiān] 민지엔	민간
敏捷	[mǐnjié] 민지에	민첩하다
民事	[mínshì] 민스	민사
民俗	[mínsú] 민쑤	민속
民宿	[mínsù] 민쑤	민박
民谣	[mínyáo] 미야오	민요
民用	[mínyòng] 민용	시민용
民众	[mínzhòng] 민종	민중
民主	[mínzhǔ] 민주	민주
民主主义	[mínzhǔzhǔyì] 민주주이	민주주의
民族	[mínzú] 민주	민족
密切	[mìqiè] 미치에	밀접(하다)
密室	[mìshì] 미스	밀실

M

秘书	[mìshū] 미수	비서
秘书长	[mìshūzhǎng] 미수장	비서장
密探	[mìtàn] 미탄	간첩
迷童	[mítóng] 미통	미아
迷信	[míxìn] 미신	미신
谜语	[míyǔ] 미위	수수께끼
磨	[mó] 모	갈다
膜	[mó] 모	막(얇은껍질)
抹	[mǒ] 모	바르다, 칠하다
摸	[mō] 모	만지다, 더듬다
墨	[mò] 모	먹
抹布	[mǒbù] 모뿌	행주, 걸레
磨不开	[mòbukāi] 모부카이	멋쩍다
摩擦	[mócā] 모차	마찰(하다)
魔法	[mófǎ] 모파	마법
模范	[mófàn] 모판	모범
模仿	[mófǎng] 모팡	모방(하다)
蘑菇	[mógu] 모구	버섯
魔鬼	[móguǐ] 모궤이	마귀
模糊	[móhu] 모후	모호하다, 희미하다
墨镜	[mòjìng] 모징	선글라스, 색안경
没落	[mòluò] 모루어	몰락(하다)
默默	[mòmò] 모모	묵묵히
末期	[mòqī] 모치	말기
默认	[mòrèn] 모런	묵인(하다)

抹杀	[mǒshā] 모샤	말살하다
陌生	[mòshēng] 모셩	낯설다
没收	[mòshōu] 모셔우	몰수(하다)
魔术	[móshù] 모수	마술, 매직
墨水	[mòshuǐ] 모쉐이	잉크
魔术师	[móshùshī] 모수스	마술사
摸索	[mōsuǒ] 모쑤어	모색(하다)
模特儿	[mótèr] 모털	모델
摩托车	[mótuōchē] 모투어처	오토바이
某	[mǒu] 머우	어떤
谋	[móu] 머우	탐하다
谋求	[móuqiú] 모우치우	도모하다, 강구하다
眸子	[móuzǐ] 머우즈	눈동자
末尾	[mòwěi] 모웨이	꼴찌
模型	[móxíng] 모씽	모형
墓	[mù] 무	묘
目标	[mùbiāo] 무비아오	목표
木材	[mùcái] 무차이	목재
牧场	[mùchǎng] 무창	목장
牧丹花	[mùdanhuā] 무단화	모란
目的	[mùdì] 무띠	목적
墓地	[mùdì] 무디	묘지
目睹	[mùdǔ] 무두	목격(하다)
木工	[mùgōng] 무꽁	목수
目光	[mùguāng] 무꽝	식견

M

母国	[mǔguó] 무구어	모국
母鸡	[mǔjī] 무지	암탉
木匠	[mùjiàng] 무지앙	목공
木莲	[mùlián] 무리엔	목련
目录	[mùlù] 무루	목록, 목차
牧民	[mùmín] 무민	목민
木乃伊	[mùnǎiyī] 무나이이	미라, 경직된 사물
母亲	[mǔqīn] 무친	모친
母亲	[mǔqīn] 무친	어머니
母乳	[mǔrǔ] 무루	모유
母性	[mǔxìng] 무씽	모성
模样	[múyàng] 무양	모양
牧业	[mùyè] 무예	목축업
沐浴	[mùyù] 무위	목욕(하다)
木造	[mùzào] 무짜오	목조
木制	[mùzhì] 무즈	목제
目中无人	[mùzhōngwúrén] 무중우런	안하무인
埋怨	[mányuàn] 만위엔	원망하다

N

拿	[ná] 나	사로잡다
那	[nà] 나	저것
那边	[nàbiān] 나비엔	저쪽
耐	[nài] 나이	오래가다
氖	[nǎi] 나이	네온
耐烦	[nàifán] 나이판	참다
奶粉	[nǎifěn] 나이펀	분유
耐力	[nàilì] 나이리	지구력
奶奶	[nǎinai] 나이나이	할머니
奶油	[nǎiyóu] 나이여우	크림
那里	[nàli] 나리	저기
哪里	[nǎli] 나리	어디
纳闷儿	[nàmènr] 나멀	답답하다
南	[nán] 난	남쪽
难	[nán] 난	어렵다
南部	[nánbù] 난뿌	남부
难道	[nándào] 난따오	설마

南方	[nánfāng] 난팡	남방
难怪	[nánguài] 난꽈이	어쩐지
难关	[nánguān] 난꽌	난관
难过	[nánguò] 난꾸어	괴롭다
南极	[nánjí] 난지	남극
难堪	[nánkān] 난칸	난처하다, 난감하다
难民	[nànmín] 난민	난민
男女	[nánnǚ] 난뉘	남녀
难色	[nánsè] 난쎠	난색
难受	[nánshòu] 난셔우	불편하다
男性	[nánxìng] 난씽	남성
男子	[nánzǐ] 난즈	남자
脑电波	[nǎodiànbō] 나오띠엔뽀	뇌파
闹魔	[nàomó] 나오머	보채다
脑死亡	[nǎosǐwáng] 나오쓰왕	뇌사
脑炎	[nǎoyán] 나오이엔	뇌염
脑子	[nǎozi] 나오즈	뇌
哪怕	[nǎpà] 나파	설령, 혹시
纳税	[nàshuì] 나쉐이	납세(하다)
内部	[nèibù] 네이뿌	내부
内阁	[nèigé] 네이거	내각
内科	[nèikē] 네이커	내과
内陆	[nèilù] 네이루	내륙
内乱	[nèiluàn] 네이루안	내란
内幕	[nèimù] 네이무	내막

内容	[nèiróng] 네이롱	내용
内外	[nèiwài] 네이와이	내외, 안팎
内心	[nèixīn] 네이씬	내심
内需	[nèixū] 네이쉬	내수
内衣	[nèiyī] 네이이	속옷
内脏	[nèizàng] 네이장	내장
内战	[nèizhàn] 네이잔	내전
内助	[nèizhù] 네이주	내조
能力	[nénglì] 넝리	능력
能量	[néngliàng] 넝리앙	에너지
能人	[néngrén] 넝런	능력있는 사람
泥	[ní] 니	진흙
你	[nǐ] 니	너, 자네
捻	[niǎn] 니엔	비틀다
撵	[niǎn] 니엔	쫓아내다
年代	[niándài] 니엔따이	연대
年度	[niándù] 니엔뚜	연도
酿	[niàng] 니앙	양조(하다)
黏结	[niánjié] 니엔지에	달라붙다
年龄	[niánlíng] 니엔링	연령
年轮	[niánlún] 니엔룬	나이테
年末	[niánmò] 니엔모	연말
年轻	[niánqīng] 니엔칭	젊다
年轻人	[niánqīngrén] 니엔칭런	젊은이
念书	[niànshū] 니엔수	공부(하다)

年头	[niántóu] 니엔터우	햇수
粘土	[niántǔ] 니엔투	찰흙
年薪	[niánxīn] 니엔신	연봉
鲇鱼	[niányú] 니엔위	메기
尿	[niào] 니아오	소변
鸟	[niǎo] 니아오	새
鸟类	[niǎolèi] 니아오레이	조류
捏	[niē] 니에	빚다(손으로)
捏造	[niēzào] 니에자오	날조(하다)
尼古丁	[nígǔdīng] 니구띵	니코틴
逆流	[niliú] 니리우	역류
尼龙	[nílong] 니롱	나일론
您	[nín] 닌	당신(존칭)
拧	[nǐng] 닝	비틀다, 쥐어짜다
凝固	[nínggù] 닝꾸	응고(하다)
凝结	[níngjié] 닝지에	응결(하다)
宁静	[níngjìng] 닝징	조용하다
柠檬	[níngméng] 닝멍	레몬
凝视	[níngshì] 닝스	응시(하다)
牛	[niú] 니우	소
纽扣儿	[niǔkòu] 니우커울	단추
牛奶	[niúnǎi] 니우나이	우유, 밀크
牛皮脸	[niúpíliǎn] 니우피리엔	철면피
牛肉	[niúròu] 니우러우	쇠고기
扭伤	[niǔshāng] 니우샹	삐다, 접질리다

逆行	[nìxíng] 니씽	역행(하다)
泥沼	[nízhǎo] 니자오	수렁
捻	[niǎn] 니엔	꼬다
浓	[nóng] 농	짙다
脓	[nóng] 농	고름
农场	[nóngchǎng] 농창	농장
农产品	[nóngchǎnpǐn] 농찬핀	농산품
浓稠	[nóngchóu] 농처우	걸쭉하다
农村	[nóngcūn] 농춘	농촌
浓度	[nóngdù] 농뚜	농도
浓厚	[nónghòu] 농허우	농후하다
弄坏	[nònghuài] 농화이	망치다
弄紧	[nòngjǐn] 농진	조이다
农具	[nóngjù] 농쮜	농기구
农民	[nóngmín] 농민	농민
弄清楚	[nòngqīngchu] 농칭추	해명(하다)
弄湿	[nòngshī] 농스	적시다
浓缩	[nóngsuō] 농쑤어	농축하다
农田	[nóngtián] 농티엔	농토, 농경지
农药	[nóngyào] 농야오	농약
农业	[nóngyè] 농예	농업
农作物	[nóngzuòwù] 농쭈어우	농작물
女儿	[nǚ'er] 뉘얼	딸
怒	[nù] 누	노하다, 성내다
暖房	[nuǎnfáng] 누안팡	난방(하다)

暖流	[nuǎnliú] 누안리우	난류
暖水瓶	[nuǎnshuǐpíng] 누안쉐이핑	보온병
女衬衣	[nǚchènyī] 뉘천이	블라우스
虐待	[nüèdài] 뉘에따이	학대
女高音	[nǚgāoyīn] 뉘까오인	소프라노
女角	[nǚjué] 뉘쥐에	여배우
努力	[nǔlì] 누리	노력하다
奴隶	[núlì] 누리	노예
女内衣	[nǚnèiyī] 뉘네이이	란제리
女人	[nǚrén] 뉘런	여인
女士	[nǚshì] 뉘스	여사
女袜	[nǚwà] 뉘와	스타킹
女王	[nǚwáng] 뉘왕	여왕
女神	[nǚshén] 뉘션	여신
女性	[nǚxìng] 뉘씽	여성
女婿	[nǚxù] 뉘쉬	사위
女子	[nǚzi] 뉘즈	여자
难弄	[nánnòng] 난농	까다롭다
耐力	[nàilì] 나이리	인내력
纳闷儿	[nàmènr] 나멀	의아하다

欧	[ōu] 어우	유럽
殴打	[ōudǎ] 어우다	구타(하다)
偶尔	[ǒuěr] 어우얼	가끔
呕气	[ǒuqì] 어우치	구역질, 메스껍다
偶然	[ǒurán] 어우란	우연하다
偶数	[ǒushù] 어우수	짝수
呕吐	[ǒutù] 어우투	구토(하다)
偶像	[ǒuxiàng] 어우시앙	우상

P

扒	[pá] 파	긁어모으다
爬	[pá] 파	기다
怕	[pà] 파	두려워하다, 무서워하다
爬虫	[páchóng] 파총	파충류
派	[pài] 파이	파견(하다)
牌	[pái] 파이	간판
派别	[pàibié] 파이비에	파벌
排斥	[páichì] 파이츠	따돌리다, 배척(하다)
排除	[páichú] 파이추	배제(하다)
派出所	[pàichūsuǒ] 파이추쑤어	파출소
排队	[páiduì] 파이뚜에이	줄서다
徘徊	[páihuái] 파이화이	배회하다
排挤	[páijǐ] 파이지	밀어내다
排列	[páiliè] 파이리에	배열하다, 늘어서다
排球	[páiqiú] 파이치우	배구
派生	[pàishēng] 파이셩	파생(하다)
派系	[pàixì] 파이시	계파

派销	[pàixiāo] 파이시아오	강매
排泄	[páixiè] 파이시에	배설, 배출(하다)
拍照	[pāizhào] 파이자오	사진찍다
拍子	[pāizi] 파이즈	박자
盘	[pán] 판	쟁반
判别	[pànbié] 판비에	판별(하다)
判定	[pàndìng] 판띵	판정(하다)
判断	[pànduàn] 판뚜안	판단
胖	[pàng] 팡	뚱뚱하다, 살찌다
旁	[páng] 팡	옆
庞大	[pángdà] 팡따	방대하다
彷徨	[pánghuáng] 팡후앙	방황(하다)
判决	[pànjué] 판쥐에	판결(하다)
判明	[pànmíng] 판밍	판명(하다)
叛逆	[pànnì] 판니	반역
叛徒	[pàntú] 판투	반역자
刨	[páo] 파오	빼내다(캐다)
泡	[pào] 파오	거품
跑	[pǎo] 파오	뛰다
跑步	[pǎobù] 파오뿌	달리다
炮弹	[pàodàn] 파오딴	폭탄
跑道	[pǎodào] 파오따오	활주로, 트랙
炮火	[pàohuǒ] 파오후어	포화
扒手	[páshǒu] 파셔우	소매치기
配偶	[pèi'ǒu] 페이어우	배우자

配	[pèi] 페이	배합(하다)
赔偿	[péicháng] 페이창	배상하다, 변상하다
佩带儿	[pèidàir] 페이딸	액세서리
配方	[pèifāng] 페이팡	조제처방
佩服	[pèifú] 페이푸	탄복(하다)
配给	[pèijǐ] 페이지	배급
配角儿	[pèijuér] 페이쥐얼	콤비
培养	[péiyáng] 페이양	배양(하다)
配音员	[pèiyīnyuán] 페이인위엔	성우
喷	[pēn] 펀	분출하다, 뿜어내다
盆地	[péndì] 펀띠	분지
碰伤	[pèngshāng] 펑샹	다치다
烹调	[pēngtiáo] 펑티아오	요리(하다)
朋友	[péngyou] 펑여우	친구
膨胀	[péngzhàng] 펑장	팽창(하다)
喷嚏	[pēntì] 펀티	재채기
喷雾器	[pēnwùqì] 펀우치	스프레이
劈	[pī] 피	쪼개다, 패다
屁	[pì] 피	방귀
皮	[pí] 피	살갗, 가죽
披	[pī] 피	걸치다(어깨)
蜱	[pí] 피	진드기
片	[piàn] 피엔	얇은 조각
偏	[piān] 피엔	치우치다
偏爱	[piānài] 피엔아이	편애

偏差	[piānchā] 피엔차	편차
偏见	[piānjiàn] 피엔지엔	편견
片面	[piànmiàn] 피엔미엔	편면
偏僻	[piānpi] 피엔피	외지다
偏食	[piānshí] 피엔스	편식
偏向	[piānxiàng] 피엔시앙	편향, 두둔하다
便宜	[piányi] 피엔이	싸다(가격)
偏重	[piānzhòng] 피엔중	편중(하다)
瓢	[piáo] 피아오	바가지
票	[piào] 피아오	표, 티켓
漂	[piāo] 피아오	표백하다
飘	[piāo] 피아오	펄럭이다
飘动	[piāodòng] 피아오뚱	나부끼다
漂浮	[piāofú] 피아오푸	뜨다
漂亮	[piàoliang] 피아오리앙	예쁘다
漂流	[piāoliú] 피아오리우	표류(하다)
剽窃	[piāoqiè] 피아오치에	표절
飘扬	[piāoyang] 피아오양	휘날리다
疲惫	[píbèi] 피뻬이	지치다
屁蹲儿	[pìdūnr] 피뚤	엉덩방아
瞥	[piē] 피에 힐끗	보다(힐끔)
批发	[pīfā] 피파	도매(하다)
皮肤	[pífū] 피푸	피부
屁股	[pìgu] 피구	엉덩이, 궁둥이
啤酒	[píjiǔ] 피지우	맥주

疲劳	[píláo] 피라오	피로하다, 스트레스
频	[pín] 핀	자꾸
品尝	[pǐncháng] 핀창	시식하다, 맛보다
频道	[píndào] 핀따오	채널
频繁	[pínfán] 핀판	빈번하다
贫富	[pínfù] 핀푸	빈부
平	[píng] 핑	평평하다
瓶	[píng] 핑	병(유리)
平安	[píngān] 핑안	평안(하다)
平等	[píngděng] 핑덩	평등(하다)
平地	[píngdì] 핑띠	평지
评定	[píngdìng] 핑띵	평정(하다)
平凡	[píngfán] 핑판	평범(하다)
平房	[píngfáng] 핑팡	단층
平方	[píngfāng] 핑팡	평방
苹果	[píngguǒ] 핑구어	사과
平衡	[pínghéng] 핑헝	평형, 균형
评价	[píngjià] 핑지아	평가(하다)
平局	[píngjú] 핑쥐	무승부
平均	[píngjūn] 핑쮠	평균, 균등하다
评论	[pínglùn] 핑룬	평론(하다)
平面	[píngmiàn] 핑미엔	평면
平民	[píngmín] 핑민	평민
平年	[píngnián] 핑니엔	평년
乒乓球	[pīngpāngqiú] 핑팡치우	핑퐁, 탁구공

瓶签	[píngqiān] 핑치엔	라벨
平日	[píngrì] 핑르	평일
瓶塞儿	[píngsāir] 핑쌀	병마개
平时	[píngshí] 핑스	평시, 상시
平坦	[píngtǎn] 핑탄	평탄(하다)
平稳	[píngwěn] 핑원	평온하다
平行	[píngxíng] 핑싱	평행, 대등하다
平野	[píngyě] 핑예	평야
平原	[píngyuán] 핑위엔	들, 평원
屏障	[píngzhàng] 핑장	칸막이
贫困	[pínkùn] 핀쿤	빈곤하다
频率	[pínlǜ] 핀뤼	주파수
品貌	[pǐnmào] 핀마오	용모
贫民	[pínmín] 핀민	빈민
拼命	[pīnmìng] 핀밍	필사적으로
贫穷	[pínqióng] 핀치옹	가난하다
品行	[pǐnxíng] 핀씽	품행
贫血	[pínxuè] 핀쉬에	빈혈
品质	[pǐnzhì] 핀즈	품질
品种	[pǐnzhǒng] 핀종	품목
批判	[pīpàn] 피판	비판
批评	[pīpíng] 피핑	비평(하다)
皮箱	[píxiāng] 피시앙	트렁크
批准	[pīzhǔn] 피준	비준(하다)
漂泊	[piāobó] 피아오보	유전(하다)

P

片面	[piànmiàn] 피엔미엔	일방적
破	[pò] 포	깨다, 깨뜨리다, 쳐부수다
坡	[pō] 포	비탈
泼	[pō] 포	끼얹다
破布	[pòbù] 포뿌	누더기
破产	[pòchǎn] 포찬	파산(하다)
破格	[pògé] 포거	파격(적이다)
迫害	[pòhài] 포하이	박해(하다)
破坏	[pòhuài] 포화이	파괴(하다)
破镜	[pòjìng] 포징	파경
破烂	[pòlàn] 포란	남루하다
魄力	[pòlì] 포리	박력
破裂	[pòliè] 포리에	깨지다, 파멸하다
婆婆	[pópo] 포포	시어머니
破灭	[pòxiè] 포미에	파멸(하다)
铺	[pū] 푸	깔다
普遍	[pǔbiàn] 푸삐엔	보편적이다
瀑布	[pùbù] 푸뿌	폭포
蒲公英	[púgōngyīng] 푸꽁잉	민들레
普及	[pǔjí] 푸지	보급(하다)
扑克	[pūkè] 푸커	포커
扑克牌	[pūkèpái] 푸커파이	트럼프
扑灭	[pūmiè] 푸미에	박멸하다
谱曲	[pǔqǔ] 푸취	작곡(하다)
仆人	[púrén] 푸런	하인

朴实	[pǔshí] 푸스	검소하다
朴素	[pǔsù] 푸쑤	소박하다
葡萄	[pútao] 푸타오	포도
葡萄干儿	[pútáogār] 푸타오까알	건포도
葡萄酒	[pútáojiǔ] 푸타오지우	와인
葡萄糖	[pútaotáng] 푸타오탕	포도당
普通	[pǔtōng] 푸통	보통이다
普通话	[pǔtōnghuà] 푸통화	표준어(중국어)
铺子	[pùzi] 푸즈	점포
爬	[pá] 파	기어가다(곤충이)

Q

器	[qì] 치	그릇
汽	[qì] 치	김(수증기)
砌	[qì] 치	쌓다(벽돌, 돌)
漆	[qī] 치	옻나무
七	[qī] 치	칠7
气	[qì] 치	기체, 냄새, 가스
鳍	[qí] 치	지느러미
齐	[qí] 치	질서정연하다
卡	[qiǎ] 치아	조르다
凄哀	[qīāi] 치아이	구슬프다
嵌	[qiàn] 치엔	새겨넣다
前	[qián] 치엔	앞
浅	[qiǎn] 치엔	얕다
钱	[qián] 치엔	돈
铅	[qiān] 치엔	납
钱包	[qiánbāo] 치엔빠오	돈지갑
前辈	[qiánbèi] 치엔뻬이	선배

铅笔	[qiānbǐ] 치엔비	연필
牵扯	[qiānchě] 치엔처	연루되다
前程	[qiánchéng] 치엔청	전도
恰当	[qiàdàng] 치아땅	알맞다
签定	[qiāndìng] 치엔띵	조인(하다)
前方	[qiánfāng] 치엔팡	앞쪽
潜伏	[qiánfú] 치엔푸	매복하다, 잠복하다
强	[qiáng] 치앙	강하다
枪	[qiāng] 치앙	총
枪毙	[qiāngbì] 치앙삐	총살(하다)
强大	[qiángdà] 치앙따	강대(하다)
强盗	[qiángdào] 치앙따오	강도(범죄)
强调	[qiángdiào] 치앙띠아오	강조(하다)
强度	[qiángdù] 치앙뚜	강도, 저항력
强化	[qiánghuà] 치앙화	강화(하다)
强奸	[qiángjiān] 치앙지엔	강간(하다)
强烈	[qiángliè] 치앙리에	강렬하다
强迫	[qiángpò] 치앙퍼	강박하다
强弱	[qiángruò] 치앙루어	강약
强盛	[qiángshèng] 치앙셩	강성하다
枪声	[qiāngshēng] 치앙셩	총성
强行	[qiángxíng] 치앙씽	강행(하다)
强硬	[qiángyìng] 치앙잉	강경하다
强者	[qiángzhě] 치앙저	강자
强制	[qiángzhì] 치앙즈	강제(하다)

Q

前后	[qiánhòu] 치엔허우	전후
前进	[qiánjìn] 치엔찐	전진(하다)
前景	[qiánjǐng] 치엔징	전경
潜力	[qiánlì] 치엔리	잠재력
前列	[qiánliè] 치엔리에	앞줄
签名	[qiānmíng] 치엔밍	서명(하다)
前年	[qiánnián] 치엔니엔	재작년
前期	[qiánqī] 치엔치	전기
歉然	[qiànrán] 치엔란	거리끼다
前人	[qiánrén] 치엔런	앞사람
歉收	[qiànshōu] 치엔셔우	흉작
前天	[qiántiān] 치엔티엔	그저께
前途	[qiántú] 치엔투	전도, 장래성
千万	[qiānwàn] 치엔완	제발
前线	[qiánxiàn] 치엔시엔	전선
谦虚	[qiānxū] 치엔쉬	겸허하다
谦逊	[qiānxùn] 치엔쉰	겸손(하다)
迁移	[qiānyí] 치엔이	전출
牵引	[qiānyǐn] 치엔인	끌어당기다
谴责	[qiǎnzé] 치엔저	견책하다, 규탄하다
欠债	[qiànzhài] 치엔자이	빚지다
签证	[qiānzhèng] 치엔정	비자
牵制	[qiānzhì] 치엔즈	견제(하다)
敲	[qiāo] 치아오	두드리다
桥	[qiáo] 치아오	다리(교량)

锹	[qiāo] 치아오	삽, 가래
憔悴	[qiáocuì] 치아오췌이	초췌하다
巧克力	[qiǎokèlì] 치아오커리	초콜릿
桥梁	[qiáoliáng] 치아오리앙	교량
敲门	[qiāomén] 치아오먼	노크(하다)
巧妙	[qiǎomiào] 치아오미아오	교묘하다
跷跷板	[qiāoqiāobǎn] 치아오치아오반	시소
乔装	[qiáozhuāng] 치아오주앙	가장(하다), 변장하다
凄惨	[qīcǎn] 치찬	처참하다
汽车	[qìchē] 치처	자동차
气喘	[qìchuǎn] 치추안	헐떡이다
汽船	[qìchuán] 치추안	기선(통통배)
起床	[qǐchuáng] 치추앙	기상하다
其次的	[qícìde] 치츠더	부차적인
器材	[qìcái] 치차이	기재(기자재)
起点	[qǐdiǎn] 치디엔	기점
祈祷	[qídǎo] 치다오	기도(하다)
期待	[qīdài] 치따이	기대하다
切	[qiē] 치에	썰다, 얇게베다
切断	[qiēduàn] 치에뚜안	절단(하다)
窃看	[qièkàn] 치에칸	엿보다
窃取	[qièqǔ] 치에취	절취(하다)
切实	[qièshí] 치에스	확실하다
窃听	[qiètīng] 치에팅	도청(하다), 엿듣다
茄子	[qiézi] 치에즈	가지(식물)

Q

启发	[qǐfā] 치파	계발
起飞	[qǐfēi] 치페이	이륙(하다)
气氛	[qìfēn] 치펀	기분, 분위기
气愤	[qìfèn] 치펀	분개(하다)
欺负	[qīfu] 치푸	얕보다
欺负	[qīfu] 치푸	업신여기다
乞丐	[qǐgài] 치까이	거지
气功	[qìgōng] 치공	기공
奇怪	[qíguài] 치꽈이	괴상하다
器官	[qìguān] 치관	기관
起航	[qǐháng] 치항	출항
漆黑	[qīhēi] 치헤이	캄캄하다, 칠흑같다
气候	[qìhòu] 치허우	기후
契机	[qìjī] 치지	계기(어떤)
奇迹	[qíjì] 치지	기적
其间	[qíjiān] 치지엔	기간
起劲	[qǐjìn] 치진	기운차다
器具	[qìjù] 치쥐	기구(공구)
起立	[qǐlì] 치리	기립
气力	[qìlì] 치리	기력
凄凉	[qīliáng] 치리앙	서글프다, 처량하다
气流	[qìliú] 치리우	기류
起来	[qǐlái] 치라이	일어나다
骑马	[qímǎ] 치마	승마
启蒙	[qǐméng] 치멍	계몽(하다)

奇妙	[qímiào] 치미아오	기묘하다
欺瞒	[qīmán] 치만	기만하다
勤	[qín] 친	근면하다, 부지런하다
亲	[qīn] 친	친하다
亲爱	[qīn'ài] 친아이	친애하다
亲笔	[qīnbǐ] 친비	친필
芹菜	[qíncài] 친차이	샐러리, 미나리
侵犯	[qīnfàn] 친판	침범(하다)
情	[qíng] 칭	정
倾	[qīng] 칭	기울다
晴	[qíng] 칭	맑은(날씨)
氢	[qīng] 칭	수소
清	[qīng] 칭	맑다
请	[qǐng] 칭	청하다, 초청하다
轻	[qīng] 칭	가볍다
情报	[qíngbào] 칭빠오	정보
青菜	[qīngcài] 칭차이	야채
清纯	[qīngchún] 칭춘	청순하다
青春	[qīngchūn] 칭춘	청춘
青春期	[qīngchūnqī] 칭춘치	사춘기
清单	[qīngdàn] 칭딴	담백하다
情调	[qíngdiào] 칭띠아오	무드
情感	[qínggǎn] 칭간	정감
青蛤	[qīnggé] 칭거	바지락
轻工业	[qīnggōngyè] 칭공예	경공업

请柬	[qǐngjiǎn] 칭지엔	청첩장
情结	[qíngjié] 칭지에	콤플렉스
情节	[qíngjié] 칭지에	줄거리
清洁	[qīngjié] 칭지에	청결하다
情景	[qíngjǐng] 칭징	정경
轻快	[qīngkuài] 칭콰이	경쾌
情况	[qíngkuàng] 칭쾅	정황, 형편
晴朗	[qínglǎng] 칭랑	쾌청하다
青年	[qīngnián] 칭니엔	청년
情人	[qíngrén] 칭런	연인
青色	[qīngsè] 칭써	청색
青伤	[qīngshāng] 칭상	멍, 푸른반점
轻视	[qīngshì] 칭스	경시(하다)
轻松	[qīngsōng] 칭쏭	수월하다, 홀가분하다
清算	[qīngsuàn] 칭쑤안	청산(하다)
请帖	[qǐngtiě] 칭티에	청첩
蜻蜓	[qīngtíng] 칭팅	잠자리
青蛙	[qīngwā] 칭와	청개구리
轻微	[qīngwēi] 칭웨이	경미하다
清晰	[qīngxī] 칭시	또렷하다
倾向	[qīngxiàng] 칭시앙	경향
倾销	[qīngxiāo] 칭시아오	덤핑
倾斜	[qīngxié] 칭시에	경사지다
清醒	[qīngxīng] 칭씽	정신차리다
情绪	[qíngxù] 칭쉬	정서

轻易	[qīngyì] 칭이	쉽사리, 좀처럼
情欲	[qíngyù] 칭위	정욕
青玉	[qīngyù] 칭위	사파이어
鲭鱼	[qīngyú] 칭위	고등어
庆祝	[qìngzhù] 칭주	경축(하다)
庆祝会	[qìngzhùhuì] 칭주훼이	축제
清早	[qīngzǎo] 칭자오	이른 아침
侵害	[qīnhài] 친하이	침해(하다)
勤俭	[qínjiǎn] 친지엔	근검(하다)
勤恳	[qínkěn] 친컨	근면성실하다
勤劳	[qínláo] 친라오	근로
侵略	[qīnlüè] 친뤼에	침략(하다)
亲密	[qīnmì] 친미	친밀하다
亲戚	[qīnqi] 친치	친척
亲切	[qīnqiè] 친치에	친절하다
亲热	[qīnrè] 친러	다정하다
侵入	[qīnrù] 친루	침입(하다)
沁润	[qìnrùn] 친룬	스며들다, 적시다
亲身	[qīnshēn] 친션	친히, 직접
亲手	[qīnshǒu] 친셔우	손수, 제 손으로
牵引	[qiānyǐn] 치엔인	견인(하다)
亲友	[qīnyǒu] 친여우	친우
亲自	[qīnzì] 친쯔	몸소, 자기 스스로
亲嘴	[qīnzuǐ] 친줴이	입맞춤
穷乏	[qióngfá] 치옹파	궁핍하다

穷骨头	[qiónggǔtou] 치옹구터우	빈털터리
穷小子	[qióngxiǎozi] 치옹시아오쯔	가난뱅이
气魄	[qìpò] 치퍼	패기, 기백
乞求	[qǐqiú] 치치우	구걸하다
气球	[qìqiú] 치치우	풍선, 기구(에드벌룸)
奇人	[qírén] 치런	괴짜
期日	[qīrì] 치르	기일
其实	[qíshí] 치스	실은, 실제로는
启事	[qǐshì] 치스	고시
启示	[qǐshì] 치스	계시(하다)
气势	[qìshì] 치스	기세
棋手	[qíshǒu] 치셔우	기수(깃발)
奇数	[qíshù] 치수	기수(수학)
汽水	[qìshuǐ] 치쉐이	사이다
起诉	[qǐsù] 치쑤	기소(하다)
气索	[qìsuǒ] 치쑤어	따분하다
奇特	[qítè] 치터	특출하다
气体	[qìtǐ] 치티	기체
企图	[qǐtú] 치투	꾀하다
球	[qiú] 치우	공
求	[qiú] 치우	구하다
丘	[qiū] 치우	언덕
囚	[qiú] 치우	가두다
鳅	[qiū] 치우	미꾸라지
秋波	[qiūbō] 치우보	추파

球场	[qiúchǎng] 치우창	축구장
秋刀鱼	[qiūdāoyú] 치우따오위	꽁치
求婚	[qiúhūn] 치우훈	구혼(하다)
丘陵	[qiūlíng] 치우링	구릉
球拍子	[qiúpāizi] 치우파이즈	라켓
秋收	[qiūshōu] 치우셔우	추수(하다)
秋天	[qiūtiān] 치우티엔	가을
期望	[qīwàng] 치왕	촉망
气温	[qìwēn] 치원	기온
气息	[qìxī] 치시	숨, 호흡
期限	[qīxiàn] 치시엔	기한
气象	[qìxiàng] 치시앙	기상(날씨)
气血	[qìxuè] 치쉬에	혈기
脐眼儿	[qíyǎnr] 치이엘	배꼽
企业	[qǐyè] 치예	기업
汽油	[qìyóu] 치여우	휘발유, 가솔린
其余	[qíyú] 치위	나머지, 여분
起源	[qǐyuán] 치위엔	기원
气压	[qìyā] 치야	기압
气质	[qìzhì] 치즈	기질
起重机	[qǐzhòngjī] 치종지	크레인
旗子	[qízi] 치즈	깃발
妻子	[qīzi] 치즈	아내, 처
瞧扁	[qiáobiǎn] 치아오빈	깔보다
去	[qù] 취	가다

泉	[quán] 취엔	샘
劝	[quàn] 취엔	권하다, 설득하다
全部	[quánbù] 취엔뿌	전체, 전부, 몽땅
全都	[quándōu] 취엔떠우	모조리
劝告	[quàngào] 취엔까오	권고
全国	[quánguó] 취엔구어	전국
全会	[quánhuì] 취엔훼이	총회
拳击	[quánjī] 취엔지	복싱
全集	[quánjí] 취엔지	전집
全歼	[quánjiān] 취엔지엔	전멸
全力	[quánlì] 취엔리	전력, 총력
权力	[quánlì] 취엔리	권력
权利	[quánlì] 취엔리	권리
全裸	[quánluǒ] 취엔루어	전라
全面	[quánmiàn] 취엔미엔	전면적이다
全盘	[quánpán] 취엔판	전반적이다
全然	[quánrán] 취엔란	전혀
全盛期	[quánshèngqī] 취엔성치	전성기
劝说	[quànshuō] 취엔슈어	설득하다
全体	[quántǐ] 취엔티	전체, 온몸
拳头	[quántou] 취엔터우	주먹, 권투
权威	[quánwēi] 취엔웨이	권위
犬牙	[quǎnyá] 취엔야	송곳니
权益	[quányì] 취엔이	권익
痊愈	[quányù] 취엔위	낫다, 완쾌되다

劝阻	[quànzǔ] 취엔주	단념시키다
区别	[qūbié] 취비에	구별
龋齿	[qǔchǐ] 취츠	충치
去处	[qùchù] 취추	행선지
渠道	[qúdào] 취따오	경로, 루트
取得	[qǔdé] 취더	취득(하다)
缺	[quē] 취에	모자라다
缺班	[quēbān] 취에반	결항(하다)
雀斑	[quèbān] 취에빤	주근깨
确保	[quèbǎo] 취에바오	확보(하다)
缺点	[quēdiǎn] 취에디엔	결점
确定	[quèdìng] 취에띵	확정(하다)
缺乏	[quēfá] 취에파	결핍하다
缺口	[quēkǒu] 취에커우	흠, 결점
确立	[quèlì] 취에리	확립(하다)
确切	[quèqiè] 취에치에	확실하다
缺勤	[quēqín] 취에친	결근(하다)
确认	[quèrèn] 취에런	확인(하다)
缺少	[quēshǎo] 취에샤오	결여(되다)
缺席	[quēxí] 취에시	결석(하다)
缺陷	[quēxiàn] 취에시엔	결함
确凿	[quèzáo] 취에자오	확고(하다)
区分	[qūfēn] 취펀	구분하다
屈服	[qūfu] 취푸	굴복(하다)
取活	[qǔhuó] 취후어	떠맡다

区间	[qūjiān] 취지엔	구간
取款	[qǔkuǎn] 취콴	인출
曲目	[qǔmù] 취무	곡목
群	[qún] 췬	무리
裙	[qún] 췬	치마
裙带菜	[qúndàicài] 췬따이차이	미역
群岛	[qúndǎo] 췬다오	군도
去年	[qùnián] 취니엔	작년
群众	[qúnzhòng] 췬쭁	군중
裙子	[qúnzi] 췬즈	스커트
屈辱	[qūrǔ] 취루	굴욕
去世	[qùshì] 취스	타계
趋势	[qūshì] 취스	추세
驱使	[qūshǐ] 취스	혹사
取条儿	[qǔtiáor] 취티아올	청구서
曲线	[qūxiàn] 취시엔	곡선, 커브
取消	[qǔxiāo] 취시아오	취소(하다)
区域	[qūyù] 취위	구역
曲折	[qūzhé] 취저	구불구불하다, 삐뚤어지다
屈折	[qūzhé] 취저	굴절
驱逐	[qūzhú] 취주	몰아내다
曲子	[qǔzi] 취즈	곡(음악)
权威	[quánwēi] 취엔웨이	위세

R

染	[rǎn] 란	물들이다
让步	[ràngbù] 랑뿌	양보(하다)
然后	[ránhòu] 란허우	다음에
燃料	[ránliào] 란리아오	연료
染料	[rǎnliào] 란리아오	염료
染色	[rǎnsè] 란써	염색(하다)
燃烧	[ránshāo] 란샤오	불타다, 연소, 타오르다
绕	[rào] 라오	휘감다
饶	[ráo] 라오	용서하다
绕得	[ràode] 라오더	농락하다
饶益	[ráoyì] 라오이	남아돌다
惹	[rě] 러	야기하다
热	[rè] 러	덥다, 뜨겁다
热爱	[rè'ài] 러아이	열애(하다)
热带	[rèdài] 러따이	열대
热量	[rèliàng] 러리앙	열량
热烈	[rèliè] 러리에	열광적이다

热烈地	[rèliède] 러리에더	열렬히
忍	[rěn] 런	견디다
热闹	[rènao] 러나오	활기넘치다
仁慈	[réncí] 런츠	인자하다
人才	[réncái] 런차이	인재
认定	[rèndìng] 런띵	인정(하다)
人道主义	[réndàozhǔyì] 런따오주이	인도주의
扔	[rēng] 렁	내던지다
人格	[réngé] 런거	인격
仍旧	[réngjiù] 렁지우	변함없다, 아직도
人工	[réngōng] 런꽁	인공
任何	[rènhé] 런허	어떠한
人家	[rénjiā] 런지아	가정
人间	[rénjiān] 런지엔	인간
认可	[rènkě] 런커	인가(하다)
人口	[rénkǒu] 런커우	인구
人类	[rénlèi] 런레이	인류
人力	[rénlì] 런리	인력
人们	[rénmen] 런먼	사람들
人民	[rénmín] 런민	인민
人民币	[rénmínbì] 런민삐	인민폐
任命	[rènmìng] 런밍	임명(하다)
忍耐	[rěnnài] 런나이	인내(하다)
人情	[rénqíng] 런칭	인정
人权	[rénquán] 런취엔	인권

刃儿	[rènr] 럴	날(칼)
人身	[rénshēn] 런션	인신, 신체
人参	[rénshēn] 런션	인삼
人生	[rénshēng] 런성	인생, 음성
认生	[rènshēng] 런성	낯가림하다
人事	[rénshì] 런스	인사, 사람의 일
人士	[rénshì] 런스	인사
人体	[réntǐ] 런티	인체
人体模型	[réntǐmóxíng] 런티모싱	마네킹
人为	[rénwéi] 런웨이	인위적인
人物	[rénwù] 런우	인물
任务	[rènwù] 런우	임무
忍心	[rěnxīn] 런신	차마
人心	[rénxīn] 런씬	인심
人性	[rénxìng] 런씽	인성
任性	[rènxìng] 런씽	제멋대로
任意	[rènyì] 런이	임의대로
任用	[rènyòng] 런용	임용(하다)
人缘儿	[rényuánr] 런위엘	붙임성
人员	[rényuán] 런위엔	인원
人质	[rénzhì] 런즈	인질
人种	[rénzhǒng] 런종	인종
人造	[rénzào] 런짜오	인공적인
热情	[rèqíng] 러칭	열정, 정열
认识	[rèshi] 런스	인식(하다)

日	[rì] 르	날
日本	[rìběn] 르번	일본
日本人	[rìběnrén] 르번런	일본인
日报	[rìbào] 르빠오	일보
日程	[rìchéng] 르청	일정, 스케줄
日常	[rìcháng] 르창	일상
日光灯	[rìguāngdēng] 르꽝떵	형광등
日光	[rìguāng] 르꽝	일광
日课	[rìkè] 르커	일과
日没	[rìmò] 르모	일몰
日暮	[rìmù] 르무	저물다
容积	[róngjī] 룽지	용적, 부피
日期	[rìqī] 르치	일기
日夜	[rìyè] 르예	밤낮
日益	[rìyì] 르이	나날이
日用	[rìyòng] 르용	일용
日用品	[rìyòngpǐn] 르용핀	일용품
日语	[rìyǔ] 르위	일본어
日子	[rìzi] 르즈	날짜
溶	[róng] 룽	녹다
熔	[róng] 룽	녹이다
容	[róng] 룽	수용(하다)
绒发	[róngfà] 룽파	곱슬머리
熔锅	[róngguō] 룽꾸어	도가니
融合	[rónghé] 룽허	융합(하다)

溶化	[rónghuà] 롱화	용해되다
容量	[róngliàng] 롱리앙	용량
容纳	[róngnà] 롱나	용납(하다)
容器	[róngqì] 롱치	용기
融通	[róngtōng] 롱통	융통(하다)
绒毯	[róngtǎn] 롱탄	융단
溶液	[róngyè] 롱예	용액
容易	[róngyì] 롱이	쉽다
荣誉感	[róngyùgǎn] 롱위간	긍지
融资	[róngzī] 롱즈	융자
揉	[róu] 러우	비비다
肉	[ròu] 러우	고기, 살
柔软	[róuruǎn] 러우루안	유연하다, 부드럽다
肉体	[ròutǐ] 러우티	육체
肉眼	[ròuyǎn] 러우이엔	육안
乳	[rǔ] 루	젖
软	[ruǎn] 루안	여리다
软管	[ruǎnguǎn] 루안관	호스
软件	[ruǎnjiàn] 루안지엔	소프트웨어
软弱	[ruǎnruò] 루안루어	연약하다
软线	[ruǎnxiàn] 루안시엔	코드
蠕动	[rúdòng] 루똥	꿈틀거리다
乳房	[rǔfáng] 루팡	유방
如果	[rúguǒ] 루구어	만약
入港	[rùgǎng] 루강	입항

如何	[rúhé] 루허	어떻게(하면)
锐利	[ruìlì] 뤠이리	예리(하다)
瑞雪	[ruìxuě] 루이쉬에	서설
如今	[rújīn] 루진	오늘날
入境	[rùjìng] 루징	입국, 입주하다
儒教	[rújiào] 루지아오	유교
入口	[rùkǒu] 루커우	입구
入库	[rùkù] 루쿠	입고(하다)
入门	[rùmén] 루먼	입문
润年	[rùnnián] 룬니엔	윤년
弱	[ruò] 루어	약하다
弱点	[ruòdiǎn] 루어디엔	약점
儒生	[rúshēng] 루성	선비
入手	[rùshǒu] 루셔우	착수(하다)
入学	[rùxué] 루쉬에	입학(하다)
绕	[rào] 라오	우회하다

S

塞	[sāi] 싸이	밀어넣다
腮	[sāi] 싸이	볼, 뺨
鳃	[sāi] 싸이	아가미
赛马	[sàimǎ] 싸이마	경마
赛跑	[sàipǎo] 싸이파오	경주
塞子	[sāizi] 싸이즈	마개
散	[sàn] 싼	분산(하다)
散	[sàn] 싼	흩어지다
三	[sān] 싼	삼, 3
散步	[sànbù] 싼뿌	산책(하다)
散布	[sànbù] 싼뿌	퍼뜨리다
散发	[sànfā] 싼파	발산(하다)
丧失	[sàngshī] 쌍스	상실(하다)
桑树	[sāngshù] 쌍수	뽕나무
嗓子	[sǎngzi] 쌍즈	목(구멍)
三角	[sānjiǎo] 싼지아오	삼각, 세모
三明治	[sānmíngzhi] 싼밍즈	샌드위치

散文	[sǎnwén] 싼원	산문
三叶草	[sānyècǎo] 싼예차오	클로버
扫	[sǎo] 싸오	쓸다
扫除	[sǎochú] 싸오추	퇴치(하다)
骚动	[sāodòng] 싸오똥	소동
搔爬	[sāopá] 싸오파	긁다
嫂子	[sǎozi] 싸오즈	형수
撒野	[sāyě] 싸예	행패
涩	[sè] 써	떫다(맛이)
色彩	[sècǎi] 써차이	색채, 채색하다
色盲	[sèmáng] 써망	색맹
僧侣	[sēnglǚ] 쎙뤼	승려
森林	[sēnlín] 썬린	삼림
色相	[sèxiàng] 써시앙	색상
傻	[shǎ] 샤	어리석다, 멍청하다
杀	[shā] 샤	죽이다
纱	[shā] 샤	뜨개실
沙发	[shāfā] 샤파	소파
杀害	[shāhài] 샤하이	살해(하다)
晒	[shài] 샤이	내리쬐다
色子	[shǎizi] 샤이즈	주사위
筛子	[shāizi] 샤이즈	체
沙拉子	[shālāzi] 샤라즈	샐러드
沙漠	[shāmò] 샤모	사막
善恶	[shàn'è] 샨어	선악

山	[shān] 샨	산
删	[shān] 샨	삭제(하다)
蟮	[shàn] 샨	지렁이
闪	[shǎn] 샨	번쩍이다, 번뜩이다
闪电	[shǎndiàn] 샨띠엔	번개
上	[shàng] 샹	오르다
上班	[shàngbān] 샹빤	출근(하다)
上班族	[shàngbānzú] 샹빤주	샐러리맨
商标	[shāngbiāo] 샹비아오	상표
上层	[shàngcéng] 샹청	상층
上当	[shàngdàng] 샹땅	속다
上等	[shàngděng] 샹덩	최상의
上帝	[shàngdì] 샹띠	상제(하느님)
商店	[shāngdiàn] 샹띠엔	상점
伤害	[shānghài] 샹하이	상해(하다)
伤痕	[shānghén] 샹헌	흉터
上级	[shàngjí] 샹지	상급
商街	[shāngjiē] 샹지에	상가
上进	[shàngjìn] 샹찐	나아가다
赏金	[shǎngjīn] 샹진	상금
上空	[shàngkōng] 샹콩	상공
商量	[shāngliang] 샹리앙	상의(하다)
山沟	[shāngōu] 샨꺼우	산골
商品	[shāngpǐn] 샹핀	상품
上去	[shàngqù] 샹취	올라가다

商人	[shāngrén] 샹런	상인
上任	[shàngrèn] 샹런	취임(하다)
上升	[shàngshēng] 샹셩	상승(하다)
上述	[shàngshù] 샹수	상술
上诉	[shàngsù] 샹쑤	상소(하다)
商谈	[shāngtán] 샹탄	상담(하다)
商讨	[shāngtǎo] 샹타오	토의(하다)
上头	[shàngtou] 샹터우	상사
闪光灯	[shǎnguāngdēng] 샨꽝떵	플래시
上午	[shàngwǔ] 샹우	오전
上下	[shàngxià] 샹시아	상하
伤心	[shāngxīn] 샹신	슬퍼하다
上旬	[shàngxún] 샹쉰	상순
商业	[shāngyè] 샹예	상업
上游	[shàngyóu] 샹여우	상류
伤员	[shāngyuán] 샹위엔	부상자
山河	[shānhé] 샨허	산하
珊瑚	[shānhú] 샨후	산호초
山脊	[shānjǐ] 샨지	산마루
山脚	[shānjiǎo] 샨지아오	산기슭
善良	[shànliáng] 샨리앙	착하다, 선량하다
山岭	[shānlǐng] 샨링	산봉우리
山脉	[shānmài] 샨마이	산맥
山水	[shānshuǐ] 샨쉐이	산수(산과 물)
闪烁	[shǎnshuò] 샨슈어	반짝이다

山头	[shāntóu] 샨터우	산꼭대기
山羊	[shānyáng] 샨양	염소
山腰	[shānyāo] 샨야오	산중턱
山岳	[shānyuè] 샨위에	산악
山猪	[shānzhū] 샨주	멧돼지
山庄	[shānzhuāng] 샨주앙	산장
扇子	[shànzi] 샨즈	부채
少	[shǎo] 샤오	적다
烧	[shāo] 샤오	태우다
哨兵	[shàobīng] 샤오빙	초병
少量	[shǎoliàng] 샤오리앙	소량
少年	[shàonián] 샤오니엔	소년
少女	[shàonǚ] 샤오뉘	소녀
勺子	[sháozi] 샤오즈	숟가락, 국자
哨子	[shàozi] 샤오즈	호루라기
杀人	[shārén] 샤런	살인
沙司	[shāsī] 샤쓰	소스
沙滩	[shātān] 샤탄	백사장
沙土	[shātǔ] 샤투	모래흙
傻小子	[shǎxiǎozi] 샤시아오즈	얼간이
山音儿	[shāyīnr] 샨일	산울림
鲨鱼	[shāyú] 샤위	상어
沙子	[shāzi] 샤즈	모래
傻子	[shǎzi] 샤즈	멍청이, 저능아
社	[shè] 셔	공동체

蛇	[shé] 셔	뱀
射	[shè] 셔	쏘다(활,총)
折	[shé] 셔	부러지다
舍不得	[shěbudé] 셔부더	아까워하다, 서운하다
奢侈	[shēchǐ] 셔츠	사치스럽다
设定	[shèdìng] 셔띵	설정
社会	[shèhuì] 셔훼이	사회
社会主义	[shěhuìzhǔyi] 셔훼이주이	사회주의
射击	[shèjī] 셔지	사격(하다)
涉及	[shèjí] 셔지	언급되다
设计	[shèjì] 셔지	설계하다, 디자인
社交	[shèjiāo] 셔지아오	사교
设立	[shèlì] 셔리	설립(하다)
社论	[shèlùn] 셔룬	사설
神	[shén] 션	신, 신비롭다
深	[shēn] 션	깊다
深奥	[shēnào] 션아오	심오하다
身边	[shēnbiān] 션비엔	신변
身材	[shēncái] 션차이	체격, 몸집
审查	[shěnchá] 션차	심사(하다)
伸出	[shēnchū] 션추	내밀다
深度	[shēndù] 션뚜	깊이, 심도
甚而	[shèner] 션얼	심지어
身份	[shēnfen] 션펀	신분
生	[shēng] 셩	낳다, 출산하다

升	[shēng] 성	뜨다, 승진시키다
生产	[shēngchǎn] 성찬	생산
生产力	[shēngchǎnlì] 성찬리	생산력
生产率	[shēngchǎnlǜ] 성찬뤼	생산율
生词	[shēngcí] 성츠	새단어
生存	[shēngcún] 성춘	생존(하다)
盛大	[shèngdà] 성따	성대하다
圣诞节	[shèngdànjié] 성딴지에	성탄절
圣地	[shèngdì] 성띠	성역
声调	[shēngdiào] 성띠아오	성조
生动	[shēngdòng] 성똥	생동하다
升格	[shēnggé] 성거	승격(하다), 상승하다
生活	[shēnghuó] 성후어	생활
生计	[shēngjì] 성지	생계
升级	[shēngjí] 성지	진급(하다)
生姜	[shēngjiāng] 성지앙	생강
升降机	[shēngjiàngjī] 성지양지	리프트
圣经	[shèngjīng] 성징	성서(경)
盛开	[shèngkāi] 성카이	활짝피다
牲口	[shēngkou] 성커우	짐승
生理	[shēnglǐ] 성리	생리
胜利	[shènglì] 성리	승리(하다)
省略	[shěnglüè] 성뤼에	생략하다
生命	[shēngmìng] 성밍	생명, 목숨
声明	[shēngmíng] 성밍	성명(발표)

生命力	[shēngmìnglì] 성밍리	생명력
生气	[shēngqì] 성치	화내다
生前	[shēngqián] 성치엔	생전
生人	[shēngrén] 성런	낯선 사람
生日	[shēngrì] 성르	생일
生疏	[shēngshū] 성수	생소하다
生死	[shēngsǐ] 성쓰	생사
胜算	[shèngsuàn] 성쑤안	승산
绳索	[shéngsuǒ] 성쑤어	밧줄
生态	[shēngtài] 성타이	생태
生物	[shēngwù] 성우	생물
盛行	[shèngxíng] 성씽	성행(하다)
生锈	[shēngxiù] 성시우	녹슬다
升学	[shēngxué] 성쉬에	진학(하다)
生涯	[shēngyá] 성야	생애
生厌	[shēngyàn] 성이엔	싫증나다
生意	[shēngyì] 성이	장사
声音	[shēngyīn] 성인	목소리, 소리
生育	[shēngyù] 성위	생육(하다)
剩余	[shèngyú] 성위	잉여, 남다
声乐	[shēngyuè] 성위에	성악
生鱼片儿	[shēngyúpiànr] 성위피알	생선회
生长	[shēngzhǎng] 성장	생장(하다)
生殖	[shēngzhí] 성즈	생식
绳子	[shéngzi] 성즈	끈, 줄

神话	[shénhuà] 션화	신화
深化	[shēnhuà] 션화	심화하다
深呼吸	[shēnhūxī] 션후시	심호흡
神经	[shénjīng] 션징	신경
深刻	[shēnkè] 션커	심각하다
审理	[shěnlǐ] 션리	심리(하다)
什么	[shénme] 션머	무엇
神秘	[shénmì] 션미	신비하다, 미스터리
审判	[shěnpàn] 션판	심판(하다)
身旁	[shēnpáng] 션팡	측근
审判员	[shěnpànyuán] 션판위엔	판사
神气	[shénqi] 션치	뽐내다
申请	[shēnqǐng] 션칭	신청(하다)
神奇	[shénqí] 션치	신기하다
深入	[shēnrù] 션루	파고들다
神色	[shénsè] 션써	기색
神圣	[shénshèng] 션성	신성하다, 성스럽다
绅士	[shēnshì] 션스	신사
身体	[shēntǐ] 션티	신체, 몸
渗透	[shèntòu] 션터우	침투(하다)
神仙	[shénxiān] 션시엔	신선
审讯	[shěnxùn] 션쉰	심문(하다)
肾炎	[shènyán] 션이엔	신장염
深夜	[shēnyè] 션예	심야, 밤중
审议	[shěnyì] 션이	심의(하다)

呻吟	[shēnyín] 션인	신음하다
伸展	[shēnzhǎn] 션잔	넓히다, 뻗다
慎重	[shènzhòng] 션중	신중하다
婶子	[shěnzi] 션즈	숙모
摄取	[shèqǔ] 셔취	섭취(하다)
摄氏	[shèshì] 셔스	섭씨
设施	[shèshī] 셔스	시설, 설비
舌头	[shétou] 셔터우	혀
涉外	[shèwài] 셔와이	섭외
设想	[shèxiǎng] 셔시앙	착상
摄影	[shèyǐng] 셔잉	촬영(하다)
摄影棚	[shèyǐngpéng] 셔잉펑	스튜디오
社员	[shèyuán] 셔위엔	사원
设置	[shèzhì] 셔즈	설치(하다)
射中	[shèzhòng] 셔종	명중
使	[shǐ] 스	시키다
事	[shì] 스	일, 용건
拾	[shí] 스	줍다
矢	[shī] 스	잃다
十	[shí] 스	십, 10
实	[shí] 스	사실의
师	[shī] 스	스승
湿	[shī] 스	젖다, 습하다
试	[shì] 스	시험(하다)
诗	[shī] 스	시(시가)

失败	[shībài] 스빠이	실패
失败者	[shībàizhě] 스빠이저	패자
事变	[shìbiàn] 스삐엔	사변
识别	[shíbié] 스비에	식별(하다)
士兵	[shìbīng] 스삥	사병
视察	[shìchá] 스차	시찰(하다)
市场	[shìchǎng] 스창	시장
始初	[shǐchū] 스추	처음
世代	[shìdài] 스따이	세대
时代	[shídài] 스따이	시대
适当	[shìdàng] 스땅	적당히
失掉	[shīdiào] 스띠아오	놓치다
制订	[shìdìng] 즈띵	창안
湿度	[shīdù] 스뚜	습도
至多	[shìduō] 즈뚜어	최대한
时而	[shíér] 스얼	이따금
示范	[shìfàn] 스판	시범(하다)
师范	[shīfàn] 스판	사범
释放	[shìfàng] 스팡	석방(하다)
是非	[shìfēi] 스페이	시비
十分	[shífēn] 스펀	매우
时分	[shífèn] 스펀	무렵
制服	[shìfú] 즈푸	유니폼
师傅	[shīfu] 스푸	사부
诗歌	[shīgē] 스꺼	시가(도심)

施工	[shīgōng] 스꽁	시공(하다)
事故	[shìgù] 스꾸	사고
石膏	[shígāo] 스까오	깁스
适合	[shìhé] 스허	적합하다
侍候	[shìhòu] 스허우	보살피다
实话	[shíhuà] 스화	바른말
石灰	[shíhuī] 스훼이	석회
事迹	[shìjì] 스지	사적
世纪	[shìjì] 스지	세기
实绩	[shíjì] 스지	실적
实际	[shíjì] 스지	실제
时机	[shíjī] 스지	타이밍
事件	[shìjiàn] 스지엔	사건, 해프닝
实践	[shíjiàn] 스지엔	실천(하다)
时间	[shíjiān] 스지엔	시간
指甲钳	[shǐjiaqián] 즈지아치엔	손톱깎이
使节	[shǐjié] 스지에	사절
世界	[shìjiè] 스지에	세계
时节	[shíjié] 스지에	시절
世界杯赛	[shìjièbēisài] 스지에뻬이이싸이	월드컵
世界观	[shìjièguān] 스지에관	세계관
史剧	[shǐjù] 스쥐	사극
试卷	[shìjuàn] 스쥐엔	시험지
视觉	[shìjué] 스쥐에	시각
实况	[shíkuàng] 스쾅	실황

事例	[shìlì] 스리	사례
失礼	[shīlǐ] 스리	실례
势力	[shìlì] 스리	세력
实力	[shílì] 스리	실력
视力	[shìlì] 스리	시력
试炼	[shìliàn] 스리엔	시련
史料	[shǐliào] 스리아오	사료(역사)
食料品	[shíliàopǐn] 스리아오핀	식료품
矢眠	[shīmián] 스미엔	잠, 수면
矢眠症	[shīmiánzhèng] 스미엔정	불면증
市民	[shìmín] 스민	시민
使命	[shǐmìng] 스밍	사명
矢明	[shīmíng] 스밍	실명(하다)
师母	[shīmǔ] 스무	사모님
市内	[shìnèi] 스네이	시내
室内装饰	[shìnèizhuāngshì] 스네이주앙스	인테리어
食品	[shípǐn] 스핀	식품
士气	[shìqì] 스치	사기
时期	[shíqī] 스치	시기
事情	[shìqíng] 스칭	사정
失去	[shīqù] 스취	잃어버리다
十全十美	[shíquánshíměi] 스취엔스메이	완벽하다
使取得	[shǐqǔdé] 스취더	올리다
诗人	[shīrén] 스런	시인
湿濡	[shīrú] 스루	눅눅하다

世上	[shìshàng] 스상	세상
事实	[shìshí] 스스	사실
逝世	[shìshì] 스스	서거(하다)
实施	[shíshī] 스스	실시(하다)
时事	[shíshì] 스스	시사
实事求是	[shíshìqiúshì] 스스치우스	실사구시
世俗	[shìsú] 스쑤	세속
时速	[shísù] 스쑤	시속
事态	[shìtài] 스타이	사태, 세태
使躺下	[shǐtǎngxià] 스탕시아	눕히다
尸体	[shītǐ] 스티	사체(시체)
实体	[shítǐ] 스티	실체
试听	[shìtīng] 스팅	오디션
石头	[shítou] 스터우	돌
试图	[shìtú] 스투	시도(하다)
失望	[shīwàng] 스왕	낙담하다
失望	[shīwàng] 스왕	실망하다
示威	[shìwēi] 스웨이	과시(하다)
示威	[shìwēi] 스웨이	시위(하다)
事物	[shìwù] 스우	일, 사물, 비즈니스
食物	[shíwù] 스우	음식물
失误	[shīwù] 스우	실수하다
失误	[shīwù] 스우	허물
实物	[shíwù] 스우	실물
食物中毒	[shíwùzhòngdú] 스우중두	식중독

实习	[shíxí] 스시	실습(하다)
事先	[shìxiān] 스시엔	사전에
实现	[shíxiàn] 스시엔	실현(하다)
视线	[shìxiàn] 스시엔	시선
事项	[shìxiàng] 스시앙	사항
石蟹	[shíxiè] 스시에	가재
施行	[shīxíng] 스싱	시행하다, 행하다
实行	[shíxíng] 스싱	실행(하다)
失言	[shīyán] 스이엔	실언
实验	[shíyàn] 스이엔	실험
试验	[shìyàn] 스이엔	시험
式样	[shìyang] 스양	양식(서식)
事业	[shìyè] 스예	사업
失业	[shīyè] 스예	실업
视野	[shìyě] 스예	시야
适宜	[shìyí] 스이	적당하다, 적절하다
适应	[shìyìng] 스잉	적응(하다)
试映会	[shìyìnghuì] 스잉훼이	시사회
示意图	[shìyìtú] 스이투	설명도
适用	[shìyòng] 스용	적용(하다)
使用	[shǐyòng] 스용	사용(하다)
食用	[shíyòng] 스용	식용(하다)
实用	[shíyòng] 스용	실용적인
石油	[shíyóu] 스여우	석유
食欲	[shíyù] 스위	식욕

矢约	[shīyuē] 스위에	위약하다
使增加	[shǐzēngjiā] 스쩡지아	늘리다
施展	[shīzhǎn] 스잔	펼치다
市长	[shìzhǎng] 스장	시장
师长	[shīzhǎng] 스장	사장
实质	[shízhì] 스즈	실질
始终	[shǐzhōng] 스중	시종
时装	[shízhuāng] 스주앙	패션
时装	[shízhuāng] 스주앙	유행복
石子	[shízi] 스즈	돌멩이
柿子	[shìzi] 스즈	감
狮子	[shīzi] 스즈	사자
十字架	[shízìjià] 스쯔지아	십자가
十字路口	[shízìlùkǒu] 스쯔루커우	사거리
失踪	[shīzōng] 스종	실종
收	[shōu] 셔우	받다, 거두다
手	[shǒu] 셔우	손
瘦	[shòu] 셔우	여위다
收	[shōu] 셔우	영수(하다)
受	[shòu] 셔우	입다
手背	[shǒubèi] 셔우뻬이	손등
手表	[shǒubiǎo] 셔우비아오	손목시계
手柄	[shǒubǐng] 셔우빙	핸들
收成	[shōuchéng] 셔우청	수확(하다)
首创	[shǒuchuàng] 셔우추앙	창시(하다)

手电筒	[shǒudiàntǒng] 셔우띠엔통	손전등
首都	[shǒudū] 셔우두	수도
手段	[shǒuduàn] 셔우뚜안	수단
手法	[shǒufǎ] 셔우파	수법
收费	[shōufèi] 셔우페이	유료
收复	[shōufù] 셔우푸	회복하다, 되찾다
手工	[shǒugōng] 셔우꽁	수공
收购	[shōugòu] 셔우꺼우	구입(하다)
手机	[shǒujī] 셔우지	핸드폰, 휴대전화
收集	[shōují] 셔우지	수집(하다)
收件人	[shōujiànrén] 셔우지엔런	수취인
手巾	[shǒujīn] 셔우진	수건
手巾把儿	[shǒujīnbǎr] 셔우진발	물수건
受惊	[shòujīng] 셔우징	기겁하다
手绢	[shǒujuàn] 셔우쥐엔	손수건
首肯	[shǒukěn] 셔우컨	수긍(하다)
狩猎	[shòuliè] 셔우리에	수렵
首领	[shǒulǐng] 셔우링	영수
手榴弹	[shǒuliúdàn] 셔우리우딴	수류탄
寿命	[shòumìng] 셔우밍	수명
受难	[shòunàn] 셔우난	수난
首脑	[shǒunǎo] 셔우나오	수뇌
手枪	[shǒuqiāng] 셔우치앙	권총
收入	[shōurù] 셔우루	수입
受伤	[shòushāng] 셔우상	상처입다

收拾	[shōushi] 셔우스	수습하다, 치우다
手势	[shǒushì] 셔우스	손짓, 제스처
手术	[shǒushù] 셔우수	수술
收缩	[shōusuō] 셔우쑤어	축소하다, 수축하다
手套	[shǒutào] 셔우타오	장갑
手套儿	[shǒutàor] 셔우타올	글러브
手提包	[shǒutíbāo] 셔우티빠오	핸드백
手推车	[shǒutuīchē] 셔우퉤이처	리어카
手腕	[shǒuwàn] 셔우완	팔목
守望	[shǒuwàng] 셔우왕	망보다
手腕儿	[shǒuwànr] 셔우왈	수완
手腕子	[shǒuwànzi] 셔우완즈	손목
收尾	[shōuwěi] 셔우웨이	마무리
守卫	[shǒuwèi] 셔우웨이	수위
首相	[shǒuxiàng] 셔우시앙	수상
收信人	[shōuxìnrén] 셔우신런	수신인
手续	[shǒuxù] 셔우쉬	수속
首要	[shǒuyào] 셔우야오	주요한
收益	[shōuyì] 셔우이	수익
手艺	[shǒuyì] 셔우이	솜씨
手艺	[shǒuyì] 셔우이	수예
收音机	[shōuyīnjī] 셔우인지	라디오
授予	[shòuyǔ] 셔우위	수여(하다)
首要	[shǒuyào] 셔우야오	으뜸의
手指	[shǒuzhǐ] 셔우즈	손가락

收支	[shōuzhī] 셔우즈	수지
手纸	[shǒuzhǐ] 셔우즈	휴지(화장실용)
手镯	[shǒuzhuó] 셔우주어	팔찌
梳	[shū] 수	빗다
束	[shù] 수	묶음, 다발
熟	[shú] 수	익다, 숙성하다, 익히다
书	[shū] 수	책
属	[shǔ] 수	분류
数	[shǔ] 수	세다
树	[shù] 수	수목, 나무
竖	[shù] 수	세로의
输	[shū] 수	나르다
刷	[shuā] 수아	브러시
甩	[shuǎi] 수아이	팽개치다
摔倒	[shuāidǎo] 수아이다오	넘어지다
摔跤	[shuāijiāo] 수아이지아오	레슬링
率领	[shuàilǐng] 수아이링	거느리다
衰弱	[shuāiruò] 수아이루어	쇠약하다
衰退	[shuāituì] 수아이퉤이	쇠퇴하다
衰颓	[shuāituí] 수아이퉤이	퇴폐
涮	[shuàn] 수안	헹구다
霜	[shuāng] 수앙	서리(결정체)
双	[shuāng] 수앙	켤레
双方	[shuāngfāng] 수앙팡	쌍방
爽快	[shuǎngkuài] 수앙콰이	상쾌(하다)

S

双胎儿	[shuāngtāir] 수앙탈	쌍둥이
双眼皮儿	[shuāngyǎnpír] 수앙이엔필	쌍꺼풀
双职工	[shuāngzhígōng] 수앙즈꽁	맞벌이
刷帚	[shuāzhǒu] 수아저우	수세미
刷子	[shuāzi] 수아즈	솔
书包	[shūbāo] 수빠오	책가방
蔬菜	[shūcài] 수차이	채소
输出	[shūchū] 수추	수출(하다)
树丛	[shùcóng] 수총	숲
树袋熊	[shùdàixióng] 수따이시웅	코알라
书店	[shūdiàn] 수띠엔	서점
数额	[shùé] 수어	액수
书法	[shūfǎ] 수파	서예, 서법
舒服	[shūfu] 수푸	편하다
束缚	[shùfù] 수푸	얽어매다, 속박하다
树干	[shùgàn] 수깐	나무줄기
疏忽	[shūhu] 수후	경솔하다
水	[shuǐ] 쉐이	물
税	[shuì] 쉐이	세금
谁	[shuí] 쉐이	누구
水坝	[shuǐbà] 쉐이빠	댐
水彩画	[shuǐcǎihuà] 쉐이차이화	수채화
水产	[shuǐchǎn] 쉐이찬	수산물
水点	[shuǐdiǎn] 쉐이디엔	물방울
水貂	[shuǐdiāo] 쉐이띠아오	밍크

水分	[shuǐfèn] 쉐이펀	수분
水沟	[shuǐgōu] 쉐이꺼우	배수구, 하수구
水果	[shuǐguǒ] 쉐이구어	과일
水浆	[shuǐjiāng] 쉐이지앙	국물
睡觉	[shuìjiào] 쉐이지아오	잠자다
水饺	[shuǐjiǎo] 쉐이지아오	물만두
睡觉	[shuìjiào] 쉐이지아오	자다
水库	[shuǐkù] 쉐이쿠	저수지
水力	[shuǐlì] 쉐이리	수력
水利	[shuǐlì] 쉐이리	수리(공사)
睡眠	[shuìmián] 쉐이미엔	수면, 잠
水泥	[shuǐní] 쉐이니	시멘트
水泥车	[shuǐníchē] 쉐이니처	레미콘
水泡	[shuǐpào] 쉐이파오	물거품
水泡	[shuǐpào] 쉐이파오	수포
水盆	[shuǐpén] 쉐이펀	대야
水平	[shuǐpíng] 쉐이핑	수준, 능력
水手	[shuǐshǒu] 쉐이셔우	선원
税收	[shuìshōu] 쉐이셔우	세수
水獭	[shuǐtǎ] 쉐이타	수달
水田	[shuǐtián] 쉐이티엔	논
水土	[shuǐtǔ] 쉐이투	수토(수분과 토양)
水涡儿	[shuǐwōr] 쉐이월	소용돌이
睡午觉	[shuìwǔjiào] 쉐이우지아오	낮잠(자다)
睡衣	[shuìyī] 쉐이이	잠옷

S

水源	[shuǐyuán] 쉐이위엔	수원(수자원)
水灾	[shuǐzāi] 쉐이짜이	수재
水蒸气	[shuǐzhēngqi] 쉐이정치	수증기
水准	[shuǐzhǔn] 쉐이준	레벨
水族馆	[shuǐzúguǎn] 쉐이주관	수족관
书籍	[shūjí] 수지	서적
书记	[shūji] 수지	서기(기록관)
暑假	[shǔjià] 수지아	여름방학
书架	[shūjià] 수지아	서가
数据	[shùjù] 숫쥐	데이터
书刊	[shūkān] 수칸	서간
漱口	[shùkǒu] 수커우	양치질하다
树立	[shùlì] 수리	수립(하다)
熟练	[shúliàn] 수리엔	숙련되다, 능숙하다
数量	[shùliàng] 수리앙	수량
树林	[shùlín] 수린	수림
数码	[shùmǎ] 수마	디지털
书面	[shūmiàn] 수미엔	서면
树木	[shùmù] 수무	수목, 나무
瞬	[shùn] 순	깜빡거리다
顺理	[shùnlǐ] 순리	순리
顺利	[shùnli] 순리	호조
顺手	[shùnshǒu] 순셔우	순조롭다
淑女	[shūnǚ] 수뉘	숙녀
顺序	[shùnxù] 순쉬	랭킹, 순서

说	[shuō] 슈어	말하다
说法	[shuōfǎ] 슈어파	설법
说服	[shuōfú] 슈어푸	설복(하다)
说谎	[shuōhuǎng] 슈어황	거짓말하다
说明	[shuōmíng] 슈어밍	설명
说情	[shuōqíng] 슈어칭	사정(하다)
书铺	[shūpù] 수푸	책방
暑气	[shǔqì] 수치	더위
竖起来	[shùqǐlái] 수치라이	치켜세우다
输入	[shūrù] 수루	수입(하다)
舒适	[shūshì] 수스	편안(하다)
蔬食	[shūshí] 수스	채식
叔叔	[shūshu] 수수	삼촌
输送	[shūsòng] 수쏭	수송(하다)
熟悉	[shúxī] 수시	익숙하다
书信	[shūxìn] 수신	서신
数学	[shùxué] 수쉬에	수학
输血	[shūxuè] 수쉬에	수혈
树叶儿	[shùyèr] 수옐	나뭇잎
熟语	[shúyǔ] 수위	숙어
属于	[shǔyú] 수위	속하다
书斋	[shūzhāi] 수자이	서재
书桌儿	[shūzhuōr] 수주얼	책상
梳子	[shūzi] 수즈	빗
数字	[shùzì] 수즈	숫자

率领	[shuàilǐng] 수아이링	인솔(하다)
上	[shàng] 샹	위쪽
上衣	[shàngyī] 샹이	웃옷
四	[sì] 쓰	사, 4
似	[sì] 쓰	닮다
寺	[sì] 쓰	절, 사원
私	[sī] 쓰	사적인
死	[sǐ] 쓰	죽다
撕	[sī] 쓰	째다
丝	[sī] 쓰	명주실(생사)
死别	[sǐbié] 쓰비에	사별(하다)
思潮	[sīcháo] 쓰차오	사조
死车	[sǐchē] 쓰처	폐차
死钉钉	[sǐdīngdīng] 쓰띵딩	끈덕지다
司法	[sīfǎ] 쓰파	사법
四方	[sìfāng] 쓰팡	사방
四季	[sìjì] 쓰지	사계절
司机	[sījī] 쓰지	기사
四角	[sìjiǎo] 쓰지아오	사각, 네모
四脚蛇	[sìjiǎoshé] 쓰지아오셔	도마뱀
四角形	[sìjiǎoxíng] 쓰지아오씽	사각
思考	[sīkǎo] 쓰카오	사고(하다), 숙고하다
私立	[sīlì] 쓰리	사립
饲料	[sìliào] 쓰리아오	사료(가축의), 먹이
司令	[sīlìng] 쓰링	사령

司令部	[sīlìngbù] 쓰링뿌	사령부
思路	[sīlù] 쓰루	아이디어
私生子	[sīshēngzǐ] 쓰셩즈	사생아
撕碎	[sīsuì] 쓰쒜이	찢어발기다
思索	[sīsuǒ] 쓰쑤어	사색(하다)
死亡	[sǐwáng] 쓰왕	사망(하다)
思维	[sīwéi] 쓰웨이	사유
思想	[sīxiǎng] 쓰시앙	사상
死心	[sǐxīn] 쓰신	체념(하다)
死刑	[sǐxíng] 쓰싱	사형
饲养	[sīyǎng] 쓰양	사육(하다)
私有	[sīyǒu] 쓰여우	사유(하다)
私有制	[sīyǒuzhì] 쓰여우즈	사유제
私欲	[sīyù] 쓰위	사욕
饲养	[sìyǎng] 쓰양	기르다
死者	[sǐzhě] 쓰저	고인
四肢	[sìzhī] 쓰즈	사지(인체)
私自	[sīzì] 쓰쯔	남몰래
升降梯	[sjēngjiàngtī] 셩지앙티	에스컬레이터
松	[sōng] 쏭	느슨하다, 헐겁다, 완화시키다
送	[sòng] 쏭	보내다, 배달
耸	[sǒng] 쏭	치솟다
送旧年	[sòngjiùnián] 쏭지우니엔	송년
松毛虫	[sōngmáochóng] 쏭마오총	송충이
送年会	[sòngniánhuì] 쏭니엔훼이	망년회

松树	[sōngshù] 쏭수	소나무
送行	[sòngxíng] 쏭싱	배웅(하다)
松枝门	[sōngzhīmén] 쏭즈먼	아치
搜索	[sōusuǒ] 써우쑤어	수사(하다)
搜索	[sōusuǒ] 써우쑤어	수색(하다)
算	[suàn] 쑤안	계산(하다)
蒜	[suàn] 쑤안	마늘
酸	[suān] 쑤안	시큼하다, 시다
算命的	[suànmìngde] 쑤안밍더	점쟁이
算盘	[suànpán] 쑤안판	주판
算是	[suànshì] 쑤안스	겨우
算术	[suànshù] 쑤안수	산술
酸痛	[suāntòng] 수안통	쑤시다, 뻐근하다
速成	[sùchéng] 쑤청	속성
速度	[sùdù] 쑤뚜	속도
俗骨	[súgǔ] 수구	속물
俗话	[súhuà] 수화	속어
穗	[suì] 쒜이	이삭
随笔	[suíbǐ] 쒜이비	수필, 에세이
随便	[suíbiàn] 쒜이삐엔	마음대로
隧道	[suìdào] 쒜이따오	터널
碎片儿	[suìpiànr] 쒜이피알	조각, 파편
虽然	[suīrán] 쒜이란	비록~일지라도
碎石	[suìshí] 쒜이스	자갈
随时	[suíshí] 쒜이스	수시로

随时随地	[suíshísuídì] 쒜이스쒜이띠	언제어디서나
岁数	[suìshu] 쒜이수	나이
遂行	[suìxíng] 쒜이씽	완수(하다)
岁月	[suìyuè] 쒜이위에	세월
俗间	[sújiān] 쑤지엔	속세
塑料	[sùliào] 쑤리아오	플라스틱
酥麻	[sūmá] 쑤마	저리다
宿命	[sùmìng] 쑤밍	숙명
笋	[sǔn] 쑨	죽순
损害	[sǔnhài] 쑨하이	손해보다
损耗	[sǔnhào] 쑨하오	소모되다, 손상
损坏	[sǔnhuài] 쑨화이	파손시키다
孙女	[sūnnǚ] 쑨뉘	손녀
损伤	[sǔnshāng] 쑨상	손상되다
损失	[sǔnshī] 쑨스	손실
孙子	[sūnzi] 쑨즈	손자
所	[suǒ] 쑤어	곳
缩	[suō] 쑤어	줄어들다, 축소하다, 움츠리다
锁	[suǒ] 쑤어	자물쇠, 잠그다
所得	[suǒdé] 쑤어더	소득
所得税	[suǒdéshuì] 쑤어더쉐이	소득세
缩短	[suōduǎn] 쑤어두안	단축(하다)
索赔	[suǒpéi] 쑤어페이	배상을 요구하다
所属	[suǒshǔ] 쑤어수	소속
所谓	[suǒwèi] 쑤어웨이	이른바

所有	[suǒyǒu] 쑤어여우	소유하다, 모든
所有权	[suǒyǒuquán] 쑤어여우치엔	소유권
所有制	[suǒyǒuzhì] 쑤어여우즈	소유제
所在	[suǒzài] 쑤어짜이	소재지(장소)
肃清	[sùqīng] 쑤칭	숙청(하다)
宿舍	[sùshè] 쑤셔	숙사, 기숙사
诉讼	[sùsòng] 쑤송	소송(하다)
苏醒	[sūxǐng] 쑤싱	소생(하다)
素质	[sùzhì] 쑤즈	밑바탕
素质	[sùzhì] 쑤즈	소질

T

踏	[tà] 타	밟다
塔	[tǎ] 타	탑, 타워
她	[tā] 타	그녀
胎儿	[tāi'ér] 타이얼	태아
抬	[tái] 타이	들다
台	[tái] 타이	받침대
苔	[tái] 타이	이끼
台本	[táiběn] 타이번	시나리오
态度	[tàidu] 타이뚜	태도
台风	[táifēng] 타이펑	태풍
太古	[tàigǔ] 타이구	태고
台阶	[táijiē] 타이지에	층계
太空	[tàikōng] 타이콩	태공
胎梦	[tāimèng] 타이멍	태몽
太平	[tàipíng] 타이핑	태평스럽다
太平门	[tàipíngmén] 타이핑먼	비상구
太平洋	[tàipíngyáng] 타이핑양	태평양

台球	[táiqiú] 타이치우	당구
泰然	[tàirán] 타이란	태연하다
态势	[tàishì] 타이스	태세(형세)
讨厌	[tǎiyàn] 타오이엔	밉다
太阳	[tàiyáng] 타이양	태양, 해
太阳能	[tàiyángnéng] 타이양넝	태양에너지
踏看	[tàkàn] 타칸	답사(하다)
痰	[tán] 탄	가래
叹	[tàn] 탄	감탄하다
炭	[tàn] 탄	숯
坛	[tán] 탄	제단
弹	[tán] 탄	쏘다(튀기다)
探病	[tànbìng] 탄삥	문병, 병문안
探测	[táncè] 탄처	탐지
糖	[táng] 탕	설탕
塘	[táng] 탕	제방, 저수지, 탕(목욕)
汤	[tāng] 탕	국
烫发	[tàngfà] 탕파	파마
糖果	[tángguǒ] 탕구어	캔디
螳螂	[tángláng] 탕랑	사마귀
唐突	[tángtú] 탕투	당돌하다
弹簧	[tánhuáng] 탄후앙	용수철, 스프링
探究	[tànjiū] 탄지우	탐구(하다)
坦克	[tǎnkè] 탄커	탱크
弹力	[tánlì] 탄리	탄력

袒露	[tǎnlù] 탄루	드러내다
谈论	[tánlùn] 탄룬	담론(하다)
谈判	[tánpàn] 탄판	담판
叹气	[tànqì] 탄치	탄식, 한숨쉬다
探亲	[tànqīn] 탄친	귀성(하다)
探索	[tànsuǒ] 탄쑤어	탐색(하다)
探望	[tànwàng] 탄왕	살피다
贪污	[tānwū] 탄우	횡령(하다)
叹息	[tànxī] 탄시	한탄하다
探险	[tànxiǎn] 탄시엔	탐험(하다)
叹息声	[tànxīshēng] 탄시셩	탄성
贪欲	[tānyù] 탄위	탐욕
毯子	[tǎnzi] 탄즈	담요
瘫子	[tānzi] 탄즈	앉은뱅이
桃	[táo] 타오	복숭아
掏	[táo] 타오	꺼내다
逃避	[táobì] 타오삐	도피(하다)
掏出	[tāochū] 타오추	끄집어내다
陶瓷	[táocí] 타오츠	도자기
讨伐	[tǎofá] 타오파	토벌(하다)
桃花	[táohuā] 타오화	복숭아꽃
讨论	[tǎolùn] 타오룬	토론(하다)
逃跑	[táopǎo] 타오파오	도망치다, 달아나다
套色	[tàoshǎi] 타오샤이	착색
套索	[tàosuǒ] 타오쑤어	올가미

淘汰	[táotài] 타오타이	도태하다
讨厌	[tǎoyàn] 타오이엔	싫다, 귀찮다, 질색
套子	[tàozi] 타오즈	덫
逃走	[táozǒu] 타오저우	도망가다, 도주(하다)
陶醉	[táozuì] 타오쮀이	도취하다
他人	[tārén] 타런	타인
他杀	[tāshā] 타샤	타살(하다)
特	[tè] 터	특별히
特别	[tèbié] 터비에	특별하다, 무척
特产	[tèchǎn] 터찬	특산
特地	[tèdì] 터띠	모처럼, 특히
特点	[tèdiǎn] 터디엔	특점
特定	[tèdìng] 터띵	특정의
特级	[tèjí] 터지	특급
特辑	[tèjí] 터지	특집
藤	[téng] 텅	등나무, 넝쿨, 덩굴
特区	[tèqū] 터취	특구
特权	[tèquán] 터취엔	특권
特色	[tèsè] 터써	특색
特使	[tèshǐ] 터스	특사
特殊	[tèshū] 터수	특수
特务	[tèwu] 터우	스파이
特性	[tèxìng] 터씽	특성
特选	[tèxuǎn] 터쉬엔	특선
特有	[tèyǒu] 터여우	특유

特展	[tèzhǎn] 터잔	특전
特征	[tèzhēng] 터정	특징
特种	[tèzhǒng] 터종	특종
蹄	[tí] 티	발굽
梯	[tī] 티	사다리
提	[tí] 티	집어올리다
剃	[tì] 티	깎다(머리)
踢	[tī] 티	차다
天主教	[tiānzhǔjiào] 티엔주지아오	가톨릭
天鹅	[tiān'é] 티엔어	백조
田	[tián] 티엔	밭
提案	[tían] 티안	제안(하다)
天	[tiān] 티엔	하늘
添	[tiān] 티엔	첨가(하다)
填	[tián] 티엔	채우다, 메우다
舔	[tiǎn] 티엔	핥다
天才	[tiāncái] 티엔차이	천재
田地	[tiándì] 티엔띠	논밭
天地	[tiāndì] 티엔띠	천지
甜瓜	[tiánguā] 티엔꽈	참외
甜觉	[tiánjiào] 티엔지아오	단잠
天际线	[tiānjìxiàn] 티엔지시엔	수평선
天蓝色	[tiānlánsè] 티엔란써	하늘색
田螺	[tiánluó] 티엔루어	우렁이
甜美	[tiánměi] 티엔메이	달콤하다

天气	[tiānqi] 티엔치	날씨
天然	[tiānrán] 티엔란	천연
天然气	[tiānránqi] 티엔란치	천연가스
天生	[tiānshēng] 티엔셩	천생, 타고나다
天使	[tiānshǐ] 티엔스	천사
田鼠	[tiánshǔ] 티엔수	두더지
跳水	[tiàoshuǐ] 티아오쉐이	다이빙
天堂	[tiāntáng] 티엔탕	천당
天体	[tiāntǐ] 티엔티	천체
天文	[tiānwén] 티엔원	천문
天下	[tiānxià] 티엔시아	천하
天线	[tiānxiàn] 티엔시엔	안테나
填写	[tiánxiě] 티엔시에	써넣다
田野	[tiányě] 티엔예	들판, 전야
跳远	[tiàoyuǎn] 티아오위엔	멀리뛰기
天真	[tiānzhēn] 티엔전	천진하다
天职	[tiānzhí] 티엔즈	천직
天主教	[tiānzhǔjiào] 티엔주지아오	천주교
挑	[tiāo] 티아오	가려내다
跳	[tiào] 티아오	점프, 건너뛰다
调衬	[tiáochèn] 티아오천	걸맞다
跳动	[tiàodòng] 티아오똥	높이뛰다, 고동치다, 두근거리다
跳过	[tiàoguò] 티아오꾸어	뛰어넘다
调和	[tiáohé] 티아오허	조화롭다
调剂	[tiáojì] 티아오지	조제(하다)

条件	[tiáojiàn] 티아오지엔	조건
调解	[tiáojiě] 티아오지에	타결되다, 중재(하다)
调节	[tiáojié] 티아오지에	조절(하다)
跳进	[tiàojìn] 티아오진	뛰어들다
条款	[tiáokuǎn] 티아오콴	조항, 조목
条例	[tiáolì] 티아오리	조례
条理	[tiáolǐ] 티아오리	조리
调皮	[tiáopí] 티아오피	장난치다
跳上	[tiàoshang] 티아오상	뛰어오르다
挑唆	[tiǎosuō] 티아오쑤어	부추기다
跳舞	[tiàowǔ] 티아오우	춤추다
挑衅	[tiǎoxìn] 티아오씬	도발(하다)
挑选	[tiāoxuǎn] 티아오쉬엔	골라내다
跳跃	[tiàoyuè] 티아오위에	도약하다
条约	[tiáoyuē] 티아오위에	조약
挑战	[tiǎozhàn] 티아오잔	도전(하다)
调整	[tiáozhěng] 티아오정	조정(하다)
条子	[tiáozi] 티아오즈	쪽지
提拔	[tíbá] 티바	발탁(하다)
体裁	[tǐcái] 티차이	장르
题材	[tícái] 티차이	재제
体操	[tǐcāo] 티차오	체조
提倡	[tíchàng] 티창	제창(하다)
剃刀	[tìdāo] 티따오	면도칼
提督	[tídū] 티두	제독

铁	[tiě] 티에	철, 쇠
铁道	[tiědào] 티에따오	철도
铁饭碗	[tiěfànwǎn] 티에판완	평생직업
铁钢	[tiěgāng] 티에깡	철강
铁棍	[tiěgùn] 티에꾼	철봉
贴胶	[tiējiāo] 티에지아오	코팅
铁筋	[tiějīn] 티에진	철근
铁路	[tiělù] 티에루	철로
铁桥	[tiěqiáo] 티에치아오	철교
铁丝	[tiěsī] 티에쓰	철사
体感	[tǐgǎn] 티간	체감
提高	[tígāo] 티까오	제고하다, 인상하다
提供	[tígòng] 티꽁	제공(하다)
体会	[tǐhuì] 티훼이	터득
体积	[tǐjī] 티지	부피, 체적
提交	[tíjiāo] 티지아오	제출(하다)
体力	[tǐlì] 티리	체력
体面	[tǐmiàn] 티미엔	체면
提名	[tímíng] 티밍	지명(하다)
题目	[tímù] 티무	제목
听	[tīng] 팅	듣다
停	[tíng] 팅	멈추다
艇	[tǐng] 팅	보트
停	[tíng] 팅	서다
厅	[tīng] 팅	홀

停泊	[tíngbó] 팅보	정박(하다)
停车	[tíngchē] 팅처	정차
停车场	[tíngchēchǎng] 팅처창	주차장
听懂	[tīngdǒng] 팅동	알아듣다
停顿	[tíngdùn] 팅뚠	중지되다
听见	[tīngjiàn] 팅지엔	들리다
听觉	[tīngjué] 팅쥐에	청각
听觉的	[tīngjuéde] 팅쥐에더	오디오
停刊	[tíngkān] 팅칸	폐간
挺立	[tǐnglì] 팅리	우뚝서다
停留	[tíngliú] 팅리우	묵다, 머물다
听取	[tīngqǔ] 팅취	청취(하다)
听写	[tīngxiě] 팅시에	받아쓰다
庭园	[tíngyuán] 팅위엔	정원
停止	[tíngzhǐ] 팅즈	정지하다, 스톱
停滞	[tíngzhì] 팅즈	정체(하다)
听众	[tīngzhòng] 팅중	청중
亭子	[tíngzi] 팅즈	정자
提升	[tíshēng] 티셩	끌어올리다
提升机	[tíshēngjī] 티셩지	승강기
提示	[tíshì] 티스	제시하다, 힌트
体态	[tǐtài] 티타이	몸가짐
体温	[tǐwēn] 티원	체온
提问	[tíwèn] 티원	질문(하다)
体系	[tǐxì] 티씨	체계

体现	[tǐxiàn] 티시엔	구현(하다)
提携	[tíxié] 티시에	제휴(하다)
提醒	[tíxǐng] 티씽	일깨우다
体验	[tǐyàn] 티이엔	체험(하다)
提言	[tíyán] 티이엔	제언
提议	[tíyì] 티이	제의, 프러포즈
体育	[tǐyù] 티위	체육, 스포츠
体育馆	[tǐyùgǎn] 티위관	체육관
体制	[tǐzhì] 티즈	체제
体质	[tǐzhì] 티즈	체질
体重	[tǐzhòng] 티중	체중
田径	[tiánjìng] 티엔징	육상경기
填写	[tiánxiě] 티엔시에	기입(하다)
同	[tóng] 통	같다
痛	[tòng] 통	아프다
桶	[tǒng] 통	통
通	[tōng] 통	통하다
铜	[tóng] 통	구리, 동(광물)
同伴	[tóngbàn] 통빤	동료
同胞	[tóngbāo] 통빠오	동포
通报	[tōngbào] 통빠오	통보(하다)
通便	[tōngbiàn] 통비엔	변통(하다)
同步	[tóngbù] 통뿌	함께하다
通常	[tōngcháng] 통창	통상
同乘	[tóngchéng] 통청	합승

统筹	[tǒngchóu] 퉁처우	총괄(하다)
通道	[tōngdào] 퉁따오	통로
同等	[tóngděng] 퉁덩	동등(하다)
通风	[tōngfēng] 퉁펑	통풍(하다)
通告	[tōnggào] 퉁까오	통고(하다)
通过	[tōngguò] 퉁꾸어	통과(하다)
同行	[tóngháng] 퉁항	동행
童话	[tónghuà] 퉁후아	동화
通话	[tōnghuà] 퉁화	통화(하다)
通缉	[tōngjī] 퉁지	수배
统计	[tǒngjì] 퉁지	통계
同居	[tóngjū] 퉁쥐	동거(하다)
痛苦	[tòngkǔ] 퉁쿠	고통스럽다
痛哭	[tòngkū] 퉁쿠	통곡
痛快	[tòngkuai] 퉁콰이	통쾌(하다)
同盟	[tóngméng] 퉁멍	동맹
童年	[tóngnián] 퉁니엔	어린시절
同期	[tóngqī] 퉁치	동기(같은)
铜钱	[tóngqián] 퉁치엔	동전
通勤	[tōngqín] 퉁친	통근(하다)
同情	[tóngqíng] 퉁칭	동정하다
通商	[tōngshāng] 퉁상	통상하다
同事	[tóngshì] 퉁스	동업자
同时	[tóngshí] 퉁스	동시에
统率	[tǒngshuài] 퉁수아이	통솔(하다)

统率力	[tǒngshuàilì] 퉁수아이리	리더십
通顺	[tōngshùn] 퉁순	순탄하다
通俗	[tōngsú] 퉁쑤	통속적이다
同屋	[tóngwū] 퉁우	동숙
同席	[tóngxí] 퉁시	합석
铜像	[tóngxiàng] 퉁시앙	동상
童心	[tóngxīn] 퉁신	동심
通信	[tōngxìn] 퉁씬	통신(하다)
通行	[tōngxíng] 퉁씽	통행(하다)
同学	[tóngxué] 퉁쉬에	동창
通学	[tōngxué] 퉁쉬에	통학(하다)
通讯	[tōngxùn] 퉁쉰	통신, 메시지
通讯社	[tōngxùnshè] 퉁쉰셔	통신사
通讯员	[tōngxùnyuán] 퉁쉰위엔	리포터
童谣	[tóngyáo] 퉁야오	동요(노래)
同业	[tóngyè] 퉁예	동업(하다)
同意	[tóngyì] 퉁이	동의(하다)
同一	[tóngyī] 퉁이	동일하다
统一	[tǒngyī] 퉁이	통일(하다)
通用	[tōngyòng] 퉁용	통용(하다)
同志	[tóngzhì] 퉁즈	동지(호칭)
通知	[tōngzhī] 퉁즈	통지(하다)
统治	[tǒngzhì] 퉁즈	통치
同桌	[tóngzhuō] 퉁주어	짝꿍
偷	[tōu] 터우	훔치다

头	[tóu] 터우	머리
透彻	[tòuchè] 터우처	투철하다
偷盗	[tōudào] 터우따오	도난
头等	[tóuděng] 터우덩	으뜸
头发	[tóufa] 터우파	머리털
投稿	[tóugǎo] 터우가오	투고(하다)
投机	[tóujī] 터우지	투기(하다)
透明	[tòumíng] 터우밍	투명(하다)
透明度	[tòumíngdù] 터우밍뚜	투명도
头脑	[tóunǎo] 터우나오	두뇌
头皮	[tóupí] 터우피	비듬
投票	[tóupiào] 터우피아오	투표(하다)
头前	[tóuqián] 터우치엔	선두
投入	[tóurù] 터우루	투입하다, 넣다, 투하하다
投身	[tóushēn] 터우션	투신(하다)
投石	[tóushí] 터우스	투석
透视	[tòushì] 터우스	투시(하다)
投手	[tóushǒu] 터우셔우	투수
偷税	[tōushuì] 터우쉐이	탈세(하다)
投宿	[tóusù] 터우쑤	투숙(하다)
头痛	[tóutòng] 터우통	두통
投降	[tóuxiáng] 터우시앙	투항(하다)
投掷	[tóuzhì] 터우즈	투척하다, 던지다
投资	[tóuzī] 터우쯔	투자(하다)
头子	[tóuzi] 터우즈	두목, 우두머리

T

涂	[tú] 투	칠하다
凸	[tū] 투	볼록하다, 양각하다
吐	[tù] 투	토하다, 뱉다
土	[tǔ] 투	흙
秃	[tū] 투	벌거벗다
团	[tuán] 투안	집단
图案	[túàn] 투안	도안
团结	[tuánjié] 투안지에	단결
团体	[tuántǐ] 투안티	단체
团员	[tuányuán] 투안위엔	단원
团长	[tuánzhǎng] 투안장	단장
图板	[túbǎn] 투반	그래픽
图表	[túbiǎo] 투비아오	도표
突出	[tūchū] 투추	돌출(하다)
徒弟	[túdì] 투띠	제자, 견습생
土地	[tǔdì] 투띠	토지
突发	[tūfā] 투파	돌발(갑자기)
推	[tuī] 퉤이	밀다
退	[tuì] 퉤이	물러나다, 철회하다
退步	[tuìbù] 퉤이뿌	퇴보(하다)
推测	[tuīcè] 퉤이처	추측(하다)
退场	[tuìchǎng] 퉤이창	퇴장(하다)
退潮	[tuìcháo] 퉤이차오	썰물
推迟	[tuīchí] 퉤이츠	미루다
退出	[tuìchū] 퉤이추	퇴출(하다)

推定	[tuīdìng] 퉤이띵	추정(하다)
推翻	[tuīfān] 퉤이판	거꾸러뜨리다
推广	[tuīguǎng] 퉤이광	확충(하다)
退还	[tuìhuán] 퉤이환	돌려주다
退回	[tuìhuí] 퉤이훼이	퇴짜
退婚	[tuìhūn] 퉤이훈	파혼(하다)
推荐	[tuījiàn] 퉤이지엔	추천하다, 천거하다
推进	[tuījìn] 퉤이찐	추진(하다)
推理	[tuīlǐ] 퉤이리	추리
推论	[tuīlùn] 퉤이룬	추론(하다)
褪色	[tuìsè] 퉤이써	퇴색(하다)
推算	[tuīsuàn] 퉤이쑤안	추산하다, 견적
退休	[tuìxiū] 퉤이시우	퇴직(하다)
退休年龄	[tuìxiūniánlíng] 퉤이시우니엔링	정년
退学	[tuìxué] 퉤이쉬에	퇴학(하다)
突击	[tūjī] 투지	돌격(하다)
徒劳	[túláo] 투라오	헛되다
土木	[tǔmù] 투무	토목
吞	[tūn] 툰	삼키다
拖	[tuō] 투어	잡아끌다
托	[tuō] 투어	부탁하다
脱	[tuō] 투어	벗다
拖车	[tuōchē] 투어처	트레일러
脱党	[tuōdǎng] 투어당	탈당(하다)
托儿所	[tuōérsuǒ] 투어얼쑤어	탁아소

脱发	[tuōfà] 투어파	탈모
拖拉机	[tuōlājī] 투어라지	트랙터
脱离	[tuōlí] 투어리	이탈하다, 탈퇴
陀螺	[tuóluó] 투어루어	팽이
脱落	[tuōluò] 투어뤄	탈락(하다)
唾沫	[tuòmo] 투어모	침, 타액
鸵鸟	[tuóniǎo] 투어니아오	타조
脱皮	[tuōpí] 투어피	탈피(하다)
拖欠	[tuōqiàn] 투어치엔	체납
脱水	[tuōshuǐ] 투어쉐이	탈수(하다)
脱逃	[tuōtáo] 투어타오	탈주
脱销	[tuōxiāo] 투어시아오	동나다
妥协	[tuǒxié] 투어시에	타협(하다)
拖鞋	[tuōxié] 투어시에	슬리퍼
拖延	[tuōyán] 투어이엔	지연(하다)
唾液	[tuòyè] 투어예	타액
椭圆	[tuǒyuán] 투어위엔	타원형
脱脂棉	[tuōzhīmián] 투어즈미엔	탈지면
突破	[tūpò] 투포	돌파(하다)
突起	[tūqǐ] 투치	돌기
土气的	[tǔqide] 투치더	촌스럽다
突然	[tūrán] 투란	느닷없이
土壤	[tǔrǎng] 투랑	토양
突入	[tūrù] 투루	돌입(하다)
屠杀	[túshā] 투샤	학살하다, 도살(하다)

土生土长	[tǔshēngtǔzhǎng] 투성투장	토박이
图书馆	[túshūguǎn] 투수관	도서관
土俗	[tǔsú] 투쑤	토속
吐诉	[tǔsù] 투쑤	털어놓다
秃头	[tūtóu] 투터우	대머리
土物儿	[tǔwùr] 투울	토산물
突袭	[tūxí] 투시	덮치다
徒刑	[túxíng] 투씽	징역
图形	[túxíng] 투싱	도형
土语	[tǔyǔ] 투위	사투리
图纸	[túzhǐ] 투즈	도면, 청사진
土著	[tǔzhù] 투주	토착
土著居民	[tǔzhùjūmín] 투주쥐민	원주민
兔子	[tùzi] 투즈	토끼
恤衫	[txùshàn] 티쉬샨	티셔츠

蛙	[wā] 와	개구리
歪	[wāi] 와이	기울다
外	[wài] 와이	밖
外表	[wàibiǎo] 와이비아오	겉모습
外部	[wàibù] 와이뿌	외부
外地	[wàidì] 와이띠	외지
外电	[wàidiàn] 와이띠엔	외신
外观	[wàiguān] 와이꽌	외관
外国	[wàiguó] 와이구어	외국
外行	[wàiháng] 와이항	풋내기, 문외한
外汇	[wàihuì] 와이훼이	외화
外交	[wàijiāo] 와이지아오	외교
外界	[wàijiè] 와이지에	외계
外科	[wàikē] 와이커	외과
外流	[wàiliú] 와이리우	빠져나가다
外皮	[wàipí] 와이피	커버
歪曲	[wāiqū] 와이취	왜곡(하다)

外事	[wàishì] 와이스	외부업무
外宿	[wàisù] 와이쑤	외박
外头	[wàitóu] 와이터우	바깥
外向型	[wàixiàngxíng] 와이시앙씽	외향적
外形	[wàixíng] 와이씽	외형
外星人	[wàixīngrén] 와이씽런	외계인
外衣	[wàiyī] 와이이	겉옷
外游	[wàiyóu] 와이여우	외유
外语	[wàiyǔ] 와이위	외국어
外助	[wàizhù] 와이주	외조
外资	[wàizī] 와이즈	외자
外祖父	[wàizǔfù] 와이주푸	외할아버지
外祖母	[wàizǔmǔ] 와이주무	외할머니
瓦解	[wǎjiě] 와지에	와해하다
挖掘	[wājué] 와쥐에	발굴(하다)
挖开	[wākāi] 와카이	파헤치다
挽	[wǎn] 완	걷어올리다
玩	[wán] 완	놀다
碗	[wǎn] 완	사발
弯	[wān] 완	구부리다
湾	[wān] 완	물굽이
晚报	[wǎnbào] 완빠오	석간
完备	[wánbèi] 완뻬이	완비(하다)
晚辈	[wǎnbèi] 완뻬이	후배, 연하
晚餐	[wǎncān] 완찬	만찬

W

完成	[wánchéng] 완청	완성하다, 끝나다
弯曲	[wānqū] 완취	꼬불꼬불하다
完蛋	[wándàn] 완딴	거덜나다
晚点	[wǎndiǎn] 완디엔	연착(하다)
豌豆	[wāndòu] 완떠우	완두콩
晚饭	[wǎnfàn] 완판	저녁밥
亡	[wáng] 왕	망하다
忘	[wàng] 왕	잊어버리다
王	[wáng] 왕	왕
网	[wǎng] 왕	그물(망), 온라인
网	[wǎng] 왕	인터넷
往常	[wǎngcháng] 왕창	평소, 평상시
往返	[wǎngfǎn] 왕판	왕복(하다)
王妃	[wángfēi] 왕페이	왕비
王冠	[wángguān] 왕꽌	왕관
王国	[wángguó] 왕구어	왕국
往后	[wǎnghòu] 왕허우	앞으로
旺季	[wàngjì] 왕지	성수기
往来	[wǎnglái] 왕라이	왕래(하다)
亡灵	[wánglíng] 왕링	망령
网络	[wǎngluò] 왕루어	네트워크
亡命	[wángmìng] 왕밍	망명
网膜	[wǎngmó] 왕모	망막
往年	[wǎngnián] 왕니엔	왕년
网球	[wǎngqiú] 왕치우	테니스

忘却	[wàngquè] 왕취에	망각하다
往日	[wǎngrì] 왕르	지난날
旺盛	[wàngshèng] 왕성	왕성하다
往事	[wǎngshì] 왕스	옛일
旺市	[wàngshì] 왕스	호황
顽固	[wángù] 완꾸	완고하다
往往	[wǎngwǎng] 왕왕	자주
妄想	[wàngxiǎng] 왕시앙	망상
忘性	[wàngxing] 왕씽	건망증
望远镜	[wàngyuǎnjìng] 왕위엔징	망원경
王子	[wángzǐ] 왕즈	왕자
晚会	[wǎnhuì] 완훼이	야회
挽救	[wǎnjiù] 완찌우	구해내다
玩具	[wánjù] 완쥐	장난감, 완구
挽留	[wǎnliú] 완리우	만류하다
万能	[wànnéng] 완넝	만능
晚年	[wǎnnián] 완니엔	만년
玩弄	[wánnòng] 완농	희롱(하다)
顽强	[wánqiáng] 완치앙	완강하다
万全	[wànquán] 완취엔	만전
完全	[wánquán] 완취엔	완전하다
晚上	[wǎnshang] 완샹	저녁
万事	[wànshì] 완스	만사
万岁	[wànsuì] 완쒜이	만세
顽童	[wántóng] 완통	개구쟁이

万万	[wànwàn] 완완		절대로(부정문)
惋惜	[wǎnxī] 완시		아쉬워하다, 안타까워하다
玩笑	[wánxiào] 완시아오		농담, 우스갯소리
顽症	[wánzhèng] 완쩡		난치병
万字夹	[wànzìjiā] 완즈지아		클립
娃娃	[wáwa] 와와		간난아기, 인형
瓦	[wǎ] 와		기와
外流	[wàiliú] 와이리우		유출되다
忘记	[wàngjì] 왕지		잊다
袜子	[wàzi] 와즈		양말
洼子	[wāzi] 와즈		웅덩이
胃	[wèi] 웨이		위
唯	[wéi] 웨이		오직
喂	[wèi] 웨이		먹여주다
围	[wéi] 웨이		둘러싸다, 에워싸다
尾巴	[wěiba] 웨이바		꼬리, 꽁무니
违背	[wéibèi] 웨이뻬이		어기다, 위배하다
未成年	[wèichéngnián] 웨이청니엔		미성년
维持	[wéichí] 웨이츠		유지(하다)
味道	[wèidao] 웨이따오		맛
惟独	[wéidú] 웨이두		유독
伟大	[wěidà] 웨이따		위대하다
威风	[wēifēng] 웨이펑		위풍
慰抚金	[wèifǔjīn] 웨이푸진		위자료
违法	[wéifǎ] 웨이파		위법이다

违反	[wéifǎn] 웨이판	위반(하다)
桅杆	[wéigān] 웨이깐	돛대
未公开	[wèigōngkāi] 웨이꽁카이	미공개
微观	[wēiguān] 웨이꽌	미시적(미세한 부분)
危害	[wēihài] 웨이하이	해끼치다
未婚	[wèihūn] 웨이훈	미혼
危机	[wēijī] 웨이지	위기
危急	[wēijí] 웨이지	위급하다
围巾	[wéijīn] 웨이진	스카프
未决	[wèijué] 웨이쥐에	미결
味觉	[wèijué] 웨이쥐에	미각
微菌	[wēijūn] 웨이쥔	박테리아
未开花	[wèikāihuā] 웨이카이화	미개
未来	[wèilái] 웨이라이	미래
威力	[wēilì] 웨이리	위력
味料	[wèiliào] 웨이리아오	양념
为难	[wéinán] 웨이난	난처하게 하다
围棋	[wéiqí] 웨이치	바둑
微弱	[wēiruò] 웨이루어	빈약하다
卫生	[wèishēng] 웨이성	위생
维生素	[wéishēngsù] 웨이성쑤	비타민
微生物	[wēishēngwù] 웨이성우	미생물
为什么	[wèishénme] 웨이션머	왜(무엇 때문에)
尾食	[wěishí] 웨이스	디저트
威士忌(酒)	[wēishìjì(jiǔ)] 웨스지(지우)	위스키

未遂	[wèisuì] 웨이쒜이	미수
委托	[wěituō] 웨이투어	위탁(하다)
未完成	[wèiwánchéng] 웨이완청	미완성
慰问	[wèiwèn] 웨이원	위문(하다)
唯物论	[wéiwùlùn] 웨이우룬	유물론
微小	[wēixiǎo] 웨이시아오	극소하다
微笑	[wēixiào] 웨이시아오	미소짓다
威胁	[wēixié] 웨이시에	위협(하다)
威信	[wēixìn] 웨이씬	위신
卫星	[wèixīng] 웨이씽	위성
微型小说	[wēixíngxiǎoshuō] 웨이싱시아오슈어	콩트
唯心论	[wéixīnlùn] 웨이씬룬	유심론
维修	[wéixiū] 웨이시우	보수(하다)
危险	[wēixiǎn] 웨이시엔	위험(하다)
唯一	[wéiyī] 웨이이	유일하다
委员	[wěiyuán] 웨이위엔	위원
伪诈	[wěizhà] 웨이자	속이다
位置	[wèizhi] 웨이즈	위치
伪装	[wěizhuāng] 웨이주앙	위장
伪造	[wěizào] 웨이짜오	위조(하다)
吻	[wěn] 원	키스
稳	[wěn] 원	믿음직하다
问	[wèn] 원	물음, 묻다
温床	[wēnchuáng] 원추앙	온상
问答	[wèndá] 원다	문답

温带	[wēndài] 원따이	온대
稳当	[wěndang] 원당	온당하다
温度	[wēndù] 원두	온도
温度计	[wēndùjì] 원두지	온도계
温和	[wēnhé] 원허	온화하다
文化	[wénhuà] 원화	문화
文件	[wénjiàn] 원지엔	문건, 문서, 파일, 서류
文件柜	[wénjiànguì] 원지엔꿰이	캐비닛
文具	[wénjù] 원쥐	학용품, 문방구점
问卷	[wènjuàn] 원쥐엔	앙케트
文盲	[wénmáng] 원망	문맹
文明	[wénmíng] 원밍	문명
温暖	[wēnnuǎn] 원누안	따뜻하다, 온난하다
文凭	[wénpíng] 원핑	졸업장
温泉	[wēnquán] 원취엔	온천
文人	[wénrén] 원런	문인
温柔	[wēnróu] 원러우	순하다
文身	[wénshēn] 원션	문신
温室	[wēnshì] 원스	온실
问题	[wèntí] 원티	문제
稳妥	[wěntuǒ] 원투어	타당하다, 믿음직스럽다
闻味儿	[wénwèr] 원월	냄새를 맡다
文物	[wénwù] 원우	문물
文献	[wénxiàn] 원시엔	문헌
文学	[wénxué] 원쉬에	문학

文学家	[wénxuéjiā] 원쉬에지아	문학가
文雅	[wényǎ] 원야	우아하다, 얌전하다
文艺	[wényì] 원이	문예
文章	[wénzhāng] 원장	문장
稳重	[wěnzhòng] 원중	점잖다
蚊子	[wénzi] 원즈	모기
文字	[wénzì] 원쯔	글자, 문자
我	[wǒ] 워	나
卧	[wò] 워	눕다, 웅크리다
窝	[wō] 워	둥지, 소굴
我们	[wǒmen] 워먼	우리
蜗牛	[wōniú] 워니우	달팽이
卧室	[wòshì] 워스	침실
握手	[wòshǒu] 워셔우	악수(하다)
窝缩	[wōsuō] 워쑤어	쪼그리다
斡旋	[wòxuán] 워쉬엔	알선
武	[wǔ] 우	거세다
舞	[wǔ] 우	춤
五	[wǔ] 우	오, 5
误	[wù] 우	잘못하다
雾	[wù] 우	안개
误差	[wùchā] 우차	오차
无偿	[wúcháng] 우창	무상(의)
舞蹈	[wǔdǎo] 우다오	댄스
无敌	[wúdí] 우디	무단으로

屋顶	[wūdǐng] 우딩	지붕, 옥상
无法	[wúfǎ] 우파	무법
午饭	[wǔfàn] 우판	점심
蜈蚣	[wúgōng] 우꽁	지네
无关心	[wúguānxīn] 우꽌신	무관심
无害	[wúhài] 우하이	무해하다
无华	[wúhuá] 우화	수수하다
舞会	[wǔhuì] 우훼이	무도회
物价	[wùjià] 우지아	물가
误解	[wùjiě] 우지에	오해하다
无可奈何	[wúkěnàihé] 우커나이허	막무가내다
五扣	[wǔkòu] 우커우	반액
武力	[wǔlì] 우리	무력
无礼	[wúlǐ] 우리	무례하다
物理	[wùlǐ] 우리	물리
物量	[wùliàng] 우리앙	물량
无聊	[wúliáo] 우리아오	심심하다, 무료하다
无论	[wúlùn] 우룬	막론하고
污蔑	[wūmiè] 우미에	더럽히다, 비방하다
无名	[wúmíng] 우밍	무명
无能	[wúnéng] 우넝	무능하다
舞女	[wǔnǚ] 우뉘	댄서, 무희
巫女	[wūnǚ] 우뉘	무당
物品	[wùpǐn] 우핀	물품
巫婆	[wūpó] 우퍼	무녀

W

武器	[wǔqì] 우치	무기
无钱	[wúqián] 우치엔	무전
无情	[wúqíng] 우칭	무정하다
无穷	[wúqióng] 우치옹	무궁하다
污染	[wūrǎn] 우란	오염되다
侮辱	[wǔrǔ] 우루	모욕(하다)
无事	[wúshì] 우스	무사(일)
无视	[wúshì] 우스	무시하다
无数	[wúshù] 우수	무수히
武术	[wǔshù] 우수	무술
舞台	[wǔtái] 우타이	무대
物体	[wùtǐ] 우티	물체
无条件	[wútiáojiàn] 우티아오지엔	무조건
舞厅	[wǔtīng] 우팅	무도장
梧桐	[wútong] 우통	오동나무
乌秃氓	[wūtumáng] 우투망	바람둥이
无限	[wúxiàn] 우시엔	무한하다
无线	[wúxiàn] 우시엔	무선
诬陷	[wūxiàn] 우시엔	모함(하다)
无限制	[wúxiànzhì] 우시엔즈	무제한
呜咽	[wūyè] 우예	훌쩍이다
无意	[wúyì] 우이	무의식
舞艺	[wǔyì] 우이	무예
舞踊	[wǔyǒng] 우용	무용하다
乌云	[wūyún] 우윈	먹구름

乌鸦	[wūyā] 우야	까마귀
误诊	[wùzhěn] 우전	오진
物证	[wùzhèng] 우정	물증
无知	[wúzhī] 우즈	무식하다, 무지하다
物质	[wùzhì] 우즈	물질
武装	[wǔzhuāng] 우주앙	무장
物资	[wùzī] 우즈	물자
屋子	[wūzi] 우즈	방, 거실
无罪	[wúzuì] 우쮀이	무죄

溪	[xī] 시	개울
系	[xì] 씨	학부
西	[xī] 시	서(쪽)
洗	[xǐ] 시	씻다, 빨래하다
熄	[xī] 시	끄다
吸	[xī] 시	들이쉬다, 빨아들이다
稀	[xī] 시	드물다
细	[xì] 시	가늘다
霞	[xiá] 시아	노을
峡	[xiá] 시아	골짜기
虾	[xiā] 시아	새우
下巴	[xiàba] 시아바	턱
下班	[xiàbān] 시아빤	퇴근하다, 퇴사하다
下半身	[xiàbànshēn] 시아빤션	하반신
下车	[xiàchē] 시아처	하차
下达	[xiàdá] 시아다	하달(하다)
瞎地	[xiādì] 시아띠	불모지

下跌	[xiàdiē] 시아디에	하락
峡谷	[xiágǔ] 시아구	협곡
下跪	[xiàguì] 시아꿰이	꿇다
下滑	[xiàhuá] 시아화	밑돌다
喜爱	[xǐài] 시아이	즐기다
夏季	[xiàjì] 시아지	여름철
下级	[xiàjí] 시아지	하급
下降	[xiàjiàng] 시아지앙	낮아지다, 하강(하다)
下来	[xiàlái] 시아라이	내려오다
下流	[xiàliú] 시아리우	천하다, 치사하다
下落	[xiàluò] 시아루어	행방
下面	[xiàmian] 시아미엔	아래쪽, 다음
先	[xiān] 시엔	먼저
咸	[xián] 시엔	짜다(맛)
嫌	[xián] 시엔	싫어하다
献	[xiàn] 시엔	바치다
线	[xiàn] 시엔	실, 라인
衔	[xián] 시엔	머금다
闲	[xián] 시엔	한가하다
现场	[xiànchǎng] 시엔창	현장
现代	[xiàndài] 시엔따이	현대
现地	[xiàndì] 시엔띠	현지
限定	[xiàndìng] 시엔띵	한정
限度	[xiàndù] 시엔뚜	한도
羡妒	[xiàndù] 시엔뚜	샘내다

X

宪法	[xiànfǎ] 시엔파	헌법
先锋	[xiānfēng] 시엔펑	선봉
先付	[xiānfù] 시엔푸	선불(하다)
相	[xiāng] 시앙	맞선
象	[xiàng] 시앙	모습
想	[xiǎng] 시앙	생각하다
向	[xiàng] 시앙	향하다
镶	[xiāng] 시앙	박아넣다
香宾酒	[xiāngbīnjiǔ] 시앙빈지우	샴페인
相册	[xiàngcè] 시앙처	앨범
相差	[xiāngchà] 시앙차	차이나다
香肠	[xiāngcháng] 시앙창	소시지
乡村	[xiāngcūn] 시앙춘	향촌
相当	[xiāngdāng] 시앙땅	상당하다(히)
向导	[xiàngdǎo] 시앙다오	가이드
相对	[xiāngduì] 시앙뚜에이	상대적이다
想法	[xiǎngfǎ] 시앙파	생각
相反	[xiāngfǎn] 시앙판	상반되다
降伏	[xiángfú] 시앙푸	항복(하다)
响嗝	[xiǎnggé] 시앙거	트림
相关	[xiāngguān] 시앙꽌	관련되다
相互	[xiānghù] 시앙후	상호
橡胶	[xiàngjiāo] 시앙지아오	고무
香蕉	[xiāngjiāo] 시앙지아오	바나나
向来	[xiànglái] 시앙라이	줄곧

享乐	[xiǎnglè] 시앙러	향락(하다)
项链	[xiàngliàn] 시앙리엔	목걸이
项目	[xiàngmù] 시앙무	종목, 항목
橡皮	[xiàngpí] 시앙피	지우개
象棋	[xiàngqí] 시앙치	장기(게임)
向上	[xiàngshàng] 시앙샹	향상
相声	[xiàngshēng] 시앙셩	재담, 만담
橡实	[xiàngshí] 시앙스	도토리
相视	[xiāngshì] 시앙스	마주보다
享受	[xiǎngshòu] 시앙셔우	누리다, 향수하다
香水	[xiāngshuǐ] 시앙쉐이	향수
相似	[xiāngsì] 시앙쓰	비슷하다
相同	[xiāngtóng] 시앙통	똑같다
相通	[xiāngtōng] 시앙통	상통(하다)
向往	[xiàngwǎng] 시앙왕	동경하다, 지향하다
香味	[xiāngwèi] 시앙웨이	향기
详细	[xiángxì] 시앙씨	상세히, 소상하다
乡下	[xiāngxià] 시앙시아	시골
想象	[xiǎngxiàng] 시앙시앙	상상(하다)
向阳地	[xiàngyángdì] 시앙양띠	양지
相应	[xiāngyìng] 시앙잉	상응(하다)
响应	[xiǎngyìng] 시앙잉	호응(하다)
享有	[xiǎngyǒu] 시앙여우	향유(하다)
象征	[xiàngzhēng] 시앙졍	상징, 심벌, 증표
箱子	[xiāngzi] 시앙즈	상자

仙鹤	[xiānhè] 시엔허	두루미
鲜红	[xiānhóng] 시엔훙	새빨갛다
先后	[xiānhòu] 시엔허우	선후
闲话	[xiánhuà] 시엔화	잡담
鲜花	[xiānhuā] 시엔화	생화
衔接	[xiánjiē] 시엔지에	맞물리다
先进	[xiānjìn] 시엔찐	선진적이다
陷阱	[xiànjǐng] 시엔징	함정
险峻	[xiǎnjùn] 시엔쥔	험하다
贤亮	[xiánliàng] 시엔리앙	현명하다
闲聊	[xiánliáo] 시엔리아오	잡담하다
线路	[xiànlù] 시엔루	선로
陷落	[xiànluò] 시엔루어	함락당하다
鲜明	[xiānmíng] 시엔밍	선명하다
羡慕	[xiànmù] 시엔무	선망하다
仙女	[xiānnǚ] 시엔뉘	선녀
现钱	[xiànqián] 시엔치엔	현금
显然	[xiǎnrán] 시엔란	명백하다
仙人掌	[xiānrénzhǎng] 시엔런장	선인장
献身	[xiànshēn] 시엔션	헌신(하다)
先生	[xiānsheng] 시엔셩	선생(남자)
显示	[xiǎnshì] 시엔스	보이다
现实	[xiànshí] 시엔스	현실
险滩	[xiǎntān] 시엔탄	여울
先天的	[xiāntiānde] 시엔치엔더	선천적

纤维	[xiānwéi] 시엔웨이	섬유
显微镜	[xiǎnwēijìng] 시엔웨이징	현미경
线纹	[xiànwén] 시엔원	줄무늬
嫌恶	[xiánwù] 시엔우	혐오
现象	[xiànxiàng] 시엔시앙	현상
先行	[xiānxíng] 시엔씽	선행(하다)
现行	[xiànxíng] 시엔씽	현행
鲜血	[xiānxuè] 시엔쉬에	선혈
嫌疑	[xiányí] 시엔이	혐의
现役	[xiànyì] 시엔이	현역
限于	[xiànyú] 시엔위	한정되다
鲜鱼	[xiānyú] 시엔위	생선
现在	[xiànzài] 시엔짜이	지금, 현재
限制	[xiànzhì] 시엔즈	제한(하다)
显著	[xiǎnzhù] 시엔주	현저(하다)
小矮人	[xiǎoǎirén] 시아오아이런	난쟁이
小儿	[xiǎoér] 시아오얼	소아
小	[xiǎo] 시아오	작다
孝	[xiào] 시아오	효도
晓	[xiǎo] 시아오	새벽
小包儿	[xiǎobāor] 시아오빠올	소포
小便	[xiǎobiàn] 시아오비엔	소변
消除	[xiāochú] 시아오추	제거하다, 해소(하다)
消毒	[xiāodú] 시아오두	소독(하다)
小费	[xiǎofèi] 시아오페이	팁

校服	[xiàofú] 시아오푸	교복
校规	[xiàoguī] 시아오꿰이	학칙
小诡计	[xiǎoguǐjì] 시아오꿰이지	잔꾀
效果	[xiàoguǒ] 시아오구어	효과
小孩儿	[xiǎoháir] 시아오할	어린아이, 자녀
消耗	[xiāohào] 시아오하오	소모(하다)
消费	[xiāohào] 시아오하오	소비(하다)
消耗品	[xiāohàopǐn] 시아오하오핀	소모품
消化	[xiāohuà] 시아오화	소화(하다)
小伙子	[xiǎohuǒzi] 시아오후어즈	총각
消极	[xiāojí] 시아오지	소극적이다
小家鼠	[xiǎojiāshǔ] 시아오지아수	생쥐
小姐	[xiǎojiě] 시아오지에	아가씨
小街儿	[xiǎojiēr] 시아오지얼	뒷골목
效力	[xiàolì] 시아오리	효력
效率	[xiàolǜ] 시아오뤼	효율, 능률
销路	[xiāolù] 시아오루	판로
小麦	[xiǎomài] 시아오마이	밀
销卖	[xiāomài] 시아오마이	매상
小卖部	[xiǎomàibù] 시아오마이뿌	매점
小毛毛	[xiǎomáomáo] 시아오마오마오	애송이
小米	[xiǎomǐ] 시아오미	좁쌀
消灭	[xiāomiè] 시아오미에	소멸시키다, 없애다
小牛	[xiǎoniú] 시아오니우	송아지
消遣	[xiāoqiǎn] 시아오치엔	소일하다, 심심풀이

小巧	[xiǎoqiǎo] 시아오치아오	약삭빠르다
消失	[xiāoshī] 시아오스	소실되다, 사라지다
小时工	[xiǎoshígōng] 시아오스꽁	아르바이트
销售	[xiāoshòu] 시아오셔우	판매(하다)
小数	[xiǎoshù] 시아오수	소수
小数点	[xiǎoshùdiǎn] 시아오수디엔	소수점
小说	[xiǎoshuō] 시아오슈어	소설
小提琴	[xiǎotíqín] 시아오티친	바이올린
小偷儿	[xiǎotōur] 시아오터울	좀도둑
肖像	[xiàoxiàng] 시아오샹	초상
笑星	[xiàoxīng] 시아오씽	개그맨
小型	[xiǎoxíng] 시아오씽	소형
小学	[xiǎoxué] 시아오쉬에	소학(초등학교)
小学生	[xiǎoxuéshēng] 시아오쉬에셩	소학생(초등학생)
效用	[xiàoyòng] 시아오용	효용
校园	[xiàoyuán] 시아오위엔	캠퍼스, 교정
校长	[xiàozhǎng] 시아오장	교장
下坡路	[xiàpōlù] 시아포루	내리막길
下期	[xiàqī] 시아치	차기
下去	[xiàqù] 시아취	내려가다
下身	[xiàshēn] 시아션	하체
下水道	[xiàshuǐdào] 시아쉐이따오	하수도
下胎	[xiàtái] 시아타이	낙태(하다)
夏天	[xiàtiān] 시아티엔	여름, 하계
下午	[xiàwǔ] 시아우	오후

下乡	[xiàxiāng] 시아시앙	하향(하다)
下旬	[xiàxún] 시아쉰	하순
下一年	[xiàyìnián] 시아이니엔	다음해
下游	[xiàyóu] 시아여우	하류
下狱	[xiàyù] 시아위	투옥(하다)
狭窄	[xiázhǎi] 시아자이	비좁다, 협착하다
细胞	[xìbāo] 씨빠오	세포
西北	[xīběi] 시베이	서북
稀薄	[xībó] 시보	희박하다
西部	[xībù] 시뿌	서부
西餐	[xīcān] 시찬	서양음식
洗车	[xǐchē] 시처	세차
洗涤	[xǐdí] 시디	세정(하다)
洗涤剂	[xǐdíjì] 시디지	세제
蝎	[xiē] 시에	전갈
邪	[xié] 시에	사악(하다)
泄	[xiè] 시에	방출(하다)
写	[xiě] 시에	쓰다(글씨)
蟹	[xiè] 시에	게(어패류)
鞋	[xié] 시에	신발
泻	[xiè] 시에	설사(하다)
携带	[xiédài] 시에따이	휴대(하다)
携带品	[xiédàipǐn] 시에따이핀	소지품
协定	[xiédìng] 시에띵	협정
协会	[xiéhuì] 시에훼이	협회

谢绝	[xièjué] 씨에쥐에	사절(하다)
些来小去	[xiēláixiǎoqù] 시에라이시아오취	시시하다
泄漏	[xièlòu] 시에러우	누설
泄气	[xièqì] 씨에치 풀이	죽다
协商	[xiéshāng] 시에샹	협상(하다)
协同	[xiétóng] 시에통	협동
协议	[xiéyì] 시에이	협의(하다)
写真	[xiězhēn] 시에전	누드
协助	[xiézhù] 시에주	도움, 협조하다
协作	[xiézuò] 시에쭈어	협력하다
西方	[xīfāng] 시팡	서방(서양)
西服	[xīfú] 시푸	양복
媳妇	[xífu] 시푸	며느리
膝盖	[xīgài] 시까이	무릎
溪谷	[xīgǔ] 시구	계곡
西瓜	[xīguā] 시과	수박
习惯	[xíguàn] 시꽌	습관, 버릇
希罕	[xīhan] 시한	희한하다
西红柿	[xīhóngshì] 시홍스	토마토
喜欢	[xǐhuān] 시환	좋아하다
袭击	[xíjī] 시지	습격하다, 기습하다
喜剧	[xǐjù] 시쥐	코미디
戏剧	[xìjù] 시쥐	희극, 희곡
细菌	[xìjūn] 씨쥔	세균
洗礼	[xǐlǐ] 시리	세례

洗练	[xǐliàn] 시리엔	세련
系列	[xìliè] 시리에	시리즈, 계열
细密	[xìmì] 씨미	촘촘하다
西面	[xīmiàn] 시미엔	서쪽
信	[xìn] 신	믿다
新	[xīn] 신	새롭다
心	[xīn] 신	마음, 하트
锌	[xīn] 씬	아연
心爱	[xīnài] 신아이	애지중지하다
洗脑	[xǐnǎo] 시나오	세뇌(하다)
新陈代谢	[xīnchéndàixiè] 신천따이시에	신진대사
新房	[xīnfang] 신팡	새집
信封	[xìnfēng] 신펑	편지봉투
醒	[xǐng] 씽	깨어나다
星	[xīng] 씽	별, 스타
腥	[xīng] 씽	비리다
姓	[xìng] 씽	성씨
杏	[xìng] 씽	살구나무
行	[xíng] 씽	적격이다
型	[xíng] 씽	본(모형), 타입
刑	[xíng] 씽	형벌
新盖	[xīngài] 신까이	신축
性别	[xìngbié] 씽비에	성별
性病	[xìngbìng] 씽삥	성병
星卜	[xīngbǔ] 씽부	점성술

刑场	[xíngchǎng] 싱창	사형장
形成	[xíngchéng] 씽청	형성(하다)
行动	[xíngdòng] 씽뚱	행동(하다)
幸而	[xìng'ér] 씽얼	운 좋게, 다행히
刑法	[xíngfǎ] 씽파	형법
兴奋	[xīngfèn] 씽펀	흥분되다
幸福	[xìngfú] 씽푸	행복(하다)
性交	[xìngjiāo] 싱지아오	성교(하다)
行进	[xíngjìn] 씽진	행진
行径	[xíngjìng] 씽징	행실
行军	[xíngjūn] 씽쥔	행군(하다)
行李	[xíngli] 씽리	짐
姓名	[xìngmíng] 씽밍	성명
性能	[xìngnéng] 씽넝	성능
性器	[xìngqì] 싱치	성기
星期	[xīngqī] 싱치	요일
腥气	[xīngqi] 씽치	비린내
星期六	[xīngqīliù] 씽치리우	토요일
性情	[xìngqíng] 씽칭	성격
星期日	[xīngqīrì] 씽치르	일요일
星期三	[xīngqīsān] 싱치싼	수요일
星期四	[xīngqīsì] 싱치쓰	목요일
星期五	[xīngqīwǔ] 씽치우	금요일
星期一	[xīngqīyī] 씽치이	월요일
兴趣	[xìngqù] 씽취	흥취

X

行人	[xíngrén] 씽런	행인
形容	[xíngróng] 씽롱	형용(하다)
行商	[xíngshāng] 싱샹	행상
兴盛	[xīngshèng] 싱성	융성하다, 흥성하다
行使	[xíngshǐ] 씽스	행사(하다)
行驶	[xíngshǐ] 싱스	운행(하다)
刑事	[xíngshì] 씽스	형사
形式	[xíngshì] 씽스	형식
形势	[xíngshì] 씽스	형세
形态	[xíngtài] 씽타이	형태
信柜	[xìnguì] 신꿰이	사서함
兴亡	[xīngwáng] 씽왕	흥망
行为	[xíngwéi] 씽웨이	행위
性向	[xìngxiàng] 씽시앙	적성
形象	[xíngxiàng] 씽시앙	형상
行星	[xíngxīng] 씽씽	행성
性欲	[xìngyù] 씽위	성욕
幸运	[xìngyùn] 씽윈	행운
行政	[xíngzhèng] 씽정	행정
性质	[xìngzhì] 씽즈	성질
信号	[xìnhào] 신하오	신호
新婚	[xīnhūn] 신훈	신혼
犀牛	[xīniú] 시니우	코뿔소
心解	[xīnjiě] 신지에	납득하다
薪金	[xīnjīn] 신진	봉급

心经	[xīnjīng] 씬징	궁리
新刊	[xīnkān] 씬칸	신간
辛苦	[xīnkǔ] 씬쿠	고생하다
辛辣	[xīnlà] 씬라	신랄하다
信赖	[xìnlài] 씬라이	신뢰(하다)
新郎	[xīnláng] 신랑	신랑
心理	[xīnlǐ] 씬리	심리
心灵	[xīnlíng] 씬링	심령
心乱	[xīnluàn] 씬루안	심란하다
新年	[xīnnián] 신니엔	새해
信念	[xìnniàn] 신니엔	신념, 소신
新娘	[xīnniáng] 신니앙	새색시
新品	[xīnpǐn] 신핀	신품
新奇	[xīnqí] 신치	기발하다
新晴	[xīnqíng] 신칭	개다(날씨)
心情	[xīnqíng] 씬칭	심정
新人	[xīnrén] 신런	신인
信任	[xìnrèn] 신런	신임
新设	[xīnshè] 신셔	신설
新生	[xīnshēng] 신셩	신생아
心思	[xīnsi] 씬스	심사
喜怒哀乐	[xǐnùāilè] 시누아이러	희로애락
新闻	[xīnwén] 신원	뉴스
信息	[xìnxī] 신시	소식
新鲜	[xīnxiān] 신시엔	신선하다

信心	[xìnxīn] 신신	자신
新型	[xīnxíng] 신씽	신형
心像	[xīnxiàng] 씬시앙	이미지
心血	[xīnxuè] 씬쉬에	심혈
信仰	[xìnyǎng] 신양	신앙
心眼儿	[xīnyǎnr] 신이엘	속마음
信用	[xìnyòng] 신용	신용
心愿	[xīnyuàn] 신위엔	염원, 바람
新月	[xīnyuè] 신위에	초승달
心脏	[xīnzàng] 씬짱	심장
信纸	[xìnzhǐ] 신즈	편지지
心中	[xīnzhōng] 씬중	심중
心醉	[xīnzuì] 신쮀이	심취하다
雄	[xióng] 시옹	수컷의
熊	[xióng] 시옹	곰
兄	[xiōng] 시옹	형
胸	[xiōng] 시옹	가슴
凶	[xiōng] 시옹	흉하다
雄辩	[xióngbiàn] 시옹비엔	웅변
兄弟	[xiōngdì] 시옹띠	형제
凶恶	[xiōngè] 시옹어	흉악하다
凶房	[xiōngfáng] 시옹팡	흉가
胸膜	[xiōngmó] 시옹모	늑막
凶年	[xiōngnián] 시옹니엔	흉년
雄强	[xióngqiáng] 시옹치앙	힘차다

胸膛	[xiōngtáng] 시옹탕	흉부
雄鹰	[xióngyīng] 시옹잉	독수리
汹涌	[xiōngyǒng] 시옹용	용솟음치다
胸罩	[xiōngzhào] 시옹자오	브래지어
雄壮	[xióngzhuàng] 시옹주앙	웅장하다
凶险	[xiōxiǎn] 시옹시엔	위독하다
喜鹊	[xǐquè] 시취에	까치
吸入	[xīrù] 시루	흡입(하다)
细弱	[xìruò] 시루어	가냘프다
牺牲	[xīshēng] 시셩	희생(하다)
新式	[xīshì] 씬스	신식
吸收	[xīshōu] 시셔우	흡수(하다)
细瘦	[xìshòu] 씨셔우	홀쭉하다
蟋蟀	[xīshuài] 시수아이	귀뚜라미
溪水	[xīshuǐ] 시쉐이	냇물
习俗	[xísú] 시쑤	습속(습관과 풍속)
习题	[xítí] 시티	연습문제
系统	[xìtǒng] 시통	계통, 시스템
绣	[xiù] 시우	수놓다, 자수
锈	[xiù] 시우	녹
羞耻	[xiūchǐ] 시우츠	수치스럽다, 부끄럽다
修订	[xiūdìng] 시우띵	수정하다(계획)
休假	[xiūjià] 시우지아	바캉스
修理	[xiūlǐ] 시우리	수리하다, 손질하다
秀丽	[xiùlì] 시우리	수려하다

중국어	병음 / 발음	뜻
秀癯	[xiùqú] 시우취	갸름하다
修缮	[xiūshàn] 시우샨	수선
休息	[xiūxi] 시우시	쉬다, 휴식(하다)
休闲	[xiūxián] 시우시엔	레저
修行	[xiūxíng] 시우싱	수행
休学	[xiūxué] 시우쉬에	휴학(하다)
修养	[xiūyǎng] 시우양	수양하다, 휴양(하다)
休战	[xiūzhàn] 시우잔	휴전
修正	[xiūzhèng] 시우정	수정(하다)
休止	[xiūzhǐ] 시우즈	휴지(중지)
休止符	[xiūzhǐfú] 시우즈푸	종지부
袖子	[xiùzi] 시우즈	소매
希望	[xīwàng] 시왕	희망하다, 바라다
席位	[xíwèi] 시웨이	의석
细小	[xìxiǎo] 씨시아오	사소하다, 하찮다
细心	[xìxīn] 씨신	세심하다
习性	[xíxìng] 시씽	습성
喜讯	[xǐxùn] 시쉰	희소식
吸烟	[xīyān] 시이엔	흡연
西洋	[xīyáng] 시양	서양
西医	[xīyī] 시이	양의
洗衣	[xǐyī] 시이	빨래하다
洗衣机	[xǐyījī] 시이지	세탁기
吸引	[xīyǐn] 시인	빨아들이다, 흡인(하다)
细雨	[xìyǔ] 시위	가랑비

喜悦	[xǐyuè] 시위에	희열
细致	[xìzhì] 씨즈	세밀하다, 치밀하다
洗濯	[xǐzhuó] 시주어	세탁(하다)
掀起	[xiānqǐ] 시엔치	열다, 일으키다
嫌疑	[xiányí] 시엔이	의심
险恶	[xiǎnè] 시엔어	위태롭다
小鬼	[xiǎoguǐ] 시아오꿰이	꼬마, 저승사자
笑	[xiào] 시아오	웃다
蓄	[xù] 쉬	쌓아두다
虚	[xū] 쉬	허약하다
许	[xǔ] 쉬	승낙(하다)
选	[xuǎn] 쉬엔	선출(하다)
悬案	[xuánàn] 쉬엔안	현안
选拔	[xuǎnbá] 쉬엔바	선발(하다)
宣布	[xuānbù] 쉬엔뿌	선포(하다)
宣称	[xuānchēng] 쉬엔청	언명(하다)
宣传	[xuānchuán] 쉬엔추안	선전(하다)
选定	[xuǎndìng] 쉬엔띵	선정(하다)
宣告	[xuāngào] 쉬엔까오	선고(하다)
选集	[xuǎnjí] 쉬엔지	선집
选举	[xuǎnjǔ] 쉬엔쥐	선거(하다)
旋律	[xuánlǜ] 쉬엔뤼	선율, 멜로디
宣誓	[xuānshì] 쉬엔스	선서(하다)
选手	[xuǎnshǒu] 쉬엔셔우	선수
悬崖	[xuányá] 쉬엔야	벼랑, 낭떠러지

宣言	[xuānyán] 쉬엔이엔	선언
宣扬	[xuānyáng] 쉬엔양	선양하다
选择	[xuǎnzé] 쉬엔저	선택, 택하다
蓄财	[xùcái] 쉬차이	축재(하다)
畜产品	[xùchǎnpǐn] 쉬찬핀	축산품
絮叨	[xùdao] 쉬다오	잔소리하다
蓄电池	[xùdiànchí] 쉬띠엔츠	축전지
雪	[xuě] 쉬에	눈(하얀)
穴	[xué] 쉬에	구멍, 소굴
血	[xuè] 쉬에	피
学	[xué] 쉬에	배우다, 학습하다
雪暴	[xuěbào] 쉬에빠오	눈보라
雪崩	[xuěbēng] 쉬에뻥	눈사태
学费	[xuéfèi] 쉬에페이	학비
血管	[xuèguǎn] 쉬에관	혈관
血汗	[xuèhàn] 쉬에한	피땀
雪花	[xuěhuā] 쉬에화	눈송이
学会	[xuéhuì] 쉬에훼이	학회
削减	[xuējiǎn] 쉬에지엔	삭감(하다)
学科	[xuékē] 쉬에커	학과
学历	[xuélì] 쉬에리	학력
血脉	[xuèmài] 쉬에마이	혈맥
血盟	[xuèméng] 쉬에멍	혈맹
学年	[xuénián] 쉬에니엔	학년
学派	[xuépài] 쉬에파이	학파

学期	[xuéqī] 쉬에치	학기
雪人	[xuěrén] 쉬에런	눈사람
血色	[xuèsè] 쉬에써	혈색
学生	[xuéshēng] 쉬에성	학생
血书	[xuèshū] 쉬에수	혈서
学术	[xuéshù] 쉬에수	학술
学说	[xuéshuō] 쉬에슈어	학설
血糖	[xuètáng] 쉬에탕	혈당
血统	[xuètǒng] 쉬에통	혈통, 핏줄
学位	[xuéwèi] 쉬에웨이	학위
学问	[xuéwen] 쉬에원	학문
学习	[xuéxí] 쉬에시	학습
学校	[xuéxiào] 쉬에시아오	학교
血型	[xuèxíng] 쉬에씽	혈액형
血压	[xuèyā] 쉬에야	혈압
血液	[xuěyè] 쉬에예	혈액
血缘	[xuèyuán] 쉬에위엔	혈연
学院	[xuéyuàn] 쉬에위엔	학원
雪仗	[xuězhàng] 쉬에장	눈싸움
学者	[xuézhě] 쉬에저	학자
学制	[xuézhì] 쉬에즈	학제
靴子	[xuēzi] 쉬에즈	장화
血族	[xuèzú] 쉬에주	혈족
虚构	[xūgòu] 쉬꺼우	허구, 픽션
酗酒	[xùjiǔ] 쉬지우	주정(하다)

许可	[xǔkě] 쉬커	허가(하다)
虚空	[xūkōng] 쉬콩	허공
畜牧	[xùmù] 쉬무	목축
熏	[xūn] 쉰	그을다
训	[xùn] 쉰	타이르다
循环	[xúnhuán] 쉰후안	순환(하다)
驯化	[xùnhuà] 쉰화	길들이다
训练	[xùnliàn] 쉰리엔	훈련(하다)
巡逻	[xúnluó] 쉰루어	순찰(하다)
寻麻疹	[xúnmázhěn] 쉰마전	두드러기
迅速	[xùnsù] 쉰쑤	신속히
寻问	[xúnwèn] 쉰원	탐문
讯问	[xùnwèn] 쉰원	검문
勋章	[xūnzhāng] 쉰장	훈장
需求	[xūqiú] 쉬치우	수요
虚荣	[xūróng] 쉬롱	허영
叙述	[xùshù] 쉬수	서술(하다)
虚伪	[xūwěi] 쉬웨이	허위, 위선적이다
虚无	[xūwú] 쉬우	허무하다
徐徐	[xúxú] 쉬쉬	천천히
序言	[xùyán] 쉬이엔	서언, 머리말
需要	[xūyào] 쉬야오	수요, 필요
须知	[xūzhī] 쉬즈	준칙
炫耀	[xuányào] 쉬엔야오	자랑하다

芽	[yá] 야	싹(식물)
崖	[yá] 야	절벽
压	[yā] 야	누르다
哑巴	[yǎba] 야바	벙어리
牙齿	[yáchǐ] 야츠	치아
压倒	[yādǎo] 야다오	압도하다
牙膏	[yágāo] 야까오	치약
严格	[yágé] 이엔거	엄격하다
谣谎山	[yáhuǎngshān] 야오황샨	거짓말쟁이
亚军	[yàjūn] 야쥔	준우승
压力	[yālì] 야리	압력
沿岸	[yán'àn] 이엔안	연안
眼	[yǎn] 이엔	눈(신체)
岩	[yán] 이엔	바위
掩	[yǎn] 이엔	덮다
烟	[yān] 이엔	연기, 담배
严	[yán] 이엔	엄하다

盐	[yán] 이엔	소금
砚	[yàn] 이엔	벼루
延长	[yáncháng] 이엔창	연장(하다)
眼眵	[yǎnchī] 이엔츠	눈곱
演出	[yǎnchū] 이엔추	연출(하다)
烟囱	[yāncōng] 이엔총	굴뚝
痒	[yǎng] 양	가렵다
羊	[yáng] 양	양(동물)
养	[yǎng] 양	기르다
氧	[yǎng] 양	산소
仰板	[yǎngbǎn] 양반	천장
样本	[yàngběn] 양번	카탈로그
洋葱	[yángcōng] 양총	양파
洋灯	[yángdēng] 양떵	램프
养分	[yǎngfèn] 양펀	양분
阳光	[yángguāng] 양꽝	햇빛
氧化	[yǎnghuà] 양화	산화(하다)
洋槐	[yánghuái] 양화이	아카시아
养活	[yánghuo] 양후어	키우다
扬名	[yángmíng] 양밍	떨치다(이름을)
样品	[yàngpǐn] 양핀	견본, 샘플
院长	[yuànzhǎng] 위엔장	원장
腌泡菜	[yānpàocài] 이엔파오차이	김장
淹死	[yānsǐ] 이엔쓰	익사
牙齿	[yáchǐ] 야츠	이빨

洋相	[yángxiàng] 양시앙	꼴불견
眼色	[yǎnsè] 이엔써	윙크
眼下	[yǎnxià] 이엔시아	이제, 지금
咬	[yǎo] 야오	깨물다
洋伞	[yángsǎn] 양싼	양산
样式	[yàngshì] 양스	스타일
杨树	[yángshù] 양수	백양나무
眼光	[yǎnguāng] 이엔꽝	눈길
阳性	[yángxìng] 양씽	양성
扬扬自得	[yángyángzìdé] 양양쯔더	우쭐하다
养育	[yǎngyù] 양위	양육(하다)
养殖	[yǎngzhí] 양즈	양식(하다)
沿海	[yánhǎi] 이엔하이	연해
眼红	[yǎnhóng] 이엔홍	혈안
掩护	[yǎnhù] 이엔후	엄호하다
宴会	[yànhuì] 이엔훼이	연회
压碾	[yāniǎn] 야니엔	뭉개다
演技	[yǎnjì] 이엔지	연기(하다)
眼睑	[yǎnjiǎn] 이엔지엔	눈꺼풀
眼角儿	[yǎnjiǎor] 이엔지아올	눈시울
眼睫毛	[yǎnjiémáo] 이엔지에마오	속눈썹
严禁	[yánjìn] 이엔진	엄금하다
眼镜	[yǎnjìng] 이엔징	안경
眼镜蛇	[yǎnjìngshé] 이엔징셔	코브라
研究	[yánjiū] 이엔지우	연구(하다)

研究生	[yánjiūshēng] 이엔지우성	연구생
研究所	[yánjiūsuǒ] 이엔지우쑤어	연구소
眼看	[yǎnkàn] 이엔칸	순식간에, 즉시
眼泪	[yǎnlèi] 이엔레이	눈물
眼力	[yǎnlì] 이엔리	안목
严厉	[yánlì] 이엔리	준엄하다, 호되다
言论	[yánlùn] 이엔룬	언론
严密	[yánmì] 이엔미	엄밀하다
淹没	[yānmò] 이엔모	잠기다
研磨	[yánmó] 이엔모	연마
延期	[yánqī] 이엔치	연기
眼前	[yǎnqián] 이엔치엔	눈앞
眼圈儿	[yǎnquānr] 이엔취알	눈가
眼热	[yǎnrè] 이엔러	탐내다
炎热	[yánrè] 이엔러	무덥다
眼色	[yǎnsè] 이엔써	눈짓
颜色	[yǎnsè] 이엔써	색깔
延伸	[yánshēn] 이엔션	뻗어나가다
岩石	[yánshí] 이엔스	암석
验收	[yànshōu] 이엔셔우	검수(하다)
演说	[yǎnshuō] 이엔슈어	연설(하다)
严肃	[yánsù] 이엔쑤	엄숙하다
演算	[yǎnsuàn] 이엔쑤안	연산(하다)
烟头	[yāntóu] 이엔터우	꽁초
沿途	[yántú] 이엔투	연도

遥控	[yáokòng] 야오콩	원격조종
牙签	[yáqiān] 야치엔	이쑤시개
牙龈	[yáyín] 야인	잇몸
宴席	[yànxí] 이엔시	연회석
沿袭	[yánxí] 이엔시	답습(하다)
眼下	[yǎnxià] 이엔시아	지금, 현재
眼瞎	[yǎnxiā] 이엔시아	눈멀다
演艺	[yǎnyì] 이엔이	연예
言语	[yányǔ] 이엔위	언어
演员	[yǎnyuán] 이엔위엔	배우
严正	[yánzhèng] 이엔정	엄정하다
验证	[yànzhèng] 이엔정	검증(하다)
严重	[yánzhòng] 이엔중	엄중하다
燕子	[yànzi] 이엔즈	제비
演奏	[yǎnzòu] 이엔쩌우	연주(하다)
腰	[yāo] 야오	허리
药	[yào] 야오	약
药材	[yàocái] 야오차이	약재
要点	[yàodiǎn] 야오디엔	요점
药店	[yàodiàn] 야오띠엔	약국
药方	[yàofāng] 야오팡	처방
妖怪	[yāoguài] 야오꽈이	요괴
要害	[yàohài] 야오하이	급소
要好	[yàohǎo] 야오하오	사이좋다
摇晃	[yáohuàng] 야오후앙	흔들다

要紧	[yàojǐn] 야오진	요긴하다
妖精	[yāojing] 야오징	요정
遥控	[yáokòng] 야오콩	리모컨
要领	[yàolǐng] 야오링	요령
药品	[yàopǐn] 야오핀	약품
要请	[yāoqǐng] 야오칭	요청(하다)
要求	[yāoqiú] 야오치우	요구(하다)
钥匙	[yàoshi] 야오스	열쇠
要素	[yàosù] 야오쑤	요소
药物	[yàowù] 야오우	약물
耀眼	[yàoyǎn] 야오이엔	눈부시다
妖艳	[yāoyàn] 야오이엔	요염(하다)
遥远	[yáoyuǎn] 야오위엔	요원(하다)
鸦片	[yāpiàn] 야피엔	아편
牙鲆	[yápíng] 야핑	넙치(광어)
压迫	[yāpò] 야포	압박하다, 억압하다
牙刷	[yáshuā] 야수아	칫솔
押送	[yāsòng] 야쏭	호송(하다)
压缩	[yàsuō] 야쑤어	압축(하다)
压抑	[yāyì] 야이	억누르다
压制	[yāzhì] 야즈	제압하다
鸭子	[yāzi] 야즈	오리
夜	[yè] 예	밤
页	[yè] 예	페이지
夜班	[yèbān] 예빤	야근

夜间	[yèjiān] 예지엔	야간
冶金	[yějīn] 예진	야금하다(철기기술)
野菊花	[yějúhuā] 예쥐화	들국화
冶炼	[yěliàn] 예리엔	제련(하다)
野蛮	[yěmán] 예만	야만스럽다
野生	[yěshēng] 예성	야생적이다
野兽	[yěshòu] 예셔우	야수
液体	[yètǐ] 예티	액체
野外	[yěwài] 예와이	야외
业务	[yèwù] 예우	업무
野心	[yěxīn] 예신	야심, 야망
也许	[yěxǔ] 예쉬	아마, 어쩌면
爷爷	[yéye] 예예	할아버지
野营	[yěyíng] 예잉	야영
业余	[yèyú] 예위	아마추어
叶子	[yèzi] 예즈	잎
椰子果	[yēziguǒ] 예즈구어	코코넛
夜总会	[yèzǒnghuì] 예종훼이	나이트클럽
易	[yì] 이	용이하다
倚	[yǐ] 이	기대다
姨	[yí] 이	이모
翼	[yì] 이	날개
一	[yī] 이	일, 1
亿	[yì] 이	억
忆	[yì] 이	상기하다

饴	[yí] 이	엿
一辈子	[yíbèizi] 이뻬이즈	한평생
仪表	[yíbiǎo] 이비아오	외모
一部分	[yíbùfēn] 이뿌펀	파트, 일부분
一般	[yìbān] 이빤	일반적이다
异帮人	[yìbāngrén] 이빵런	이방인
议程	[yìchéng] 이청	의정
遗传	[yíchuán] 이추안	유전되다
遗产	[yíchǎn] 이찬	유산
一点儿	[yìdiǎnr] 이디알	조금
一定	[yídìng] 이띵	한결같다, 반드시
议定书	[yìdìngshū] 이띵수	의정서
移动	[yídòng] 이똥	이동(하다)
一度	[yídù] 이뚜	한번
一对	[yíduì] 이두에이	커플, 한 쌍, 부부
一党	[yìdǎng] 이당	일당
一带	[yídài] 이따이	일대(지역)
一旦	[yídàn] 이딴	일단
衣服	[yīfu] 이푸	옷, 의류
一共	[yígòng] 이꽁	합계
遗骨	[yígǔ] 이구	유골
异国	[yìguó] 이구어	타국
一贯	[yíguàn] 이꽌	일관적이다
以后	[yǐhòu] 이허우	이후
议会	[yìhuì] 이훼이	의회

一会儿	[yíhuìr] 이후얼	잠깐
疑惑	[yíhuò] 이후어	의혹
一行	[yìháng] 이항	일행
遗憾	[yíhàn] 이한	유감스럽다
以及	[yǐjí] 이지	및, 그리고
已经	[yǐjīng] 이징	이미
意见	[yìjiàn] 이지엔	의견
依据	[yījù] 이쮜	근거
依据	[yījù] 이지우	의거(하다)
一举	[yìjǔ] 이쮜	일거에
依靠	[yīkào] 이카오	의지하다
一览表	[yìlǎnbiǎo] 이란비아오	차트
衣料儿	[yīliàor] 이리아올	옷감
一流	[yīliú] 이리우	일류
遗留	[yíliú] 이리우	남겨놓다
医疗	[yīliáo] 이리아오	의료
一律	[yílǜ] 이뤼	일률적이다
议论	[yìlùn] 이룬	의논(하다)
以来	[yǐlái] 이라이	이래, 동안
依赖	[yīlài] 이라이	의뢰(하다)
移民	[yímín] 이민	이민
引	[yǐn] 인	일으키다, 잡아당기다
印	[yìn] 인	찍다
银	[yín] 인	은
隐蔽	[yǐnbì] 인삐	은폐(하다)

引导	[yǐndǎo] 인다오	인도하다, 안내하다
阴地	[yīndì] 인띠	응달
以内	[yǐnèi] 이네이	이내
艺能	[yìnéng] 이넝	예능
婴儿	[yīng'ér] 잉얼	갓난애, 영아, 유아
硬	[yìng] 잉	굳다, 단단하다
映	[yìng] 잉	비치다
应	[yīng] 잉	응답하다, 응하다
营	[yíng] 잉	캠프, 군영(병영)
赢	[yíng] 잉	이기다
鹰	[yīng] 잉	매
英镑	[yīngbang] 잉빵	파운드
迎宾馆	[yíngbīnguǎn] 잉삔관	영빈관
英才	[yīngcái] 잉차이	영재
应酬	[yìngchou] 잉처우	응대(하다)
应当	[yīngdāng] 잉땅	응당
应付	[yīngfu] 잉푸	응부(하다)
英国	[yīngguó] 잉구어	영국
樱花	[yīnghuā] 잉화	벚꽃
硬件	[yìngjiàn] 잉지엔	하드웨어
迎接	[yíngjiē] 잉지에	영접(하다)
应考	[yìngkǎo] 잉카오	수험
硬赖	[yìnglài] 잉라이	생트집
英里	[yīnglǐ] 잉리	마일
影片	[yǐngpiàn] 잉피엔	영화필름

映山红	[yìngshānhóng] 잉산훙	진달래
鹦鹉	[yīngwǔ] 잉우	앵무새
映像	[yìngxiàng] 잉시앙	영상
影响	[yǐngxiǎng] 잉시앙	영향
营销	[yíngxiāo] 잉시아오	마케팅
银杏	[yínxìng] 인씽	은행나무
英雄	[yīngxióng] 잉시옹	영웅
营养	[yíngyǎng] 잉양	영양
营业	[yíngyè] 잉예	영업(하다)
应用	[yìngyòng] 잉용	응용(하다)
英语	[yīngyǔ] 잉위	영어
应援	[yìngyuán] 잉위엔	응원(하다)
影子	[yǐngzi] 잉즈	그림자
印痕	[yìnhén] 인헌	자국
银行	[yínháng] 인항	은행
一念	[yíniàn] 이니엔	일념
引进	[yǐnjìn] 인찐	도입(하다)
音量	[yīnliàng] 인리앙	볼륨
饮料	[yǐnliào] 인리아오	음료
淫乱	[yínluàn] 인루안	음란하다
阴谋	[yīnmóu] 인머우	음모, 흉계
银幕	[yínmù] 인무	스크린
印泥	[yìnní] 인니	인주
隐匿	[yǐnnì] 인니	은닉(하다)
引起	[yǐnqǐ] 인치	유발(하다)

Y

殷切	[yīnqiè] 인치에	간절하다
印染	[yìnrǎn] 인란	날염(하다)
饮食	[yǐnshí] 인스	음식
印刷	[yìnshuā] 인수아	인쇄, 프린트
隐退	[yǐntuì] 인퉤이	은퇴
吟味	[yínwèi] 인웨이	음미하다
音响	[yīnxiǎng] 인시양	음향
印象	[yìnxiàng] 인시양	인상
阴影儿	[yīnyǐngr] 인이얼	그늘
引用	[yǐnyòng] 인용	인용(하다)
引诱	[yǐnyòu] 인여우	유인(하다)
淫雨	[yínyǔ] 인위	장마
隐语	[yǐnyǔ] 인위	은어
音乐	[yīnyuè] 인위에	음악
隐约	[yǐnyuē] 인위에	은은(하다)
音乐会	[yīnyuèhuì] 인위에훼이	콘서트
因缘	[yīnyuán] 인위엔	인연
印章	[yìnzhāng] 인장	도장
一旁	[yìpáng] 이팡	한쪽
一起	[yìqǐ] 이치	함께
一齐	[yìqí] 치	일제히
仪器	[yíqì] 이치	계기(측정)
一切	[yíqiè] 이치에	일체
以前	[yǐqián] 이치엔	이전
衣裙	[yīqún] 이췬	드레스

依然	[yīrán] 이란	여전히
翌日	[yìrì] 이르	다음날
衣裳	[yīshang] 이샹	의상
一生	[yìshēng] 이셩	일생, 평생
医生	[yīshēng] 이셩	의사
意识	[yìshi] 이스	의식
一时	[yìshí] 이스	일시
遗失	[yíshī] 이스	분실(하다)
艺术	[yìshù] 이수	예술
遗书	[yíshū] 이수	유서
以上	[yǐshàng] 이샹	이상
意思	[yìsi] 이쓰	의미
伊斯兰教	[yīsīlánjiào] 이쓰란지아오	이슬람교
遗体	[yítǐ] 이티	시체, 유해
一天	[yìtiān] 이티엔	하루
意图	[yìtú] 이투	의도
意外	[yìwài] 이와이	뜻밖이다
亿万	[yìwàn] 이완	억만
以为	[yǐwéi] 이웨이	여기다
意味着	[yìwèizhe] 이웨이저	의미하다, 뜻하다
疑问	[yíwèn] 이원	의문
义务	[yìwù] 이우	의무
遗物	[yíwù] 이우	유물
医务室	[yīwùshì] 이우스	의무실
以往	[yǐwǎng] 이왕	이왕, 이전

意外	[yìwài] 이와이	의외로
以外	[yǐwài] 이와이	이외
一些	[yìxiē] 이시에	약간
一些人	[yìxiērén] 이시에런	여럿이
一系列	[yíxìliè] 이시리에	일련의
一心	[yìxīn] 이신	한마음
异性	[yìxìng] 이씽	이성
以下	[yǐxià] 이시아	이하
意向	[yìxiàng] 이시앙	의향
一下子	[yíxiàzi] 이시아즈	일시에
医学	[yīxué] 이쉬에	의학
一夜	[yíyè] 이예	하룻밤
意义	[yìyì] 이이	뜻
一一	[yīyī] 이이	일일이
医院	[yīyuàn] 이위엔	병원
译员	[yìyuán] 이위엔	통역원
议员	[yìyuán] 이위엔	의원
医药	[yīyào] 이야오	의약
一再	[yīzài] 이짜이	거듭
一阵	[yízhèn] 이전	한동안, 한바탕
抑制	[yìzhì] 이즈	억제(하다)
意志	[yìzhì] 이즈	의지
一致	[yízhì] 이즈	일치(하다)
医治	[yīzhì] 이즈	치료(하다)
遗址	[yízhǐ] 이즈	유적지

遗嘱	[yízhǔ] 이주	유언
衣着	[yīzhuó] 이주어	옷차림
椅子	[yǐzi] 이즈	의자
议案	[yìàn] 이안	의안, 안건
蛹	[yǒng] 용	번데기
用	[yòng] 용	쓰다(사용하다)
拥抱	[yōngbào] 용빠오	포옹하다, 끌어안다
用不着	[yòngbuzháo] 용부자오	필요없다, 쓸데없다
拥抱	[yōngbào] 용빠오	껴안다
涌出	[yǒngchū] 용추	샘솟다, 복받치다
用处	[yòngchù] 용추	사용처
用地	[yòngdì] 용띠	부지
用法	[yòngfǎ] 용파	용법
泳服	[yǒngfú] 용푸	수영복
勇敢	[yǒnggǎn] 용간	용감하다
用户	[yònghù] 용후	사용자
拥护	[yōnghù] 용후	옹호하다
拥挤	[yōngjǐ] 용지	혼잡하다, 붐비다, 비좁다
拥挤时间	[yōngjǐshíjiān] 용지스지엔	러시아워
永久	[yǒngjiǔ] 용지우	영구(하다)
用具	[yòngjù] 용쥐	도구, 용구
用力	[yònglì] 용리	힘내다
用品	[yòngpǐn] 용핀	용품
勇气	[yǒngqì] 용치	용기
勇士	[yǒngshì] 용스	용사

庸俗	[yōngsú] 용쑤	저속
用途	[yòngtú] 용투	용도
用意	[yòngyì] 용이	속셈
拥有	[yōngyǒu] 용여우	보유(하다)
勇于	[yǒngyú] 용위	과감하다
用语	[yòngyǔ] 용위	용어
永远	[yǒngyuǎn] 용위엔	영원히
踊跃	[yǒngyuè] 용위에	열렬(하다)
用纸	[yòngzhǐ] 용즈	용지
勇壮	[yǒngzhuàng] 용주앙	씩씩하다
油	[yóu] 여우	기름
幼	[yòu] 여우	어리다
有	[yǒu] 여우	있다
游	[yóu] 여우	헤엄치다
诱	[yòu] 여우	꾀다
铀	[yóu] 여우	우라늄
友爱	[yǒuài] 여우아이	우애하다
邮包	[yóubāo] 여우빠오	우편소포
右边	[yòubiān] 여우비엔	오른쪽
游船	[yóuchuán] 여우추안	유람선
油菜	[yóucài] 여우차이	유채(식물)
优点	[yōudiǎn] 여우디엔	우수한 점
邮电	[yóudiàn] 여우띠엔	체신
幼儿园	[yòuéryuán] 여우얼위엔	유치원
游浮	[yóufú] 여우푸	돌아다니다

有夫之妇	[yǒufūzhīfù] 여우푸즈푸	유부녀
友好	[yǒuhǎo] 여우하오	친선
优惠	[yōuhuì] 여우훼이	우대하다
诱惑	[yòuhuò] 여우후어	유혹되다
油画	[yóuhuà] 여우화	유화
友好	[yǒuhǎo] 여우하오	우호적이다
有害	[yǒuhài] 여우하이	유해하다
游击	[yóujī] 여우지	유격(하다)
邮寄	[yóujì] 여우지	우송(하다)
邮件	[yóujiàn] 여우지엔	우편물
悠久	[yōujiǔ] 여우지우	유구하다
邮局	[yóujú] 여우쥐	우체국
有距离	[yǒujùlí] 여우쮜리	동떨어지다
游客	[yóukè] 여우커	여행자, 유람객
有力	[yǒulì] 여우리	유력하다
有利	[yǒulì] 여우리	유리하다
优良	[yōuliáng] 여우리앙	우량하다
忧虑	[yōulǜ] 여우뤼	걱정하다
由来	[yóulái] 여우라이	유래
游览	[yóulǎn] 여우란	유람(하다)
有名	[yǒumíng] 여우밍	유명하다
幽默	[yōumò] 여우모	유머
油腻	[yóunì] 여우니	기름지다
邮票	[yóupiào] 여우피아오	우표
油漆	[yóuqī] 여우치	페인트

Y

友情	[yǒuqíng] 여우칭	우정
友人	[yǒurén] 여우런	벗
游人	[yóurén] 여우런	유람인
幽深	[yōushēn] 여우선	깊숙하다
优胜	[yōushèng] 여우성	우승(하다)
有声有色	[yǒushēngyǒusè] 여우성여우써	생생하다, 실감나다
有时	[yǒushí] 여우스	때때로
优势	[yōushì] 여우스	우세
右手	[yòushǒu] 여우서우	오른손
鼬鼠	[yòushǔ] 여우수	족제비
游丝	[yóusī] 여우쓰	아지랑이
油田	[yóutián] 여우티엔	유전
有为	[yǒuwéi] 여우웨이	유망
游戏	[yóuxì] 여우시	유희, 레크리에이션
优先	[yōuxiān] 여우시엔	우선
有些	[yǒuxiē] 여우시에	일부
游行	[yóuxíng] 여우싱	데모(하다)
优秀	[yōuxiù] 여우시우	우수하다, 뛰어나다
有效	[yǒuxiào] 여우시아오	유효(하다)
友谊	[yǒuyì] 여우이	우의, 우정
有益	[yǒuyì] 여우리	유익하다
优异	[yōuyì] 여우이	월등히
有意思	[yǒuyìsi] 여우이쓰	재미있다
有意无意	[yǒuyìwúyì] 여우이우이	무심코
游泳	[yóuyǒng] 여우용	수영(하다)

有用	[yǒuyòng] 여우용	쓸모있다
游泳池	[yóuyǒngfú] 여우용츠	수영장
忧郁	[yōuyù] 여우위	우울하다
犹豫	[yóuyù] 여우위	망설이다, 머뭇거리다
鱿鱼	[yóuyú] 여우위	오징어
犹豫不决	[yóuyùbùjué] 여우위뿌쥐에	찜찜하다
优越	[yōuyuè] 여우위에	우월하다
油炸食物	[yóuzháshíwù] 여우자스우	튀김
邮政	[yóuzhèng] 여우정	우편행정
幼稚	[yòuzhì] 여우즈	유치(하다)
优质	[yōuzhì] 여우즈	우수한 품질
育儿	[yù'ér] 위얼	육아
余	[yú] 위	남기다
玉	[yù] 위	옥
雨	[yǔ] 위	비
寓	[yù] 위	빗대다
鱼	[yú] 위	물고기
冤	[yuān] 위엔	억울함
原	[yuán] 위엔	오리지널
圆	[yuán] 위엔	동그라미, 둥글다
远	[yuǎn] 위엔	멀다
圆白菜	[yuánbáicài] 위엔바이차이	양배추
远方	[yuǎnfāng] 위엔팡	먼 곳
缘故	[yuángù] 위엔꾸	연고
圆规	[yuánguī] 위엔꿰이	컴퍼스

圆环路	[yuánhuánlù] 위엔후안루	로터리
原籍	[yuánjí] 위엔지	본적
原来	[yuánlái] 위엔라이	본래
圆木	[yuánmù] 위엔무	통나무
院墙	[yuànqiáng] 위엔치앙	담장
愿望	[yuànwàng] 위엔왕	소망, 소원
冤枉	[yuānwàng] 위엔왕	억울하다
元宵	[yuánxiāo] 위엔시아오	정월대보름
怨言	[yuànyán] 위엔이엔	넋두리
缘由	[yuányóu] 위엔여우	연유, 유래
圆珠笔	[yuánzhūbǐ] 위엔주비	볼펜
院子	[yuànzi] 위엔즈	뜰
预报	[yùbào] 위빠오	예보(하다)
预备	[yùbèi] 위뻬이	예비
预测	[yùcè] 위처	예측(하다)
渔船	[yúchuán] 위추안	어선, 고깃배
愚蠢	[yúchǔn] 위춘	우둔하다
遇到	[yùdào] 위따오	마주치다
语调	[yǔdiào] 위띠아오	어조
预定	[yùdìng] 위띵	예정(하다)
预订	[yùdìng] 위띵	예약하다, 주문하다
越	[yuè] 위에	넘다
约	[yuē] 위에	약속하다
约定	[yuēdìng] 위에띵	계약
越冬	[yuèdòng] 위에똥	월동(하다)

阅读	[yuèdú] 위에두	열독(하다)
乐队	[yuèduì] 위에뚜에이	악대
岳父	[yuèfù] 위에푸	장인
月光	[yuèguāng] 위에꽝	달빛
越轨	[yuèguǐ] 위에꿰이	탈선(하다)
约会	[yuēhuì] 위에훼이	약속, 데이트
跃进	[yuèjìn] 위에진	약진(하다)
月经	[yuèjīng] 위에징	월경
月刊	[yuèkān] 위에칸	월간
阅览室	[yuèlǎnshì] 위에란스	열람실
月历	[yuèlì] 위에리	달력
月亮	[yuèliang] 위에리앙	달
约略	[yuēlüè] 위에뤼에	어렴풋이
乐谱	[yuèpǔ] 위에푸	악보
乐器	[yuèqì] 위에치	악기
月球	[yuèqiú] 위에치우	월구
乐曲	[yuèqǔ] 위에취	악곡
鱼饵	[yúěr] 위얼	미끼
约束	[yuēshù] 위에수	얽매다
月薪	[yuèxīn] 위에신	월급
越狱	[yuèyù] 위예위	탈옥(하다)
语法	[yǔfǎ] 위파	문법
预防	[yùfáng] 위팡	예방(하다)
郁馥	[yùfù] 위푸	그윽하다
渔夫	[yúfū] 위푸	어부

预付钱	[yùfùqián] 위푸치엔	선금
鱼缸	[yúgāng] 위깡	어항
预告	[yùgào] 위까오	예고(하다)
鱼糕	[yúgāo] 위까오	어묵
瑜伽	[yújiā] 위지아	요가
预见	[yùjiàn] 위지엔	예견(하다)
郁金香	[yùjīnxiāng] 위진시앙	튤립
愉快	[yúkuài] 위콰이	유쾌하다
娱乐	[yúlè] 위러	오락
预料	[yùliào] 위리아오	예상(하다)
舆论	[yúlùn] 위룬	여론
羽毛球	[yǔmáoiú] 위마오치우	배드민턴
愚昧	[yúmèi] 위메이	우매하다
玉米	[yùmǐ] 위미	옥수수
渔民	[yúmín] 위민	어민
羽毛	[yǔmáo] 위마오	깃털
云	[yún] 윈	구름
熨	[yùn] 윈	다림질
晕	[yūn] 윈	아찔하다, 어지럽다
运	[yùn] 윈	운
蕴藏	[yùncáng] 윈창	매장되다
运动	[yùndòng] 윈똥	운동(하다)
运动会	[yùndònghuì] 윈똥훼이	운동회
运动员	[yùndòngyuán] 윈똥위엔	운동원
运费	[yùnfèi] 윈페이	운임

运河	[yùnhé] 윈허	운하
运气	[yùnqi] 윈치	운수(재수)
运送	[yùnsòng] 윈쏭	운송(하다)
孕吐	[yùntù] 윈투	입덧
孕胎	[yùntāi] 윈타이	잉태(하다)
渔女	[yúnǚ] 위뉘	해녀
运行	[yùnxíng] 윈씽	운행(하다)
允许	[yǔnxǔ] 윈쉬	허락(하다)
孕育	[yùnyù] 윈위	배태(하다)
运载	[yùnzài] 윈짜이	탑재
浴盆	[yùpén] 위펀	욕조
语气	[yǔqi] 위치	말투
欲求	[yùqiú] 위치우	욕구
雨伞	[yǔsǎn] 위싼	우산
浴室	[yùshì] 위스	목욕탕, 욕실
预售	[yùshòu] 위셔우	예매(하다)
榆树	[yúshù] 위수	느릅나무
雨水	[yǔshuǐ] 위쉐이	빗물
预算	[yùsuàn] 위쑤안	예산
欲望	[yùwàng] 위왕	욕망
语文	[yǔwén] 위원	어문
欲望	[yùwàng] 위왕	의욕
预习	[yùxí] 위시	예습
余暇	[yúxiá] 위시아	여가
遇险	[yùxiǎn] 위시엔	조난

预先	[yùxiān] 위시엔	미리, 사전에
雨雪	[yǔxuě] 위쉬에	진눈깨비
预言	[yùyán] 위이엔	예언(하다)
渔业	[yúyè] 위예	어업
浴衣	[yùyī] 위이	가운
雨衣	[yǔyī] 위이	비옷
语音	[yǔyīn] 위인	어음
寓言	[yùyán] 위이엔	우화
预支	[yùzhī] 위즈	가불(하다)
宇宙	[yǔzhòu] 위저우	우주
冤	[yuān] 위엔	원통하다, 원한
园	[yuán] 위엔	원
原材料	[yuáncáiliào] 위엔차이리아오	원자재
元旦	[yuándàn] 위엔딴	원단
原告	[yuángào] 위엔까오	원고(재판)
原理	[yuánlǐ] 위엔리	원리
原料	[yuánliào] 위엔리아오	원료
原来	[yuánlái] 위엔라이	원래
圆满	[yuánmǎn] 위엔만	원만하다
源泉	[yuánquán] 위엔취엔	원천
猿人	[yuánrén] 위엔런	원인
原声	[yuánshēng] 위엔성	육성(음성)
原始	[yuánshǐ] 위엔스	원시
原始森林	[yuánshǐsēnlín] 위엔스썬린	원시림
元首	[yuánshǒu] 위엔셔우	원수(우두머리)

元素	[yuánsù] 위엔쑤	원소
圆形	[yuánxíng] 위엔씽	원형
园艺	[yuányì] 위엔이	원예
原因	[yuányīn] 위엔인	원인
原油	[yuányóu] 위엔여우	원유
原则	[yuánzé] 위엔저	원칙
援助	[yuánzhù] 위엔주	원조(하다)
原子	[yuánzǐ] 위엔즈	원자
原子弹	[yuánzǐdàn] 위엔즈딴	원자탄
原子能	[yuánzǐnéng] 위엔즈넝	원자력
原作	[yuánzuò] 위엔쭈어	원작
远大	[yuǎndà] 위엔따	원대하다
远景	[yuǎnjǐng] 위엔징	원경(먼 경치)
愿	[yuàn] 위엔	원하다
愿书	[yuànshū] 위엔수	원서

Y

Z

砸	[zá] 자	내리치다(부수다)
杂草	[zácǎo] 자차오	잡초
载	[zǎi] 자이	싣다(짐)
灾害	[zāihài] 짜이하이	재해
再婚	[zàihūn] 짜이훈	재혼
灾难	[zāinàn] 짜이난	재난
栽培	[zāipéi] 짜이페이	재배(하다)
再生产	[zàishēngchǎn] 짜이성찬	재생산
宰相	[zǎixiàng] 자이시앙	재상
杂技	[zájì] 자지	곡예
杂乱	[záluàn] 자루안	어수선하다, 무질서하다
赞成	[zànchéng] 짠청	찬성(하다)
脏	[zāng] 짱	더럽다
葬礼	[zànglǐ] 짱리	장례
杂念	[zániàn] 자니엔	잡념
赞美	[zànměi] 짠메이	찬미하다
暂时	[zànshí] 짠스	잠시

赞叹	[zàntàn] 짠탄	찬탄하다
赞同	[zàntóng] 짠통	찬동(하다)
赞扬	[zànyáng] 짠양	찬양(하다)
赞助	[zànzhù] 짠주	찬조
遭	[zāo] 자오	당하다
蚤	[zǎo] 자오	벼룩
糟	[zāo] 자오	음식을 절이다, 부실하다
凿	[záo] 자오	뚫다
灶	[zào] 짜오	부뚜막
糟蹋	[zāotà] 짜오타	유린하다
早	[zǎo] 자오	일찍부터
早先	[zǎoxiān] 자오시엔	일찍이
早饭	[zǎofàn] 자오판	아침밥
造价	[zàojià] 짜오지아	제조비
早期	[zǎoqī] 자오치	조기
早日	[zǎorì] 자오르	하루빨리
早上	[zǎoshang] 자오상	아침
早熟	[zǎoshú] 자오수	조숙(하다)
早退	[zǎotuì] 자오퉤이	조퇴
早晚	[zǎowǎn] 자오완	조석, 아침저녁, 조만간
造型	[zàoxíng] 짜오씽	조형
早已	[zǎoyǐ] 자오이	벌써
造诣	[zàoyì] 짜오이	조예
噪音	[zàoyīn] 짜오인	소음, 잡음
遭遇	[zāoyù] 자오위	조우(하다)

造作	[zàozuò] 짜오쭈어	꾸며내다
杂文	[záwén] 자원	잡문
杂物	[záwù] 자우	잡동사니
杂志	[zázhì] 자즈	매거진
杂志	[zázhì] 자즈	잡지
杂嘴子	[házuǐzi] 자쮀이즈	수다쟁이
泽	[zé] 저	축축하다
责备	[zébèi] 저뻬이	꾸짖다, 탓하다, 책망하다
责怪	[zéguài] 저꽈이	나무라다
贼	[zéi] 제이	도둑, 역적
增产	[zēngchǎn] 쩡찬	증산(하다)
增加	[zēngjiā] 쩡지아	증가(하다)
增进	[zèngjìn] 쩡진	증진(하다)
增强	[zēngqiáng] 쩡치앙	증강(하다)
增设	[zēngshè] 쩡셔	증설(하다)
憎恶	[zēngwù] 쩡우	증오하다
赠与	[zèngyǔ] 쩡위	기증(하다)
增援	[zēngyuán] 정위엔	증원(하다)
怎么	[zěnme] 전머	어떻게, 어째서
责任	[zérèn] 저런	책임
责任制	[zérènzhì] 저런즈	책임제
渣	[zhā] 자	부스러기, 찌꺼기
炸	[zhà] 자	터지다, 왈각하다
闸	[zhá] 자	수문
诈病	[zhàbìng] 자삥	꾀병

债	[zhài] 자이	빚
窄	[zhǎi] 자이	좁다
债券	[zhàiquàn] 자이취엔	채권
债务	[zhàiwù] 자이우	채무
摘下	[zhaixià] 자이시아	따다(열매를)
摘要	[zhāiyào] 자이야오	적요, 요점
宅院	[zháiyuàn] 자이위엔	저택
炸鸡	[zhájī] 자지	치킨(튀긴 닭)
炸面圈	[zhámiànquān] 자미엔취엔	도넛
占	[zhān] 잔	점치다, 차지하다
站	[zhàn] 잔	역, 정류소
战	[zhàn] 잔	싸우다
战败	[zhànbài] 잔빠이	패전
战场	[zhànchǎng] 잔창	싸움터
战斗	[zhàndòu] 잔떠우	전투
绽放	[zhànfàng] 잔팡	피다
障碍	[zhàngài] 장아이	장애
掌	[zhǎng] 장	손바닥
杖	[zhàng] 장	지팡이
帐	[zhàng] 장	휘장
涨	[zhǎng] 장	붇다, 오르다(가격)
胀	[zhàng] 장	부풀다
站岗	[zhàngǎng]	잔강 보초서다
账簿	[zhàngbù] 장뿌	장부
涨潮	[zhǎngcháo] 장차오	밀물

Z

章程	[zhāngchéng] 장청	규약
丈夫	[zhàngfu] 장푸	남편, 사나이
张挂	[zhāngguà] 장꾸아	내걸다
账户	[zhànghù] 장후	계좌
丈母	[zhàngmǔ] 장무	장모
帐幕	[zhàngmù] 장무	천막
长女	[zhǎngnǚ] 장뉘	장녀
帐篷	[zhàngpéng] 장펑	텐트
掌声	[zhǎngshēng] 장성	박수소리
张望	[zhāngwàng] 장왕	들여다보다
掌握	[zhǎngwò] 장워	장악(하다)
章鱼	[zhāngyú] 장위	문어, 낙지
长子	[zhǎngzǐ] 장즈	장남
忏悔	[zhànhuǐ] 찬훼이	참회(하다)
占据	[zhànjù] 잔쥐	점거(하다)
展开	[zhǎnkāi] 잔카이	전개(하다)
展览	[zhǎnlǎn] 잔란	전람, 전시하다
展览会	[zhǎnlǎnhuì] 잔란훼이	전시회
战栗	[zhànlì] 잔리	전율
占领	[zhànlǐng] 잔링	점령(하다)
战乱	[zhànluàn] 잔루안	전란
战略	[zhànlüè] 잔뤼에	전략
战胜	[zhànshèng] 잔성	전승(하다)
战士	[zhànshì] 잔스	전사
战术	[zhànshù] 잔수	전술

站台	[zhàntái] 잔타이	플랫폼
展望	[zhǎnwàng] 잔왕	전망(하다)
站务员	[zhànwùyuán] 잔우위엔	역무원
展现	[zhǎnxiàn] 잔시엔	펼쳐보이다
战线	[zhànxiàn] 잔시엔	전쟁터
展销	[zhǎnxiāo] 잔시아오	전시판매하다
崭新	[zhǎnxīn] 잔신	참신하다
战役	[zhànyì] 잔이	전역(군대), 캠페인
占有	[zhànyǒu] 잔여우	점유(하다)
战友	[zhànyǒu] 잔여우	전우
谵语	[zhānyǔ] 잔위	헛소리
战争	[zhànzhēng] 잔정	전쟁
照	[zhào] 자오	비추다
兆	[zhào] 자오	조
找	[zhǎo] 자오	찾다
招	[zhāo] 자오	손짓하다
罩	[zhào] 자오	씌우다
找茬	[zhǎochá] 자오차	트집
招待	[zhāodài] 자오따이	초대(하다)
招待会	[zhāodàihuì] 자오따이훼이	리셉션
照顾	[zhàogù] 자오꾸	돌보다
照会	[zhàohuì] 자오훼이	조회
召集	[zhàojí] 자오지	소집(하다)
着凉	[zháoliáng] 자오리앙	감기들다
着迷	[zháomí] 자오미	탐닉(~에 몰두하다)

照明	[zhàomíng] 자오밍	조명(하다)
照片	[zhàopiàn] 자오피엔	사진
招聘	[zhāopìn] 자오핀	초빙(하다)
找钱	[zhǎoqián] 자오치엔	거스름돈
朝气蓬勃	[zhāoqìpéngbó] 자오치펑보	생기발랄하다
朝三暮四	[zhāosānmùsì] 자오싼무쓰	변덕스럽다
招贴	[zhāotiē] 자오티에	포스터
照相机	[zhàoxiàngjī] 자오시양지	카메라, 사진기
沼泽	[zhǎozé] 자오저	소택(늪과 못)
诈骗	[zhàpiàn] 자피엔	사취(하다)
扎实	[zhāshi] 자스	튼튼하다, 착실(하다)
炸药	[zhàyào] 자야오	폭약
折	[zhé] 저	꺾다
遮	[zhē] 저	가리다
这边	[zhèbiān] 저비엔	이쪽
折叠	[zhédié] 저디에	개다(접다)
折断	[zhéduàn] 저뚜안	부러뜨리다
这个	[zhège] 저거	이것
折合	[zhéhé] 저허	상당하다
这会儿	[zhèhuìr] 저후얼	이때, 지금
折扣	[zhékòu] 저커우	할인
这里	[zhèli] 저리	여기
折磨	[zhémó] 저모	구박하다
枕	[zhěn] 전	베다(베개를)
针	[zhēn] 전	바늘, 침

珍藏	[zhēncáng] 쩐창	간직하다
贞操	[zhēncāo] 전차오	정조
侦察	[zhēnchá] 전차	정찰(하다)
诊查	[zhěnchá] 전차	검진
真的	[zhēnde] 전더	정말로
阵地	[zhèndì] 전띠	진지(방어)
震动	[zhèndòng] 전똥	진동(하다)
诊断	[zhěnduàn] 전뚜안	진단(하다)
针对	[zhēnduì] 전뚜에이	겨누다
振奋	[zhènfèn] 전펀	분발시키다
正	[zhèng] 정	바로
整	[zhěng] 정	바로잡다
蒸	[zhēng] 정	찌다
正比	[zhèngbǐ] 정비	정비례
政变	[zhèngbiàn] 정비엔	정변
政策	[zhèngcè] 정처	정책
正常	[zhèngcháng] 정창	정상적이다
争吵	[zhēngchǎo] 정차오	말다툼하다
正答	[zhèngdá] 정다	정답
政党	[zhèngdǎng] 정당	정당
正当	[zhèngdàng] 정당	정당하다
整点	[zhěngdiǎn] 정디엔	정각
征丁	[zhēngdīng] 정띵	징집(하다)
整顿	[zhěngdùn] 정뚠	정돈하다
蒸发	[zhēngfā] 정파	증발(하다)

整风	[zhěngfēng] 정펑	정풍하다
征服	[zhēngfú] 정푸	정복(하다)
政府	[zhèngfǔ] 정푸	정부
正规	[zhèngguī] 정꿰이	정규적이다
正好	[zhènghǎo] 정하오	안성맞춤
征集	[zhēngjí] 정지	모집(하다)
证据	[zhèngjù] 정쥐	증거
整理	[zhěnglǐ] 정리	정리하다, 간추리다
争论	[zhēnglùn] 정룬	쟁론(하다)
正面	[zhèngmiàn] 정미엔	정면
证明	[zhèngmíng] 정밍	증명(하다)
正气	[zhèngqì] 정치	정기
整齐	[zhěngqí] 정치	정연하다
蒸气	[zhēngqì] 정치	증기, 스팀
挣钱	[zhèngqián] 정치엔	돈벌이
正巧	[zhèngqiǎo] 정치아오	마침, 꼭 알맞다
争取	[zhēngqǔ] 정취	쟁취(하다)
政权	[zhèngquán] 정취엔	정권
证券	[zhèngquàn] 정취엔	증권
正确	[zhèngquè] 정취에	정확하다, 올바르다
证人	[zhèngrén] 정런	증인
正色	[zhèngsè] 정써	정색
正式	[zhèngshì] 정스	정식
征收	[zhēngshōu] 정셔우	징수(하다)
证书	[zhèngshū] 정수	증서

正太太	[zhèngtàitai] 정타이타이	본처
政坛	[zhèngtán] 정탄	정계
整体	[zhěngtǐ] 정티	정체
整天	[zhěngtiān] 정티엔	온종일
珍贵	[zhēnguì] 전꿰이	진귀하다
整形	[zhěngxíng] 정씽	정형
证言	[zhèngyán] 정이엔	증언
正义	[zhèngyì] 정이	정의(롭다)
争议	[zhēngyì] 정이	논쟁(하다)
正月	[zhèngyuè] 정위에	정월
正在	[zhèngzài] 정짜이	바야흐로
挣扎	[zhēngzhá] 정자	몸부림치다, 발악하다
正直	[zhèngzhí] 정즈	정직하다, 바르다
政治	[zhèngzhì] 정즈	정치
郑重	[zhèngzhòng] 정중	정중하다
正装	[zhèngzhuāng] 정주앙	정장
症状	[zhèngzhuàng] 정주앙	증상, 증세
镇静	[zhènjìng] 전찡	침착하다, 진정(하다)
真理	[zhēnlǐ] 전리	진리
真情	[zhēnqíng] 쩐칭	실태
真实	[zhēnshí] 전스	진실하다
真髓	[zhēnsuǐ] 전쉐이	진수
侦探	[zhēntàn] 전탄	정탐하다
镇痛	[zhèntòng] 전통	진통
枕头	[zhěntou] 전터우	베개

真相	[zhēnxiàng] 전시앙	진상
真心	[zhēnxīn] 전신	진심
振兴	[zhènxīng] 전씽	진흥시키다
镇压	[zhènyā] 전야	진압(하다)
阵营	[zhènyíng] 전잉	진영
珍珠	[zhēnzhū] 전주	진주
斟酌	[zhēnzhuó] 전주어	짐작하다
哲学	[zhéxué] 저쉬에	철학
遮阳	[zhēyáng] 저양	차양(햇빛을 가리다)
遮阳伞	[zhēyángsǎn] 저양싼	파라솔
这样	[zhèyàng] 저양	이렇게
折转	[zhézhuǎn] 저주안	돌아서다
折子	[zhézi] 저즈	통장
治安	[zhì'ān] 즈안	치안
植	[zhí] 즈	심다
制	[zhì] 즈	법도
汁	[zhī] 즈	즙(과일)
指	[zhǐ] 즈	가리키다
枝	[zhī] 즈	가지(나무)
蜘	[zhī] 즈	거머리
止	[zhǐ] 즈	그치다
只	[zhǐ] 즈	오로지, 단지
支	[zhī] 즈	버티다
直	[zhí] 즈	곧다, 솔직하다
值	[zhí] 즈	값어치

雉	[zhì] 즈	꿩
置	[zhì] 즈	놓아두다
治	[zhì] 즈	다스리다
执	[zhí] 즈	우기다
纸	[zhǐ] 즈	종이
织	[zhī] 즈	뜨개질하다
质	[zhì] 즈	질
支部	[zhībù] 즈뿌	지부
制裁	[zhìcái] 즈차이	제재(하다)
职称	[zhíchēng] 즈청	직함
支持	[zhīchí] 즈츠	지지(하다)
支出	[zhīchū] 즈추	지출(하다)
直达	[zhídá] 즈다	직통
指导	[zhǐdǎo] 즈다오	지도(하다)
直到	[zhídào] 즈다오	직행
指点	[zhǐdiǎn] 즈디엔	지적(하다)
制定	[zhìdìng] 즈띵	제정(하다)
指定	[zhǐdìng] 즈띵	지정(하다)
制动器	[zhìdòngqi] 즈똥치	브레이크
制度	[zhìdù] 즈뚜	제도
脂肪	[zhīfang] 즈팡	지방
制服	[zhìfú] 즈푸	제복
支付	[zhīfù] 즈푸	지불(하다)
职工	[zhígōng] 즈꽁	직공(직원과 근로자)
只管	[zhǐguǎn] 즈관	얼마든지, 마음대로

智慧	[zhìhuì] 즈훼이	지혜
指挥	[zhǐhuī] 즈훼이	지휘
指甲	[zhǐjia] 즈지아	손톱
指教	[zhǐjiào] 즈지아오	조언
指甲油	[zhǐjiayóu] 즈지아여우	매니큐어
直接	[zhíjiē] 즈지에	직접적
直径	[zhíjìng] 즈징	직경
知觉	[zhījué] 즈쥐에	지각
指孔盘	[zhǐkǒngpán] 즈콩판	다이얼
智力	[zhìlì] 즈리	지력
质量	[zhìliàng] 즈리앙	질량
指令	[zhǐlìng] 즈링	지령
滞留	[zhìliú] 즈리우	체류(하다)
芝麻	[zhīma] 즈마	참깨
殖民地	[zhímíndì] 즈민띠	식민지
致命的	[zhìmìngde] 즈밍더	치명적
芝麻	[zhīmá] 즈마	깨(식물)
指南针	[zhǐnánzhēn] 즈난쩐	나침반
智能	[zhìnéng] 즈넝	지능
职能	[zhínéng] 즈넝	직능
执拗	[zhíniù] 즈니우	집념
支配	[zhīpèi] 즈페이	지배(하다)
支票	[zhīpiào] 즈피아오	수표
制品	[zhìpǐn] 즈핀	제품
质朴	[zhìpǔ] 즈푸	질박(하다)

支气管	[zhīqìguǎn] 즈치관	기관지
执勤	[zhíqín] 즈친	근무(하다)
职权	[zhíquán] 즈취엔	직권
至少	[zhìshǎo] 즈샤오	최소한
直升(飞)机	[zhíshēng(fēi)jī] 즈셩(페이)지	헬리콥터
指示	[zhǐshì] 즈스	지시(하다)
知识	[zhīshi] 즈스	지식
指纹	[zhǐwén] 즈원	지문
植物	[zhíwù] 즈우	식물
职务	[zhíwù] 즈우	직무
指望	[zhǐwàng] 즈왕	기대
直线	[zhíxiàn] 즈시엔	직선
直辖市	[zhíxiáshì] 즈시아스	직할시
知性	[zhīxìng] 즈씽	지성
执行	[zhíxíng] 즈씽	집행(하다)
秩序	[zhìxù] 즈쉬	질서
止血	[zhǐxuè] 즈쉬에	지혈(하다)
职业	[zhíyè] 즈예	직업, 프로(전문가)
值夜班	[zhíyèbān] 즈예빤	숙직
治愈	[zhìyù] 즈위	치유하다
支援	[zhīyuán] 즈위엔	지원(하다)
职员	[zhíyuán] 즈위엔	직원
制约	[zhìyuē] 즈위에	규제하다, 제약하다
制造	[zhìzào] 즈짜오	제조(하다)
执照	[zhízhào] 즈자오	면허증, 허가증

指针	[zhǐzhēn] 즈전	지침
执政	[zhízhèng] 즈정	집정(하다)
制止	[zhìzhǐ] 즈즈	제지(하다)
蜘蛛	[zhīzhū] 즈주	거미
支柱	[zhīzhù] 즈주	지주, 떠받치다
侄子	[zhízi] 즈즈	조카
制作	[zhìzuò] 즈쭈어	제작(하다)
中	[zhòng] 종	맞히다(적중)
重	[zhòng] 종	무겁다
种	[zhòng] 중	심다(씨앗)
终	[zhōng] 쫑	끝
肿	[zhǒng] 중	붓다(피부)
钟	[zhōng] 종	종, 벽시계
中标	[zhòngbiāo] 종비아오	낙찰되다
钟表	[zhōngbiǎo] 중비아오	시계
重病	[zhòngbìng] 중삥	중병
中部	[zhōngbù] 중뿌	중부
中餐	[zhōngcān] 중찬	중국음식
忠诚	[zhōngchéng] 중청	충성하다
重大	[zhòngdà] 중따	중대(하다)
总得	[zǒngděi] 중데이	아무래도
中等	[zhōngděng] 중덩	중등
种地	[zhòngdì] 종띠	농사짓다
重点	[zhòngdiǎn] 중디엔	중점
终点	[zhōngdiǎn] 종디엔	종점

钟点	[zhōngdiǎn] 중디엔	시각
中毒	[zhòngdú] 중뚜	중독(되다)
中断	[zhōngduàn] 중뚜안	중단(하다)
终端站	[zhōngduānzhàn] 종뚜안잔	터미널
中风	[zhòngfēng] 중펑	중풍
重感冒	[zhònggǎnmào] 종간마오	독감
忠告	[zhōnggào] 중까오	충고(하다)
重工业	[zhònggōngyè] 중꽁예	중공업
中继	[zhōngjì] 중지	중계(하다)
终究	[zhōngjiū] 중지우	필경, 결국
种类	[zhǒnglèi] 중레이	종류
中立	[zhōnglì] 중리	중립(하다)
重量	[zhòngliàng] 중리앙	중량, 무게
肿瘤	[zhǒngliú] 중리우	종양, 혹
中年	[zhōngnián] 중니엔	중년
终年	[zhōngnián] 중니엔	향년
中秋	[zhōngqiū] 중치우	추석
重伤	[zhòngshāng] 중상	중상
中伤	[zhòngshāng] 중상	헐뜯다
终身	[zhōngshēn] 중선	종신
众生	[zhòngshēng] 중성	중생
中世	[zhōngshì] 중스	중세
重视	[zhòngshì] 중스	중시하다
忠实	[zhōngshí] 중스	충실하다
中途	[zhōngtú] 중투	중도

中文	[zhōngwén] 중원	중문
中午	[zhōngwǔ] 중우	정오, 한낮
中心	[zhōngxīn] 중신	중심
中性	[zhōngxìng] 중씽	중성
中型	[zhōngxìng] 중씽	중형
中学	[zhōngxué] 중쉬에	중학
中旬	[zhōngxún] 중쉰	중순
中央	[zhōngyāng] 중양	중앙
重要	[zhòngyào] 중야오	중요하다
中药	[zhōngyào] 중야오	중약(한방약)
中医	[zhōngyī] 중이	한의사
中游	[zhōngyóu] 중여우	중간상태
终于	[zhōngyú] 종위	드디어
种种	[zhǒngzhong] 중중	여러 가지
种子	[zhǒngzi] 중즈	종자
种族	[zhǒngzú] 중주	종족
周	[zhōu] 저우	둘레
州	[zhōu] 저우	주
粥	[zhōu] 저우	죽
帚	[zhōu] 저우	빗자루
皱	[zhòu] 저우	찡그리다
周到	[zhōudào] 저우따오	주도면밀하다
周刊	[zhōukān] 저우칸	주간(요일)
周末	[zhōumò] 저우모	주말
周期	[zhōuqī] 저우치	주기

周围	[zhōuwéi] 저우웨이	주위
皱纹	[zhòuwén] 저우원	주름, 구김살
昼夜	[zhòuyè] 저우예	주야
咒语	[zhòuyǔ] 저우위	악담
周折	[zhōuzhé] 저우저	고심, 우여곡절
周转	[zhōuzhuǎn] 저우주안	유통되다
煮	[zhǔ] 주	삶다
猪	[zhū] 주	돼지
著	[zhù] 주	저술(하다)
住	[zhù] 주	살다(거주)
主	[zhǔ] 주	소유주
注	[zhù] 주	쏟다
拄	[zhǔ] 주	짚다(지팡이)
祝	[zhù] 주	빌다
抓	[zhuā] 주아	쥐다, 할퀴다
拽	[zhuài] 주아이	잡아당기다
传记	[zhuànjì] 주안지	전기
抓空	[zhuākòng] 주아콩	바람맞다
专	[zhuān] 주안	전문적이다
砖	[zhuān] 주안	벽돌
赚	[zhuàn] 주안	벌다(돈을)
转	[zhuàn] 주안	바뀌다
转包	[zhuǎnbāo] 주안빠오	하청
转播	[zhuǎnbō] 주안보	중계방송하다
专长	[zhuāncháng] 주안창	특기

专程	[zhuānchéng] 주안청	전적으로
转动	[zhuàndòng] 주안똥	덜다
撞	[zhuàng] 주앙	부딪치다
装	[zhuāng] 주앙	담다
装备	[zhuāngbèi] 주앙뻬이	장비, 갖추다
壮大	[zhuàngdà] 주앙따	장대하다
壮观	[zhuàngguān] 주앙꽌	장관이다
状况	[zhuàngkuàng] 주앙쾅	상황
壮烈	[zhuàngliè] 주앙리에	장렬하다
装满	[zhuāngmǎn] 주앙만	가득하다
装配	[zhuāngpèi] 주앙페이	조립(하다)
装饰	[zhuāngshì] 주앙스	장식하다, 꾸미다
状态	[zhuàngtài] 주앙타이	상태, 컨디션
妆修	[zhuāngxiū] 주앙시우	치장(하다)
庄严	[zhuāngyán] 주앙이엔	장엄(하다)
装置	[zhuāngzhi] 주앙즈	장치(하다)
庄重	[zhuāngzhòng] 주앙중	장중(하다)
桩子	[zhuāngzi] 주앙즈	말뚝
转化	[zhuǎnhuà] 주안화	전화(하다)
转换	[zhuǎnhuàn] 주안환	전환(하다)
专家	[zhuānjiā] 주안지아	전문가
专精	[zhuānjīng] 주안징	전념
专科	[zhuānkē] 주안커	전문학과
专利	[zhuānlì] 주안리	특허
专卖	[zhuānmài] 주안마이	전매

专门	[zhuānmén] 주안먼	전문, 전문직
转让	[zhuǎnràng] 주안랑	양도(하다)
专人	[zhuānrén] 주안런	전담자
转入	[zhuǎnrù] 주안루	전입(하다)
专属	[zhuānshǔ] 주안수	전속
专题课	[zhuāntíkè] 주안티커	특강
专业	[zhuānyè] 주안예	전업
专业户	[zhuānyèhù] 주안예후	전문업주
转移	[zhuǎnyí] 주안이	전이(하다)
专用	[zhuānyòng] 주안용	전용
转折	[zhuǎnzhé] 주안저	전환되다
专政	[zhuānzhèng] 주안정	독재(정치)
主办	[zhǔbàn] 주빤	주최(하다)
主编	[zhǔbiān] 주비엔	주필(하다)
注册	[zhùcè] 주처	등록(하다)
箸匙	[zhùchí] 주츠	수저
主持	[zhǔchí] 주츠	주재(하다)
主导	[zhǔdǎo] 주다오	주도, 주도적이다
主动	[zhǔdòng] 주똥	주동적이다
住房	[zhùfáng] 주팡	주택
主妇	[zhǔfù] 주푸	주부
祝福	[zhùfú] 주푸	축복(하다)
嘱咐	[zhǔfù] 주푸	당부(하다)
主管	[zhǔguǎn] 주관	주관(하다)
主观	[zhǔguān] 주관	주관

祝贺	[zhùhè] 주허	축하(하다)
追	[zhuī] 쮀이	뒤쫓다
追查	[zhuīchá] 쮀이차	추적조사하다
追悼	[zhuīdào] 쮀이따오	추도(하다)
追赶	[zhuīgǎn] 쮀이간	쫓아가다
追过	[zhuīguò] 쮀이구어	앞지르다
追加	[zhuījiā] 쮀이지아	추가(하다)
追究	[zhuījiū] 쮀이지우	규명하다, 추궁하다
坠落	[zhuìluò] 쮀이루어	추락(하다)
追求	[zhuīqiú] 쮀이치우	추구(하다)
追尾	[zhuīwěi] 쮀이웨이	추돌(하다)
追问	[zhuīwèn] 쮀이원	캐묻다
逐渐	[zhújiàn] 주지엔	점차, 차츰
注解	[zhùjiě] 주지에	주해, 풀이하다
祝酒	[zhùjiǔ] 주지우	축배
煮开	[zhǔkāi] 주카이	끓다
主力	[zhǔlì] 주리	주력
主流	[zhǔliú] 주리우	주류
著名	[zhùmíng] 주밍	저명하다
注目	[zhùmù] 주무	주목(하다)
准备	[zhǔnbèi] 준뻬이	준비하다, 채비하다
逐年	[zhúnián] 주니엔	변변히
准则	[zhǔnzé] 준저	준칙
着	[zhuó] 주어	붙다
拙劣	[zhuōliè] 주어리에	졸렬하다

浊流	[zhuóliú] 주어리우	탁류
着陆	[zhuólù] 주어루	착륙(하다)
捉迷藏	[zhuōmícáng] 주어미창	숨바꼭질
啄木鸟	[zhuómùniǎo] 주어무니아오	딱따구리
捉弄	[zhuōnòng] 주어농	놀리다
酌情	[zhuóqíng] 주어칭	참작(하다)
着眼	[zhuóyǎn] 주어이엔	착안
卓越	[zhuóyuè] 주어위에	탁월하다
桌子	[zhuōzi] 주어즈	탁자, 테이블
主权	[zhǔquán] 주취엔	주권
主人	[zhǔrén] 주런	주인
主任	[zhǔrèn] 주런	주임
主人翁	[zhǔrénwēng] 주런웡	주인장
注射	[zhùshè] 주셔	주사
主食	[zhǔshí] 주스	주식
注视	[zhùshì] 주스	주시하다, 노리다
注释	[zhùshì] 주스	주석하다
助手	[zhùshǒu] 주셔우	조수
住宿	[zhùsù] 주쑤	숙박
住所	[zhùsuǒ] 주쑤어	주소
主体	[zhǔtǐ] 주티	주체
主题	[zhǔtí] 주티	주제
诸位	[zhūwèi] 주웨이	여러분
主席	[zhǔxí] 주시	주석(대표)
主要	[zhǔyào] 주야오	주요하다

注意	[zhùyì] 주이	주의하다
主义	[zhǔyì] 주이	주의(이론과 주장)
祝愿	[zhùyuàn] 주위엔	축원(하다)
住院	[zhùyuàn] 주위엔	입원(하다)
铸造	[zhùzào] 주짜오	주조(하다)
驻扎	[zhùzhā] 주자	주둔(하다)
助长	[zhùzhǎng] 주장	조장(하다)
主张	[zhǔzhāng] 주장	주장(하다)
珠子	[zhūzi] 주즈	구슬
柱子	[zhùzi] 주즈	기둥
竹子	[zhúzi] 주즈	대나무, 참대
著作	[zhùzuò] 주쭈어	저작
壮工	[zhuànggōng] 주앙꽁	인부
眨	[zhǎ] 자	깜박이다
长	[zhǎng] 장	자라다
紫	[zǐ] 즈	보랏빛의
自	[zì] 쯔	자연히
鲻	[zī] 즈	숭어
自卑感	[zìbēigǎn] 쯔뻬이간	열등감
资本	[zīběn] 쯔번	자본
资本家	[zīběnjiā] 쯔번지아	자본가
字本儿	[zìběnr] 쯔벌	수첩
资本主义	[zīběnzhǔyì] 쯔번주이	자본주의
资产	[zīchǎn] 즈찬	자산
子弟	[zǐdì] 즈띠	자제

字典	[zìdiǎn] 쯔디엔	자전
紫丁香	[zǐdīngxiāng] 즈띵시앙	라일락
自动	[zìdòng] 쯔똥	자동
自费	[zìfèi] 쯔페이	자비로
资格	[zīgé] 쯔거	자격
子宫	[zǐgōng] 즈꽁	자궁
自古	[zìgǔ] 쯔구	자고로
自豪	[zìháo] 쯔하오	자부(하다)
自己	[zìjǐ] 쯔지	자기
子鸡	[zǐjī] 즈지	병아리
资金	[zījīn] 쯔진	자금
自觉	[zìjué] 쯔쥐에	자각(하다)
自来水	[zìláishuǐ] 즈라이쉐이	수돗물
资料	[zīliào] 쯔리아오	자료
字幕	[zìmù] 쯔무	자막
字母	[zìmǔ] 쯔무	자모
自满	[zìmǎn] 쯔만	자만하다
自弃	[zìqì] 쯔치	자포자기
籽儿	[zǐr] 즈얼	씨앗
自然	[zìrán] 쯔란	자연
自身	[zìshēn] 쯔션	자신
姿势	[zīshì] 즈스	자세
自始至终	[zìshǐzhìzhōng] 쯔스즈중	시종일관
自杀	[zìshā] 쯔샤	자살(하다)
自私的	[zìsīde] 쯔쓰더	이기적이다

子孙	[zǐsūn] 즈쑨	자손
姿态	[zītài] 즈타이	자태
字条儿	[zìtiáor] 쯔티아올	메모
自退	[zìtuì] 쯔퉤이	자퇴
自卫	[zìwèi] 쯔웨이	자위(하다)
自我服务	[zìwǒfúwù] 쯔워푸우	셀프
子午痧	[zǐwǔshā] 즈우샤	콜레라
自习	[zìxí] 쯔시	자습
仔细	[zǐxì] 즈씨	자세히
自信	[zìxìn] 쯔신	자신하다
自行	[zìxíng] 쯔싱	스스로, 저절로
自行车	[zìxíngchē] 쯔씽처	자전거
自学	[zìxué] 쯔쉬에	독학
咨询	[zīxún] 쯔쉰	자문(하다)
自由	[zìyóu] 쯔여우	자유
自愿	[zìyuàn] 쯔위엔	자원(하다)
资源	[zīyuán] 즈위엔	자원(생산)
滋长	[zīzhǎng] 즈장	성장하다, 생기다
自治	[zìzhì] 쯔즈	자치(하다)
自治区	[zìzhìqū] 쯔즈취	자치구
自主	[zìzhǔ] 쯔주	자주
自传	[zìzhuàn] 쯔주안	자서전
总额	[zǒng'é] 종어	총액
纵	[zòng] 종	세로
总督	[zǒngdū] 종두	총독

纵断	[zòngduàn] 쫑뚜안	종단
总号	[zǒnghào] 종하오	본점
总和	[zǒnghé] 종허	총화
综合	[zōnghé] 종허	종합(하다)
踪迹	[zōngjì] 종지	종적
总计	[zǒngjì] 종지	집계
宗教	[zōngjiào] 종지아오	종교
总理	[zǒnglǐ] 종리	총리
宗派	[zōngpài] 종파이	종파
总社	[zǒngshè] 종서	본사
总是	[zǒngshì] 중스	언제나
总数	[zǒngshù] 종수	총수
总司令	[zǒngsīlìng] 종스링	총사령
总算	[zǒngsuàn] 중쑤안	간신히
总统	[zǒngtǒng] 종퉁	총통, 대통령
总务	[zǒngwù] 종우	총무
总之	[zǒngzhī] 중즈	요컨대
走	[zǒu] 저우	걷다
走道	[zǒudào] 저우따오	보도(길)
走狗	[zǒugǒu] 저우거우	앞잡이
走近	[zǒujìn] 저우찐	다가가다
走廊	[zǒuláng] 저우랑	복도
走漏	[zǒulòu] 저우러우	새나가다
走私	[zǒusī] 저우쓰	밀수하다, 암거래하다
阻碍	[zǔ'ài] 주아이	방해하다, 저해하다

足	[zú] 주	다리
组	[zǔ] 주	그룹, 세트, 조직하다
钻石	[zuànshí] 쭈안스	다이아몬드
钻子	[zuànzi] 쭈안즈	송곳
足背	[zúbèi] 주뻬이	발등
祖产	[zǔchǎn] 주찬	가업
阻挡	[zǔdǎng] 주당	가로막다, 저지하다
租房	[zūfáng] 쭈팡	셋집
祖父	[zǔfù] 주푸	조부
足够	[zúgòu] 주꺼우	족하다
祖国	[zǔguó] 주구어	조국
组合	[zǔhé] 주허	조합하다, 짜맞추다
罪	[zui] 쮀이	죄
最	[zuì] 쮀이	가장, 최고로
嘴	[zuǐ] 쮀이	입, 주둥이
醉	[zui] 쮀이	취하다(술)
最初	[zuìchū] 쮀이추	최초
嘴唇	[zuǐchún] 쮀이춘	입술
最低	[zuìdī] 쮀이디	최저
罪恶	[zuìè] 쮀이어	죄악
罪犯	[zuìfàn] 쮀이판	범죄
最后	[zuìhòu] 쮀이허우	최후, 종말, 라스트
最坏	[zuìhuài] 쮀이화이	최악
最近	[zuìjin] 쮀이진	최근
罪名	[zuìmíng] 쮀이밍	죄명

罪囚	[zuìqiú] 쮀이치우	죄수
最善	[zuìshàn] 쮀이샨	최선
最新	[zuìxīn] 쮀이신	최신의
罪行	[zuìxíng] 쮀이씽	죄형(범죄행위)
最终	[zuìzhōng] 쮀이종	최종, 마지막
罪状	[zuìzhuàng] 쮀이주앙	죄상
租借	[zūjiè] 쭈지에	전세
租金	[zūjīn] 주진	임대료
阻力	[zǔlì] 주리	저항력
祖母	[zǔmǔ] 주무	조모
阻挠	[zǔnáo] 주나오	훼방놓다
尊称	[zūnchēng] 쭌청	존칭
尊敬	[zūnjìng] 쭌찡	존경하다
遵守	[zūnshǒu] 쭌셔우	준수(하다)
尊严	[zūnyán] 쭌이엔	존엄
尊重	[zūnzhòng] 쭌중	존중하다
作	[zuò] 쭈어	만들다, 하다
坐	[zuò] 쭈어	앉다, 걸터앉다
左边	[zuǒbian] 주어비엔	왼쪽
坐车	[zuòchē] 쭈어처	승차
做成	[zuòchéng] 주어청	이루다
作词	[zuòcí] 쭈어츠	작사
做大	[zuòdà] 쭈어다	으스대다
做法	[zuòfǎ] 쭈어파	작법
作废	[zuòfèi] 쭈어페이	폐지

作风	[zuòfēng] 쭈어펑	작풍
做活	[zuòhuó] 쭈어후어	일하다
作家	[zuòjiā] 쭈어지아	작가
做媒	[zuòméi] 쭈어메이	중매(하다)
做梦	[zuòmèng] 쭈어멍	꿈꾸다
左撇子	[zuǒpiězi] 주어피에즈	왼손잡이
作品	[zuòpǐn] 쭈어핀	작품
座儿	[zuòr] 쭈얼	자리
做人	[zuòrén] 쭈어런	처세
左手	[zuǒshǒu] 주어셔우	왼손
座谈	[zuòtán] 쭈어탄	좌담(하다)
昨天	[zuótiān] 주어티엔	어제
坐位	[zuòwèi] 쭈어웨이	좌석
作文	[zuòwén] 쭈어원	작문
作惜	[zuòxī] 쭈어시	아깝다
昨夜	[zuóyè] 주어예	어젯밤
作业	[zuòyè] 쭈어예	숙제, 과제
作用	[zuòyòng] 쭈어용	작용, 역할
左右	[zuǒyòu] 주어여우	좌우
座右铭	[zuòyòumíng] 쭈어여우밍	좌우명
作战	[zuòzhàn] 쭈어잔	작전
作者	[zuòzhě] 쭈어저	작자
作证	[zuòzhèng] 쭈어정	입증
租汽车	[zūqìchē] 쭈치처	렌터카
足球	[zúqiú] 주치우	축구

祖先	[zǔxiān] 주시엔	선조
组长	[zǔzhǎng] 주장	조장(조직)
组织	[zǔzhī] 주즈	조직
组织系统	[zǔzhīxìtǒng] 주즈시통	조직체
诅咒	[zǔzhòu] 주저우	저주(하다)